5.00

BLACKWELL'S FRENCH TEXTS

General Editor: R. C. D. PERMAN

MARIE DE FRANCE
Lais

EDITED BY
ALFRED EWERT
Formerly Professor of the Romance Languages, Oxford

BASIL BLACKWELL · OXFORD
1976

© *Basil Blackwell & Mott, Ltd.*, 1960

631 00470 X

First printed 1944
Ninth impression 1976

PRINTED IN GREAT BRITAIN BY
THE CAMELOT PRESS LTD, SOUTHAMPTON

TABLE OF CONTENTS

INTRODUCTION

I. AUTHOR AND DATE[1]

THE author of the *Lais* published in this volume is the earliest known French poetess. She composed also a collection of *Fables* and an *Espurgatoire S. Patrice*. Our knowledge of her is based upon indications contained in her works.

In the Epilogue to the *Fables* she tells us that her name is Marie and that she is 'of France' (*Marie ai nun, si sui de France*),[2] that she composed the *Fables*, translating[3] them from English into French for, or at the request of, a certain count William (*Pur amur le cunte Willame, Le plus vaillant de nul* (var. *cest*) *realme*), whom she describes in the Prologue (ll. 30-32) as 'flurs de chevalerie, d'enseignement, de curteisie.'

In the Prologue to the *Lais* (ll. 28-42) she says that, having rejected the idea of translating some 'bone estoire' from Latin into French, she decided to rhyme the *lais* which she had heard and which others had created 'pur remambrance des aventures k'il oïrent.' She further informs us (ll. 43-55) that she undertakes the composition of the *Lais* in honour of the king, whom she addresses as 'nobles reis, ki tant estes pruz e curteis, a ki tute joie se encline, e en ki quoer tuz biens racine.' In the opening lines of *Guigemar* she again names herself as 'Marie, ki en sun tens pas ne s'oblie,' and refers to envious rivals or critics.[4]

Finally, in the *Espurgatoire* (ll. 2297-2300) she says: 'Jo, Marie, ai mis, en memoire, le livre de l'Espurgatoire en Romanz, qu'il seit entendables a laie gent e covenables.'

This completes the direct evidence we have. It is explicit, and

[1] This section repeats, with slight changes, the corresponding section of the Introduction to the selected *Fables* published in this collection (see Bibliography).

[2] Hence the appellation Marie de France, which she has borne ever since Claude Fauchet so named her in his *Recueil de l'origine de la langue et poésie fr.* (1581).

[3] The phrase she uses, 'de l'engleis en romanz treire' (Ep. 12), may, however, signify nothing more than composition in French on the basis of an English original.

[4] Cf. the reference made to her *Lais* by Denis Piramus and the mention of her name by the author of the *Couronnement de Renart* (see below, p. vii).

nothing in the matter or manner of Marie's statements justifies the exaggerated scepticism with which they have been treated by some scholars. It is reasonable to conclude from her own words that Marie was a native of France,[1] that she lived and wrote in England,[2] that she knew English, as well as Latin, that she was well known to (and possibly on familiar terms with) royalty, that she felt a definite literary vocation, writing for the pleasure and profit of her public, and that she was jealous of her literary reputation.

The most natural and therefore the most plausible interpretation of the Prologue to the *Lais* is that Marie had at that time not yet composed the *Espurgatoire* (which is based upon a Latin original); otherwise she would not have rejected so explicitly the idea of translating some 'bone estoire' from Latin, a form of literary composition which, as she adds, had already been undertaken by others and which would therefore have brought her little credit. Nor is it likely that she had at that time composed the *Fables*. The Prologue to the *Lais* leads off with a 'moral' justification of literary activity, and even if one allows for the conventionality of this exordium, it is most unlikely that, if she had already composed the *Fables*, she would have proceeded to dismiss the idea of translating from Latin without mentioning translation from English and her own *Fables*, particularly as the Prologue to the latter contains a similar 'moral' justification of the special genre of the fable. Furthermore, the tone of the Prologue to the *Fables* is much more that of an established writer, and we are told explicitly that she was virtually commissioned by 'le cunte Willame' to compose them, a request which presupposes an established reputation (cf. the testimony of Denis Piramus).

[1] Possibly a native of 'France' in the narrow sense of the Ile de France, as distinct from the great duchies of Champagne, Burgundy, etc. There is no evidence that 'de France' ever meant 'of the royal house of France' in the Middle Ages, and in adopting this interpretation É. Winkler was undoubtedly swayed by his attempted identification of the poetess with Marie de Champagne (see below, p. ix).

[2] Indications to this effect are the introduction of English names and words into both the *Lais* and the *Fables*, the fact that the *Fables* are translated from English or based on an English text and that the original of her *Espurgatoire* is the work of an English monk, and such references as that in *Milun* (l. 332) to France as 'terres de la,' and that to King Stephen's reign in *Espurgatoire* 503.

Marie's own statements therefore indicate the order: 1. *Lais*,
2. *Fables*, 3. *Espurgatoire*; that is to say, a progression from enter-
tainment through moralization to edification. For the linguistic
and other criteria for and against this order the reader may be
referred to the authorities cited in the Bibliography.[1]

The evidence for the dating of Marie's works, individually or
as a whole, is deceptive. Modern scholarship rightly places much
less reliance on linguistic criteria as a means of dating medieval
works with precision. The role of literary licence and the well
known anachronistic tendencies of any literary language make it
impossible to arrive at a more precise conclusion, on linguistic
grounds alone, than that Marie's usage,[2] having regard to her
continental origin and insular domicile, might well find a place
anywhere between the middle of the twelfth century and the
early years of the thirteenth.

A more definite indication would seem to be furnished by the
reference to the popularity of Marie's *Lais* which we find in the
Vie Seint Edmund le Rei by Denis Piramus.[3] But it has not been
possible to date this work with certainty. The most recent
editor, H. Kjellman, concludes (largely on linguistic evidence)
that Denis composed his *Vie* between 1170 and 1180,[4] and he
accepts somewhat tentatively the identification with a certain
'magister Dionisius' of St. Edmund's Abbey, of whom mention
is made from 1173 onwards and who certainly died before 1214.[5]

---

[1] For the order *L — F — E*: Warnke, particularly in the Introduction to
his third edition of the *Lais* (1925) and his edition of the *Espurgatoire* (1938),
pp. li-lii; and Hoepffner; *L — E — F*: E. Levi *Sulla cronologia* and E. Nagel;
F — L — E: G. Paris in *Romania* XXIV, 290 ff.; *E — F — L*: Ed. Mall in
Z. für rom. Phil. IX, 161 ff. and Jenkins, *op. cit.* and G. Cohn in *Literaturblatt
für germ. u. rom. Phil.*, 1905, 280 ff.

[2] For a detailed analysis of Marie's language see Warnke's edition of the
Fables, pp. lxxx-cxii. H. Suchier was inclined to identify Marie's language
as that of the Vexin and to connect with this fact that in the *Lai des Deus
Amanz* she refers to Pitres (which lies in the Norman part of the Vexin) in
terms which suggest that she knew it personally.

[3] *La Vie Seint Edmund le Rei, poème anglo-normand du XIIe siècle, par Denis
Piramus*, ed. H. Kjellman (Göteborg 1935). The lines in question are: *E dame
Marie autresi, Ki en rime fist e basti E compassa les vers de lais, Ke ne sunt pas del
tut verais; E si en est ele mult loée E la rime par tut amée. Kar mult l'aiment, si
l'unt mult cher Cunte, barun e chivaler; E si enaiment mult l'escrit E lire le funt, si
unt delit, E si les funt sovent retreire. Les lais solent as dames pleire, De joie les
oient e de gré, Qu'il sunt sulum lur volenté* (ll. 35-48).

[4] *Ibid.*, pp. cxxii ff.   [5] *Ibid.*, pp. cxxx ff.

The romance of *Ille et Galeron* by Gautier d'Arras[1] treats the same theme of 'the man with two wives' as Marie's *lai* of *Eliduc*, it resembles it in many details, and at one point (ll. 929-930) there is actually a reference to a *lai*. But it is not at all certain that the *lai* referred to is Marie's or that *Ille et Galeron* was composed, as has been held, immediately after the coronation, in 1167, of Frederick Barbarossa's consort Beatrice, to whom the work is dedicated in the prologue.[2]

The least equivocal piece of evidence is perhaps the reference to saint Malachias in the *Espurgatoire* (l. 2074). As this bishop was canonized on July 6, 1189, it is clear that Marie de France must have composed the *Espurgatoire* after this date.[3]

If we now turn to the evidence furnished by the dedications, we find that the *Lais* are dedicated to a certain 'nobles reis,' and that the *Fables* were undertaken for a certain 'cunte Willame.' Two kings come in question: Henry II (1133-1189) and the Young King Henry (Henri au Cort Mantel) who was the son of Henry II, was crowned king in 1170 and died in 1183.[4] The case for identifying the 'nobles reis' with the Young King has been made out with considerable plausibility by E. Levi.[5] He considers that the terms in which the king is referred to must be considered inappropriate to Henry II in view of that monarch's domestic infelicity. But it might be contended with equal force that the almost obsequious humility with which Marie offers her work would be more likely if she were dedicating it to a king who had after all fully established his claim to be described as 'pruz e curteis' and who, whatever his shortcomings, might be described by a loyal subject as one 'en ki quoer tuz biens racine';

---

[1] Edited by E. Löseth (Bibl. du moyen âge VII, Paris 1890) and by W. Foerster (Rom. Bibl. 7, Halle 1891).

[2] W. Foerster, Introduction to edition; see also J. E. Matzke 'The Source and Composition of Ille et Galeron' *Mod. Phil.* IV, 471-88; E. S. Sheldon 'On the date of Ille et Galeron' *Mod. Phil.* XVII, 383-92; F. A. G. Cowper 'The Sources, Date and Style of Ille et Galeron' *Mod. Phil.* XVIII-XX (also separately); F. E. Guyer, in *Mod. Phil.* XXVI, 277. See also the general note to *Eliduc* (p. 185).

[3] Marie's original, the *Tractatus* of the Monk of Saltrey, was composed not earlier than 1185; see Warnke's Introduction, pp. iv ff.

[4] See O. H. Moore *The Young King, Henry Plantagenet* (1155-83) *in History, Literature and Tradition* (Ohio State Univ. Studies II, 12, 1925). A second coronation took place in 1172.

[5] See his *Studi sulle opere* and other works cited in the Bibliography.

and it is surely quite as unwarranted to contend that the phrase 'a ki tute joie se encline' is inapplicable to Henry II, whatever his private or public misfortunes, as to conclude that the dedication must have been composed at a time when he was still comparatively happy and esteemed. We must therefore conclude that, in spite of Levi's arguments, Henry II cannot be ruled out.[1] In either case the *Lais* must have been completed at the latest before 1189 (the year of Henry II's death). The Count William for whom the *Fables* were written may have been William Longsword (†1226)[2] (reputed to have been the natural son of Henry II and Rosamund Clifford), who became Earl of Salisbury in 1198, but who may well have borne the title of 'cunte' before that date. Alternatively one may follow E. Levi and see in 'le cunte Willame' William Marshal[3] (1146-1219), first Earl of Striguil and Pembroke and Regent from 1216 to 1219, preceptor and friend of the Young King Henry.[4]

Various attempts have been made to identify our authoress with one or other of the historical figures bearing the same name who are mentioned in contemporary records. E. Winkler's arguments[5] in favour of Marie de Champagne, ingenious as they are, encounter too many literary, linguistic and historical obstacles to carry conviction. The earlier identification with Marie de Compiègne (mentioned in the *Evangile aux Femmes*) has been effectively disposed of.[6] The most plausible identification is that proposed by the late Sir John Fox,[7] who sees in her, Marie,

---

[1] It is worth noting that it was at Henry II's request that Wace undertook his *Geste des Normanz* and that Benoit de Sainte-More continued his task.

[2] Cf. *Dictionary of National Biography*, art. *Longespée*. See also Kate Norgate *John Lackland* (London 1902) and *The Minority of Henry III* (London 1912) and G. M. A. Cartellieri *Philipp II, August König von Frankreich* (Leipzig 1899 ff.).

[3] *D.N.B.*, art. *Marshal, William*, where he is described as having been 'a landless man, with nought but his knighthood' down to the time of his acquisition of the Earldom in 1189. See also S. Painter *William Marshal... regent of England* (Johns Hopkins hist. publ. 1), Baltimore 1933.

[4] The testimony of the *Couronnement de Renart* (ed. Foulet, 3362-3: *Pris mon prologue com Marie Qui pur lui traita d'Izopet*) is valueless, for the author wrongly believed that Marie de France had dedicated her *Fables* to Count William of Flanders, companion of Saint Louis and Joinville.

[5] In the article cited in the Bibliography.

[6] By E. Mall 'Noch einmal: Marie de Compiègne u. das "Evangile aux femmes"' *ZRP* I (1877), 337-56.

[7] J. C. Fox 'Marie de France' *Engl. Hist. Rev.* XXV, 303 ff. and XXVI, 317 ff. E. Levi suggests that she may have been abbess of Reading, the abbey

natural daughter of Godefroy d'Anjou (father of Henry II). She became abbess of the Abbey of Shaftesbury in 1181 or earlier and died about the year 1216. This view would favour the identification of the 'nobles reis' with Henry II and that of 'le cunte Willame' with William Longsword, who was a patron of the same abbey; but it would not help us materially in the more precise dating of either the *Lais* or the *Fables*. We need not take seriously the argument that the *Lais*, being a more worldly production, must have been composed before she assumed the duties of abbess.

All that can be said with certainty is that Marie wrote in the last third of the twelfth century, that she composed the *Lais* at some time before 1189, that this work was followed by the *Fables*, and that the *Espurgatoire* was composed after 1189.

II. THE *LAIS*

The *Lais*[1] of Marie de France are specimens of a genre which arose in the twelfth century and which has been aptly termed a 'nouvelle en vers,' each poem dealing with a single sentimental adventure or episode, the form being the octosyllabic couplet. The term *lai* is probably of Celtic origin (cf. Old Irish *laid* 'song,' Mod. Irish and Gaelic *laoidh* 'hymn') and is regularly accompanied by the epithet 'breton.'[2] Marie, it will be seen, uses the term to denote her own compositions and also her sources.

In specifying her sources Marie on one occasion (El. 1) uses the designation 'un mut ancïen lai bretun'; elsewhere she describes them as *lais* made by the Bretons (G. 20, Eq. 2 ff. and 312,

in which MS. *H* was probably executed. Professor U. T. Holmes has recently (see his *History of Old French Literature* (New York 1937), p. 189) advanced the conjecture that Marie might be identified with 'Marie the daughter of Count Waleran de Meulan, who married a Hue Talbot and presumably went to live in Herefordshire and Devon.'

[1] The following abbreviations are used in this edition:—Pr.=*Prologue*, G.=*Guigemar*, Eq.=*Equitan*, F.=*Fresne*, B.=*Bisclavret*, L.=*Lanval*, D.=*Deus Amanz*, Y.=*Yonec*, Lc.=*Laüstic*, M.=*Milun*, Cha.=*Chaitivel*, Chv.=*Chevrefoil*, El.=*Eliduc*.

[2] Beginning with the mention (l. 800: *Bien set faire les lais bretons*) in the fabliau of *Richeut* (ed. I. C. Lecompte, in *Rom. Rev.* IV, 261-305; also separately) which was composed in the third quarter of the twelfth century, though perhaps not as early as 1159, the date proposed by Bédier. Cf. Wolf *Über die Lais*, p. 6 ff.

D. 5 and 244, Lc. 2 and 159), by those whom she calls 'li auntïen Bretun' (El. 1182), or by those whom she simply calls 'li auncïen' (M. 534). On two occasions she describes the *lai* as being composed by one of the protagonists (Cha. 203-230, Chv. 112), and in the case of *Milun* she proposes to tell *how* the *lai* came into existence.

As for the manner in which she had cognizance of the 'Breton' *lais*, she sometimes simply tells us that she heard the *lai* (Pr. 33) or that she has heard tell of it (Cha. 2); on one occasion she avers that she found it in writing (Chv. 6), on another (G. 885-6) that it is still performed 'en harpe e en rote' and that the melody is pleasing (*Bonë est a oïr la note*). Moreover, she makes it clear that it was in virtue of his skill with the harp that Tristan was requested (by Iseut) to compose the *lai* of the *Chevrefoil*.

The 'Breton' *lai* was composed, she tells us, to commemorate some 'aventure,' i.e. some noteworthy happening (Pr. 35, Eq. 2 ff., F. 517, D. 5 and 244, Lc. 2 and 157, El. 26), some joyful or sad occasion (Cha. 202 ff., Chv. 107), or the story of some hero (L. 3, B. 317, Eq. 313), or she may describe it as dealing with a 'cunte' (G. 20, 884).

Her own activity she describes as 'recounting' *lais* (Pr. 48, F. 1, Chv. 118) or rhyming them (Pr. 41) or collecting them (Pr. 47), 'making' a *lai* (B. 1), preserving the memory of a *lai* (Cha. 1) or reducing it to writing (M. 535); or she proposes to tell how a particular *lai* was created (M. 5-8, Cha. 231, Chv. 4) and where (Cha. 5). More commonly, she tells us that she will relate the 'aventure' of the *lai* (L. 1, Y. 4, Cha. 3, El. 26) or the tale and argument (El. 2) or the truth (Chv. 117, El. 4 and 28) of a *lai*, or simply an 'aventure' (G. 24) or a 'cunte' (G. 883). On two occasions she asserts that the 'cunte' or 'aventure' is 'true' or 'authentic' (G. 19, B. 316).

The titles of the *lais* are for her an important consideration. Particularly striking is the discussion of the rival claims of two alternative titles in *Le Chaitivel* and *Eliduc* (see Notes). For one of the *lais* she gives both the French and the Breton name (B. 3-4), for another French and English (Chv. 2 and 115-6) and for a third French, Breton and English (Lc. 3-6). Of *Lanval* she says simply that the *lai* is so called in Breton (L. 4).

From all these statements taken together it appears that there existed in Marie's time Breton *lais*, some reputed to be of great antiquity, which could be heard or read, and which comprised a melody and a narrative of some kind, the melody being carried by the Breton *rote* (a sort of harp). Marie's object is to retell the story, to reproduce the narrative content (or accompaniment) of this musical composition. The propagators of the Breton *lais* (*Cil . . . ki avant les enveierent*, Pr. 38) were clearly the Breton jongleurs of whose activity there is ample evidence in the twelfth century and even much earlier.[1] But of the songs they performed neither music nor words have come down to us. The term *lai*, like the modern 'song,' was used indifferently to denote the music or the words or both taken together, but it is by no means improbable that when the jongleurs gave their performance the song may have been preceded or followed by a prose narrative, or intercalated in the prose narrative in the manner of the 'chante-fable' of *Aucassin et Nicolete*.[2] When the story was well known, perhaps the *lai* was merely sung. When they performed before French or English audiences they would naturally give at least the purely narrative portions in French or English, and in this way there would arise the bilingual and trilingual titles given by Marie. Some of these narratives may have been committed to writing, and there are references to written sources in Marie de France.[3] Such written sources as she used were probably in a French form, though doubtless crude and unpolished: the *Pro-*

---

[1] See E. Faral *Les Jongleurs en France au moyen âge*, Paris 1910, particularly Appendice III; also W. Hertz *Spielmannsbuch*, pp. 1-44. As early as the sixth century we find, at the court of Childebert I, a British (Celtic) bard Hyvarnion, esteemed for his invention of songs and lays (Villemarqué *Les Romans de la Table Ronde*, p. 168). The 'rote' has been held by historians of music to be the ancestor of our violin and cello. One may question the validity of some of the later references to the activity of the Breton jongleurs and the Breton *lais* (Chrétien, Thomas, Gottfried, Pierre de Blois, *Horn*, etc.) without accepting the extreme conclusion of Foulet; see, for example, Levi *I lais . . .* (Bibliography).

[2] This is the very plausible conclusion reached by Bédier, according to whom the Breton *lai* was probably 'une pièce mi-parlée mi-chantée.' That this form of composition with alternating prose and verse was favoured in Old Irish literature is shown by such texts as the *Voyage of Bran*, originally written down in the seventh century; see Kuno Meyer and Alfred Nutt *The Voyage of Bran . . .* (Grimm Library, Nos. 4-6), 2 vols., London, David Nutt, 1895.

[3] *Guigemar* 22-24; *Chevrefoil* 5-7; cf. G. 23 note.

logue suggests that Marie's work is not one of translation, and it is unlikely that she knew Celtic.[1]

Of the exact content and scope of these Breton *lais* we can but form conjectures. There can be no doubt that their special appeal—apart from the music, which was very highly esteemed—lay in the Celtic element which they contained, that fund of fairy-lore, of magic, of fantastic and romantic adventure which, since the twelfth century, has been known as 'la matière de Bretagne' and which found its fullest manifestation in the tales of Tristan and Iseut and of Arthur and his knights. But it would be contrary to common-sense to assume that the *lais* performed by the Breton jongleurs contained nothing but Celtic elements. The 'matière de Bretagne' was not created *ex nihilo* and *in vacuo*: the Celts cannot be denied a share in and a cognizance of the general fund of folk-lore of the Western peoples. And it is quite inconceivable that the Breton jongleurs in their journeys through the length and breadth of Western Europe should have neglected to exploit promising themes and motifs picked up in their passage. It would therefore be rash to assume that the elements of reputed Classical, Eastern or Scandinavian[2] origin in Marie's *lais* are necessarily her additions. On the other hand, it is possible that Marie took over from the Breton *lai* merely the plot or outline and that by a shift of emphasis or displacement of interest she may even have reduced the original data to the role of mere incidentals, adding motifs and details from her own admittedly wide reading and wider interests, accommodating the whole to the tastes of polite society of the twelfth century.

The Prologue to the *Lais* bears witness to the value she attached to study and an acquaintance with the writings of the Ancients. In *Guigemar* (ll. 239-44) she cites Ovid (*Remedia Amoris*); but it may be that her knowledge of him and of other Latin writers was derived from the French translations or adaptations which had begun to appear. She certainly knew the *Brut*

---

[1] The view that Latin translations of Celtic *lais* existed was advanced by F. Wolf (*Über die Lais*), and rejected by E. Brugger (*Zeitschrift für frz. Spr. u. Lit.* XX, 113); but it is quite possible that such stories may have been recounted occasionally in Latin.

[2] See Ahlström, particularly his remarks on *Guigemar*.

of Wace,[1] though her indebtedness to him was hardly as specific and extensive as Foulet supposed.[2] She also shows an acquaintance with the *Roman de Thèbes* and had apparently read a version of the romance of *Tristan* (Chv. 6-7). The work which has left the most numerous and unmistakable traces in her *Lais* is the *Roman d'Eneas*, in respect of language, turns of phrase and the treatment of certain incidents or themes.[3] This even led E. Levi to attribute the *Roman d'Eneas* to Marie; but this view is scarcely tenable,[4] nor is her imitation of *Eneas* necessarily as direct and slavish as presented by Hoepffner. A safer conclusion is that she was profoundly influenced by *Eneas* through having read it or heard it read, and retained many of its details in her memory.

The preoccupation with literary sources has tended to obscure what is perhaps a more important aspect of Marie de France— her alertness and interest in contemporary affairs. Her obvious interest in legal procedure and administration, as shown in *Lanval* and elsewhere, is but one indication of her wide interests and her powers of observation.[5]

The question of the provenance of the Breton jongleurs and the *lais* they sang—whether they came from Brittany or Celtic Britain—has been much debated,[6] often with unbecoming acerbity. As narrated to us by Marie, some of the *lais* are located on the mainland (*Guigemar, Equitan, Laüstic, Fresne, Chaitivel, Deus Amanz*), others in Great Britain (*Lanval, Yonec, Milun, Chevrefoil*);

---

[1] Hoepffner *Les Lais*, ch. III; cf. A. B. Hopkins *The Influence of Wace on the Arthurian Romances of Chrétien de Troyes*, Menasha (Wisc.) 1913, and M. Pelan *L'Influence du Brut de Wace sur les romanciers français de son temps*, Paris 1931.

[2] In *Mod. Lang. Notes* XX, 109-11.

[3] Cf. Salverda de Grave's edition of *Eneas* (Bibl. Norm. IV), Halle 1891, pp. xxii ff.

[4] Cf. Warnke *Lais*, pp. ix-xiv.

[5] See the article by Miss Francis cited in the Notes to *Lanval*.

[6] The question is linked with the general problem of the provenance and significance of the 'matière de Bretagne'; see G. Paris, in *Hist. Litt.* XXX (1887), 2-14; W. Foerster in the introduction to his *Wörterbuch zu Kristian von Troyes' sämtlichen Werken* (first edition) Halle 1914; and more specifically H. Zimmer 'Bretonische Elemente in der Arthursage des Gottfried v. Monmouth' *Zeitschrift für frz. Spr. u. Lit.* XII, 230-5 6; E. Brugger 'Über die Bedeutung von *Bretagne* und *Breton* in mittelalterlichen Texten' *ib.* XX, 79 ff.; F. Lot, in *Romania* XXIV, 497-528; XXV, 1-32; XXVII, 529-73; XLVIII, 1-48. For a useful summary of the question and bibliographical indications, see C. Voretzsch *Einführung*, pp. 321-34.

Eliduc is a Breton knight of France who crosses to England; the scene of *Bisclavret* is not specified. The Celtic words used by Marie are, it would seem, Breton;[1] but it should be remembered that there was continuous and frequent intercourse between the Celts on the two sides of the Channel, and the term 'Breton' is applied quite indifferently in the twelfth century to both insular and Continental Celts.[2] One must therefore reckon with the possibility of two-fold origin, Cymric and Breton proper.

From what has been said it is evident that the problem of sources is here particularly complicated and delicate. In the present state of our knowledge we cannot go much beyond the citing of parallels and analogues. Many of these are of interest to the student of folklore and popular traditions, and comparison with Marie de France is not without profit, but they must be carefully distinguished from 'sources' and they rarely help to elucidate our text. I have therefore refrained from giving them in this edition the place which the discussion of them would rightly take in a comparative study of themes and motifs.

A more pertinent question is whether Marie was first in the field and whether the genre of the narrative *lai* of reputedly Breton origin was her creation. This question Foulet answers with a decided affirmative and, extending its implications, he is led to deny the existence of her reputed sources. But in spite of his persuasive and at times ingenious argumentation, the onus of proof still remains with those who refuse to give credence to Marie's explicit and reiterated assertions. Narrative poems of the *lai* type, i.e. 'nouvelles en vers' such as *Piramus et Tisbé*, undoubtedly existed before Marie, and one cannot overlook Robert Biket's *Lai du Cor*. If Marie was not the first to exploit the *lais* of the Breton jongleurs as subject matter for 'nouvelles en vers', she was one of the first and certainly by far the most successful and gifted. None of the anonymous lays of the Marie de France type are (if we except the *Lai du Cor* and the *Lai d' Haveloc*)[3]

---

[1] For example *bisclavret, aüstic, Guigemar*; but it is going too far to place the genesis of the *lais bretons* in Brittany on the evidence of such forms or upon the contention of E. Brugger that the English place-names in Marie's *lais* are either spurious or late additions.

[2] See H. Zimmer 'Beiträge zur Namenforschung in den altfrz. Arthurepen' *Zeitschrift für frz. Spr. u. Lit.* XIII, 91 ff.

[3] There is no real ground for Foulet's contention that Biket's poem is not a 'lai.' The six-syllable line in which it is written, linguistic evidence and the

demonstrably earlier than Marie's, and some are clearly inspired by her example or are imitations of her *lais*. G. Paris was led to attribute three of them (*Tyolet*, *Tydorel*, *Guingamor*) to Marie, but only the attribution of *Guingamor* to her is maintained by later scholars.[1] It is undoubtedly worthy to rank with the best of her *lais*, but one may well argue that the whole story is too similar to that of *Lanval*, that Marie is not likely to have dealt with the same story twice and that the similarities are the result of clever imitation, more successful even than that of some of the other imitators of Marie. As has been pointed out in the Notes, the *lais* of *Graëlent* (and *Desiré*), of *Doon* and of *Melion* deal with the same themes as *Lanval*, *Milun* and *Bisclavret* respectively. Whether they are, as Foulet maintains, mere imitations of Marie's *lais* or utilized sources independent of Marie must remain a matter for debate.

A group of four *lais* (*Lai du Cor*, *Lai du Mantel Mautaillié* (or *du Cort Mantel*), *Lai d'Ignaure*, *Lai du Lecheor*) may be described as 'burlesque', particularly the last-named. Other *lais* have been lost (e.g. the *lai* of *Guirun*[2] summarized in the *Tristan* of Thomas, Bédier I, 295) or preserved only in foreign versions. The Old Norse Prose gives only the content of a few which have been lost. The French originals of the following English 'lays' have been lost: *Esmaré*, *Sir Orfeo*, *Sir Gowther*, the *Earl of Toulouse*, *Sir Degarre*, *Frankleyn's Tale* in Chaucer.

Subsequently the term *lai* was extended to include narrative poems of moderate length which are in no real sense 'Breton' (*Lai d'Aristote*, *Lai d'Amors*, *Lai de l'Oiselet*, *Lai de l'Ombre*, *Lai du Conseil*, *Lai de l'Espervier*). The same work may then come

---

general archaic nature of the poem make it virtually certain that it was written about the middle of the twelfth century, or in any case before Marie's *Lais*. Cf. also Schürr *Das Aufkommen*. . . . The *lai* of *Haveloc* was composed about the same time, according to J. Vising (in *Krit. Jahresbericht* XI, i, 251); but A. Bell (in his edition, p. 25) proposes *ca.* 1190-1220 as the date of composition.

[1] For example, by Warnke (edition of *Lais*). But F. Hiller (*Tydorel, ein Lai der Marie de France*, Rostock 1927) also sought to justify the attribution of *Tydorel* to Marie de France.

[2] Thomas (ll. 833-42) describes the *lai* of *Guirun* as being sung by Iseut. In Gottfried (ll. 3510 ff.) it is sung by a harper; it is preserved, in translation, in the *Strengleikar*. Its subject, the legend of the heart of the lover served up to his mistress, is widespread in the Middle Ages and recurs, for example, in the *Lai d'Ignaure* (see Bibliography).

to be described indifferently as a *lai*, a *fabliau*, or a *dit*, in medieval manuscripts.

A more specialized use of the term developed later (towards the end of the twelfth century) to denote a lyric poem of the sequence type in which the words are written to conform to an already existing melody. *Lais* of this type have no connection with narrative lays such as those of Marie, though by a coincidence one of the surviving lyric *lais* of the thirteenth century bears the title *Lai du Chievrefeuil*. The view that the music of the lyric *lais* may represent a survival of the musical element of the original Breton *lais* is little more than speculation.[1]

To sum up, we may say that the precise degree of Marie's originality can hardly be assessed in terms of elements and motifs; but a comparison of her *lais* with each other and with her other works justifies one in claiming for her a very high degree of independence and literary skill in the treatment of her subject-matter. She is alive to the appeal made by the fantastic element, and its charm persists in her *lais;* but already the fantastic elements tend to be crowded out by the realistic and human, the interest shifts from externals to the emotions, so that even the banal 'fabliau' subject of *Equitan* is invested with a psychological interest.[2] The 'aventure' becomes for Marie a means of portraying human passions, of analysing psychological motives and thus presenting the spectacle of human frailty in the face of destiny. In fact, the *lais* show a masterly adaptation of the primitive Breton legends and the popular stock-in-trade of the Breton jongleur to the tastes of her contemporaries. She shows a familiarity with the views on love exemplified in the Classical romances (particularly *Eneas*) and the early romances of Chrétien de Troyes, and even with the more fully developed code of love of the troubadours, with Ovidian theory. But she does not adopt them. Love is for her neither the innocent sensualism of the *chansons de geste* nor the gallantry of the troubadours and the tyrannical ritual of the 'Courts of Love.' It is a mutual passion demanding equal duties from man and woman, conflicting at times with marital obligations, but not necessarily and in principle inconsistent

[1] See Jeanroy, Brandin et Aubry *Lais et descorts fr. du XIIIe siècle*, texte et musique, Paris 1901.

[2] See Hoepffner's article in the *Kastner Miscellany*.

with them. Her women may be reluctant to make advances (cf. *Eliduc*), but when they do, there is no suggestion of reproof from the poetess. Thus, the injunction to secrecy in *Lanval* is not presented as an article of the courtly code, but is cleverly allowed to make its natural appeal to a society in which that code was well known, and we are therefore not surprised to find Denis Piramus remarking rather wryly upon Marie's popularity with counts, barons, knights, and ladies (see p. vii, note 3).

While one may therefore hesitate to follow Foulet to his extreme conclusion when he attributes to Marie the creation of the genre and places all the anonymous *lais* virtually under her aegis, she certainly raised the genre to the high place it occupies in the literature of the Middle Ages. The popularity of her *lais* is attested not only by the surviving manuscripts of divers provenance, by translations into Norse, Middle English and Middle High German, by imitations and exploitations,[1] but by the explicit references to her which have chanced to come down to us. From the days of Claude Fauchet she has never again sunk into oblivion, and our own century has more than confirmed the favour shown her by the nineteenth. The editions and studies listed in the Bibliography may serve as a sufficient testimony to the remarkable revival of her literary fame.

III. THE MANUSCRIPT TRADITION

The *Lais* of Marie de France are preserved wholly or partly in the following manuscripts:—

H. British Museum, Harley 978, f. 139a-181a (new foliation 118a-160a). Anglo-Norman; mid-thirteenth century. Contains the *Prologue* and all twelve *Lais* as well as the *Fables* of Marie. The writing is in two columns per page. There is a large coloured initial at the beginning of the *Prologue* and of each *Lai*, except *Guigemar*, of which the introduction (ll. 1-26) begins with a plain initial slightly larger than that with which each line of the text begins; a two-line space separates the introduction from the *lai*

---

[1] In addition to those already indicated, one may mention that Hue de Rotelande, author of the romances of *Ipomedon* and *Prothesilaus*, used Marie's *lais*; cf. C. H. Carter, in *Haverford Essays* (1909), 237 ff., and F. Kluckow's edition of *Prothesilaus* (Gesell. für rom. Lit. 45), 1924. See also the notes to *Lanval*.

proper (l. 27 ff.). There are no other spaces and no indications of subdivisions of the narrative. A later hand has added the title of each *lai* at the top of the column in which the text of the *lai* begins. For a full account of this MS., see *A Catalogue of the Harleian MSS. in the British Museum*, H. L. D. Ward *Catalogue of Romances* I, 407 ff., and C. L. Kingsford *The Song of Lewes* (Oxford 1890), pp. vii-xviii.

C. British Museum, Cott. Vesp. B. XIV, f. 1-8. Anglo-Norman; end of thirteenth century. Contains *Lanval*.

P. Paris, Bibliothèque Nationale, fr. 2168, f. 47a-58b. Picard; second half of thirteenth century. Contains *Yonec* (ll. 396-end), *Guigemar*, *Lanval*.

Q. Paris, Bibliothèque Nationale, fr. 24432, f. 241b-245a. Central French; fourteenth century (after 1332). Contains *Yonec*.

S. Paris, Bibliothèque Nationale, Nouv. Acq. fr. 1104, f. 1a-45d. Central French; end of thirteenth century. Contains *Guigemar*, *Lanval*, *Yonec*, *Chevrefoil*, *Deus Amanz* (ll. 1-159), *Bisclavret* (ll. 233-end), *Milun*, *Fresne*, *Equitan*. Description by G. Paris, in *Romania* VIII, 29 ff.

N. An Old Norse translation of a collection of French *lais* undertaken at the instigation of King Haakon (probably Haakon Haakonssön 1217-63) is preserved in a MS. of the University Library at Uppsala, Sweden. It was published by R. Keyser and C. R. Unger under the title *Strengleikar eða Lioðabok* (Christiania 1850). It contains a fairly faithful (though at times expanded or truncated) version of the *Prologue*, *Guigemar*, *Fresne*, *Equitan*, *Bisclavret*, *Laüstic*, *Chaitivel* (ll. 85-end), *Deus Amanz*, *Milun*, *Chevrefoil*, *Lanval* (ll. 155-end), *Yonec*.

For Middle English versions of *Lanval* and *Fresne*, see the Notes.

The relation of these MSS. to each other is discussed in detail by Warnke (pp. lxiv-lxxx). *N*, generally speaking, goes with *H*. *C* (for *Lanval*) also shows a close affinity with *H*. But the classification of the MSS., taken by itself, can furnish no reliable criterion for establishing the authenticity of particular readings. There is no doubt, however, that *H* offers the most satisfactory versions and stands closest to the original. It is moreover the earliest extant MS. and is the only one to contain the *Prologue* and

all twelve *lais*. It has the further claim that it contains Marie's
Fables as well, and in their most satisfactory form.

Warnke's critical edition is based upon *H*. Many of the em-
endations adopted by him rely upon readings contained in
the other MSS., but many others have been undertaken without
such support. The orthography has been regularized through-
out, and this necessitated a vast number of corrections. Hoepff-
ner adopted the expedient of giving the text of *H*, but re-writing
it in the orthography of *S;* most of the textual emendations of
Warnke seem to have been incorporated, but on the whole
Hoepffner's procedure is textually more conservative.

Apart from the evidence furnished by a comparison of the
MSS., the criteria used by Warnke for establishing his critical
text are (*a*) the linguistic usage of the author as this can be de-
duced from the rhymes of her works and (*b*) the usage of con-
temporary MSS. A detailed analysis of the evidence furnished
by the rhymes and metre of all three of Marie's works was
undertaken by Warnke (*Fables*, pp. lxxx-cxii). He concluded
that Marie's native dialect was that of the Ile de France, but
that a number of important features (preservation of the dis-
tinction between the imperfect endings of the -*er* conjugation
and those of the other conjugations, between *ei* and *oi*, *an* and *en*)
are Norman, and he did not dissent from H. Suchier's suggestion
that Marie came from the Vexin, that western portion of the Ile
de France which adjoins Normandy. The presence of such
Norman features is, however, susceptible of another explanation
(cf. G. Wacker *Über das Verhältnis von Dialekt und Schriftsprache
im Altfranzösischen*, Halle 1916), and it is more probable that
Marie wrote in 'standard' literary French, which at the time in
question still showed the preponderant influence of Normandy.
This Norman colouring was maintained for a time and appears
even in the work of writers who had no Norman connection. In
Marie's case there is the additional difficulty of assessing accurate-
ly the effect which her prolonged residence abroad in an Anglo-
Norman milieu may have had. That she did not always observe
the 'standard' Old French rules of declension is indisputable[1], and

---

[1] For example, the oblique for the nominative assured by the rhyme:—
estre lié El. 522, *le partement* El. 604, *dras* B. 71, *maisuns* Lc. 35; irregularities
in the agreement of the past participle, with *estre*:—B. 188, Y. 202, Cha. 76,

many other irregularities can be removed only by emendation.[1] Furthermore, the role of poetic licence may well have been much larger than Warnke supposed.[2]

It is, however, clear that whatever influence her Anglo-Norman milieu may have had, Marie continued to maintain a sound ear for the rhythm of her native tongue. Her handling of the octosyllabic couplet shows no substantial departure from Continental usage. But here, too, it seems wiser to regard as possible licences or sheer imperfections features (particularly in respect of hiatus and elision and occasionally of rhyme) which offend against a strict and rigid application of the 'rules' deduced by modern scholars from the usage of Continental French poets of the twelfth century.[3]

IV. NOTE ON THE PRESENT EDITION

In preparing a new edition of the *Lais* it seemed to me preferable, for the reasons indicated above, to acknowledge the impossibility of restoring the text to the form in which it left the hands of Marie de France, above all in the details of orthography. The present edition therefore gives the text substantially as it was presented to his contemporaries by the scribe of *H*. He was an Anglo-Norman and shows the fallibility of even the best scribes. His orthography has been respected throughout, subject to the changes indicated in the list of rejected readings (p. 158). Textual emendations have been undertaken only wh· .e a scribal corruption seemed amply proven. Consequently, many readings have been allowed to stand against more 'satisfying'

El. 140, 414; and in reflexive verbs:—M. 87, El. 382, 537. Departures from the normal rules of declension are more numerous in the *Fables* and still more in the *Espurgatoire* (cf. Warnke *Lais*, pp. lxxxvii-xcv).

[1] For example, *ert grant ennui* (B. 24) corrected by Warnke to *ot grant ennui*.

[2] See, in this connection, J. Bédier's remarks in *Romania* XLVII, 465-80, and in his edition of the *Chanson de Roland* (II, cc. iv-v).

[3] I have also, in conformity with the same principle, allowed to stand, not only such alternative forms as fem. *pruz* — *prude*, *andui* — *ambedui*, *ambedeus*, *mescine* — *medecine* (G. 109), *mund* — *munde* (all admitted by Warnke), but such contractions as *nient*, *nent* (beside *nïent*); *memes* (beside *meïsmes*); *enfuira* (=*enforra* El. 896, *enfuirai* (=*enforrai*) El. 947, beside *enfuïrums* G. 288; *beneistre* F. 407 (cf. *beneeit* El. 881); *Neustrie* D. 7; and occasionally contractions of the endings -*ïun* and -*ïez*:—*suliez* B. 252, *purriez* L. 149, *vodriez* El. 535; except where a correction seemed for other reasons imperative.

variants in other MSS. The latter have been given in the Notes only (*a*) where they help to elucidate obscure or doubtful passages, (*b*) where they support rejected readings of *H*, and (*c*) in respect of all lines added or omitted. The materials for a critical appreciation of the MS. and its relation to the tradition as a whole are set out in Warnke's admirable critical apparatus, on which I have relied almost exclusively for information concerning the MSS. *P Q S*. For *C*, Miss Francis kindly placed at my disposal the photographic reproduction in her possession. The text of *H* was transcribed by me direct from rotographs which Mr. Johnston and I were able to procure in the early days of the war through the good offices of the Keeper of Western Manuscripts in the British Museum.

The Notes are designed to facilitate the comprehension of the text, and the discussion of literary parallels and variants has been strictly subordinated to this consideration. Much of the critical literature devoted to the *Lais* is of a controversial nature, and it would be manifestly unfair to pass judgement on conflicting views without citing supporting arguments. The reader will therefore not find in the Notes a review of all the contributions to the subject, but it is hoped that the references given there and in the general bibliography will be found reasonably exhaustive.

The Glossary is selective. It is designed to include all words which have not persisted in modern French or which have persisted with a different meaning. It is perhaps hardly necessary to add that this is subject to the qualification which applies to all glossaries of medieval texts and that the omission of a word like *curteis* does not imply that in the opinion of the editor it is semantically identical with modern French *courtois*. Similarly, the treatment of prepositions and verb-forms presupposes at least an elementary knowledge of Old French. Here, too, the editor has had to rely, in effect, on his own judgement of what is indispensable to the student.

V. SCRIBAL FEATURES OF MS. *H*

The usage of the scribe of *H* has been analysed in considerable detail by Warnke (*Lais*, pp. lxxx-xcv). It shows, in addition to common scribal inconsistencies, many characteristic features of

Anglo-Norman spelling,[1] and may present some difficulty for the student accustomed to more 'normal' Old French or to normalized editions. The more striking features have therefore been listed below, each graphy being related, whenever possible, to 'normal' or 'standard' orthography of twelfth-century Continental texts. With the same object in view, a few notes on morphological features have been added.

 a—ai : *faseit* G. 44; *reparout* G. 252.

 ai—ei : *plait* G. 559.

 e—ai : *fet* Eq. 10; *mesun* Y. 362.

  ei : *veer* G. 71; *pesseit* L. 79.

  ie : *cungé* G. 388; *pez* G. 684; *terz* Eq. 246.

  ue : *treve* G. 521; *bercel* M. 99.

 eé—ié : *leéz* B. 111; *forgeér* Lc. 149.

For the irregular use of feminine *e*, its suppression, its intercalation between *v-r*, *d-r*, *t-r*, and the hesitation between alternative forms (*or—ore*) see the Variants (Orthographical); it is sometimes added irregularly: *dormie* G. 263.

 ie—iée : *surquidie* Pr. 54; *entrelaissie* Eq. 127.

 ei—ai: *peis* G. 28; *eit* G. 401; *veit* G. 584; *leissier* G. 15.

  e (< *a*): *peire* M. 478; *abevreiz* B. 174.

  e : *cunreierent* G. 870; *Breitaine* G. 651.

  ie : *cheit* F. 452; *creim* B. 35.

 ie—e : *hiet* G. 216.

  ei : *fiez* G. 350.

 eo—ue : *peot* G. 482; *jeofne* D. 151.

 eu—ue : *veut* F. 214.

  u (= *ü*): *esteut* D. 46; *feusse* B. 74.

 i—e : *chivaliers* G. 33; *difeis* Y. 366.

 o—ue : *dolt* G. 189; *ovre* Pr. 25; *oil* F. 88.

 oe—ue : *doel* G. 405; *oés* L. 536.

 oi—ui : *noit* G. 224; *oit* El. 734, *pois* G. 121.

 u—eu : *anguissus* G. 394; *fu* (focum) G. 241.

  ue : *estuce* Y. 210; *estut* Eq. 61.

  ui : *luseit* Lc. 69; *cundurums* L. 75.

  ui (for *oi*) : *conustre* El. 376.

  ou (<*ol*) : *mut* F. 383.

 ui—oi : *orguilluse* Eq. 176; *agenuila* F. 160.

  u : *estuit* B. 132; *duit* Eq. 206.

 aun—an : *avaunt* G. 133; *avenaument* G. 508.

 an—en : *talant* Y. 80; *ensample* Eq. 308.

 ain—ein : *plain* B. 198.

[1] M. K. Pope *From Latin to Modern French with especial consideration of Anglo-Norman* (Manchester 1934), pp. 455 ff.; A. Stimming *Der anglonormannische Boeve de Haumtone* (Bibl. Norm. VII, Halle 1899), pp. 171 ff.; E. G. R. Waters *The Anglo-Norman Voyage of St. Brendan* (Oxford 1928), pp. 143 ff.; A. Ewert *Gui de Warewic* (CFMA 1933) I, pp. xix ff.

en—ien : ben F. 303.

ein—ain : pleigneit L. 341; *greinur* G. 712.

    en : meinur El. 30.

on—uen : bons (: *soens*) F. 425.

uin—oin : busuin G. 228; *luinz* L. 112.

The vocalization of *l* (or *l'*) before consonant is noted spasmodically: *chevaus* El. 645, *rëaulme* G. 38; *beaus* El. 646, *beuté* G. 296; *meuz* G. 669; *chevoz* M. 423, *chevoiz* Cha. 138; *colcha* G. 203, *cucher* M. 112, *suls* G. 393; *ducement* G. 360, *escutez* F. 466; *oilz* G. 415. It has disappeared without trace in *chevachot* L. 551, *fave* L. 590, *parot* M. 485, *paroge* El. 444.

The suppression of prosthetic *e* is very rare: *spuse* El. 1093, *scïent* El. 188.[1]

c—ch : senescaus Eq. 107; *purcace* Eq. 309.

k—qu : ki Pr. 13; *ke* Pr. 11.

k—c : kar G. 80.

q—qu : qor F. 384.

qu—cu : aquinter El. 494.

g—gu : garder Pr. 21; *esgaré* L. 428.

    j : targaunt G. 84; *gangleür* G. 16.

- —*h : ansac* G. 86.

s—z : tiers Y. 257; *viels* G. 347.

z—s : costez G. 301; *ostelz* G. 870.

- —*s : depleie* G. 160; *defie* G. 855; *effrei* G. 476; *erceveke* F. 361. The elimination of *s* may account for such preterite forms as *ceint* El. 410, 427, *estreint* El. 428; conversely *s* has been wrongly introduced in *vist* F. 241, *just* G. 544 (cf. *jut* Eq. 90). See also Glossary, s.v. *laisser*.

s— : respose Eq. 63; *desmenter* El. 664.

sc—c : blescié G. 123; *dresciez* L. 172; *oscirat* Y. 332.

ce—ç : receut F. 301; *aparceut* B. 197.

ti—ci : nuntïé L. 462; *auntïen* El. 1182.

-*t— : at* G. 158; *enveat* G. 42; *apelet* G. 418; *sachet* G. 524.

-*d— : ad* G. 7; *fud* B. 272; the ind. pr. 1 of *quidier* appears as *quid* G. 320, *quit* G. 734, *qui* F. 280.

Palatalized *l* is noted by *ill* (*faillent* G. 874), *il* (*failist* G. 751), *l* (*eisselez* G. 310, *aviler* L. 365).

Palatalized *n* is noted by *ign* (*muntaigne* G. 148), *nn* (*enginnera* Lc. 94), *in* (*bargaine* Eq. 152, *seiner* Eq. 265), *ni* (*esparnierent* El. 214).

Double and single consonants are frequently confused: *abbeïe* F. 177 (*abeïe* F. 151), *suffrir* G. 409 (*sufrez* El. 670), *humme* G. 8 (*hume* G. 521), *apparillee* G. 153 (*apareillez* G. 367), *plegge* L. 418, *lettre* Pr. 15, *mettre* Pr. 16; *espeise* G. 89, *bise* G. 90, *ise* G. 351; *bare* Lc. 37, *curent* G. 83, *vereit* F. 260 (*verra* L. 169), *murai* Y. 403; *verrais* G. 19 (*veraie* B. 316), *murrez* (ind. pr.) G. 549, *durrat* (pret.) Eq. 185, *acurrut* El. 1039, *demurra* (pret.) El. 855 (*demurat* L. 156), *serrai* Pr. 53 (*serai* M. 138), *irra* M. 358 (*irai* G. 400).

The MS. shows a large number of irregularities in declension.[2] The nominative is sometimes used for the oblique (*nevuz* Chv. 12, *li reis* El. 107, *produm* F. 371); but much more commonly the oblique for the nominative:

---

[1] Cf. Pope, *op. cit.*, p. 439.   [2] Cf. Pope, *op. cit.*, pp. 462 ff.

talent G. 76 *col deduit* G. 80, *tailliez* G. 173, *tel* G. 108, *grant* M. 60, *deus* (for *dui*) G. 183, *tun* (for *tis*) M. 437, *sun* (for *sis*) F. 493, *le* (for *li*) G. 217, *cest* (for *cist*) G 510, *que* (for *qui*) G. 733, etc. Note also *ses hummes* (for *sis huem*) G. 843. *Tut* appears for *tuit* G. 119, 215, etc., and this form generally remains uninflected when used adverbially (L. 44, G. 674, El. 215, etc.). Adjectives frequently appear with analogical *-e* (*tele* L. 320, *plurante* G. 306, *mesdisante* F. 28), and substantives and adjectives with analogical *-s* (*aïres* G. 209, *peres* F. 506, *prestres* G. 255, *saives* D. 99, *quatres* Cha. 41). The final consonant of the stem is frequently introduced from the oblique form before *-s* of the nom. sg. (or obl. pl.): *blancs* G. 255, *nefs* G. 164, *coks* F. 145, *lumgs* El. 1015; conversely *beal* (from *beals*=*beaus*) for *bel* B. 190.

Various confusions have taken place in the pronoun forms: *quei* for *que* G. 419, 467, etc.; *me* for *mei* G. 458; *mi, si* (for *mis, sis*) Eq. 134, G. 782, F. 76; *ses* (= *sis*) G. 658, F. 124; *sun* for *suen* G. 29, 657, 693, etc.; *li, celi, autri*, for *lui, celui, autrui*, and *lui* for *li* (see Rejected Readings, p. 159); confusion of cases (see above).

The irregularities presented by the verbs[1] are due partly to analogical reformations and partly to orthographical variants reflecting in some cases peculiarities of Anglo-Norman pronunciation. Analogical remodelling of the stem accounts for: *eissent* (for *issent*) G. 871, *rumpt* (for *runt*) Lc. 115, *ennoit* (for *ennuit*) G. 514, *enfuirai* for (*enforrai*) El. 947, *oieit* Eq. 196, *seïeent* M. 199, *esjoieit* El. 456, *ostïer* Eq. 25; see Glossary under *deveir, esbanïer, otreier*. *Tenir* and *venir* often show the introduction of the strong form of the present stem into the perfect: *tiendrent* Eq. 183, *viendrent* M. 287, *vient : retient* G. 375-6. For variant perfect forms of *aveir, poeir, saveir, voleir*, see Glossary.

The sigmatic forms often appear without *s*: *deïst* L. 482, *preïst* El. 49 (but *preisist* Y. 50); note also *feïstes, feïst, feïssent* (Glossary s.v. *faire*). For irregular use of *s* in preterite and present endings, see above.

The imperfect endings of the first conjugation appear as *-oe, -oes, -ot, -oent*, or as *-oue, -oues, -out, -ouent*; but occasionally *-eit* (*-oit*) is introduced from other conjugations:—*veilleit* G. 469, *gardoit : justisoit* Eq. 23-4, *curuceit* L. 545; *cunforteit* El. 1176. Conversely *-ot* appears in *decurot* (: *alot*) Y. 343, rejected by Warnke as a scribal corruption.

Other irregular forms are:—*puïst* (for *peüst*) L. 255, 493, M. 232;[2] *aturne* (for *aturt*) G. 759; *escundïez* (for *esundites*) G. 506; *eisserent* Cha. 86; *cerchirum* El. 998; *cheï'* (for *cheüe*) El. 338.

Of peculiarities in the use of prepositions one may cite the preference for *parler od* ('speak with') over *parler a*, and the frequent use of *a* (*al*) for normal *en* (*el*); see Glossary.

Isolated irregularities affecting spelling and morphology are noted in the Glossary.

---

[1] F. J. Tanquerey *L'évolution du verbe en anglo-français* (Paris 1915); Pope, *op. cit.*, pp. 468 ff.

[2] According to Warnke *puist* is for *puisse* (under the influence of *peüst*); but the context does not absolutely require the pres. subj., and such analogical impf. subj. forms as *poïst* (*puïst*) are well attested; cf. P. Fouché *Le Verbe français* (Paris 1931), pp. 327 and 335.

VI. BIBLIOGRAPHY[1]

I. EDITIONS OF MARIE'S WORKS

B. DE ROQUEFORT *Poésies de Marie de France*, 2 vols., Paris 1819-25. Contains also *Graëlent* and *Espine*.

K. WARNKE *Die Lais der Marie de France* (Bibliotheca Normannica III), Halle 1885; 3rd edn. 1925. (With comparative notes on parallels and analogues by R. KÖHLER). Contains also *Guingamor*, ed. P. KUSEL.

―――― *Vier Lais der Marie de France* (Sammlung rom. Übungstexte II), Halle 1926.

E. HOEPFFNER *Marie de France: Les Lais* (Bibl. Rom. 274-5, 277-8), Strasbourg 1921.

E. LEVI *Maria di Francia: Eliduc* (Bibl. Sansoniana), Firenze [1924].

L. ERLING *Li lais de Lanval nebst Th. Chestre's Launfal*, Kempten 1883.

J. HARRIS *Marie de France: The Lays Gugemar, Lanval and a fragment of Yonec* (Inst. of Fr. Studies), New York 1930.

―――――――

K. WARNKE *Die Fabeln der Marie de France* (Bibl. Norm. VI), Halle 1898.

―――― *Aus dem Esope der Marie de France. Eine Auswahl von dreissig Stücken* (Sammlung rom. Übungstexte IX), Halle 1926.

A. EWERT and R. C. JOHNSTON *Marie de France: Fables* (selected), Oxford, Blackwell, 1942.

―――――――

T. ATKINSON JENKINS *Marie de France: Espurgatoire de St. Patrice* (Diss. Johns Hopkins Univ., Baltimore, and Decennial Publ. of the Univ. of Chicago, 1903).

K. WARNKE *Das Buch vom Espurgatoire S. Patrice der Marie de France und seine Quelle* (Bibl. Norm. IX), Halle 1938.

―――――――

[1] For studies dealing with special points or with individual *lais*, see the footnotes of the Introduction and the Notes. Reproductions of the text of isolated *lais* in anthologies are not taken into account.

II. EDITIONS OF OTHER *LAIS*

COR (by Robert Biket): (1) Fr. Michel, in F. Wolf *Über die Lais, Sequenzen und Leiche* Heidelberg 1841, p. 327. (2) Fr. Wulff, Lund 1888. (3) H. Doerner, Strasbourg 1907.

DESIRÉ: (1) F. Michel *Lais inédits* Paris 1836. (2) E. M. Grimes *The Lays of Desiré, Graëlent and Melion* New York 1928.

DOON: G. Paris, in *Romania* VIII (1879), 59-64.

ESPERVIER: G. Paris, in *Romania* VII (1878), 1-21.

ESPINE: (1) B. de Roquefort (v. supra). (2) G. Gullberg *Deux lais du XIIIᵉ siècle* Kalmar (Sweden) 1876. (3) R. Zenker, in *ZRP* XVII (1893), 233-55.

GRAËLENT: (1) Barbazon et Méon *Fabliaux et Contes* IV, 1808, p. 57. (2) B. de Roquefort (v. supra). (3) Gullberg (v. supra). (4) Grimes (v. supra). (5) Renouard's edition in Legrand d'Aussy's *Fabliaux ou Contes* I, 1831 edn., p. 125.

GUINGAMOR: (1) G. Paris, in *Romania* VIII (1879), 50-59. (2) E. Lommatzsch *Le Lai de Guingamor—Le Lai de Tydorel* (Rom. Texte 6), Berlin 1922. (3) P. Kusel, in Warnke's edn. of Marie's *Lais*.

HAVELOC: (1) F. Michel, Paris 1833. (2) Duffus Hardy and Martin, *Rerum britt. medii aevi Scriptores* 91, I, London 1888, pp. 290-319. (3) A. Bell, Manchester U.P. 1925.

IGNAURE: Monmerqué et Michel *Lai d'Ignaures, . . . suivi des Lais de Melion et du Trot* Paris 1832.

LECHEOR: G. Paris, in *Romania* VIII (1879), 64-66.

MANTEL: (1) Roquefort (v. supra). (2) Fr. Michel, in Wolf *Über die Lais*, p. 342. (3) Montaiglon et Raynaud *Recueil général des Fabliaux* III (1878), 1. (4) Fr. Wulff, in *Romania* XIV (1885), 343.

MELION: (1) Monmerqué et Michel (v. supra). (2) W. Horak, in *ZRP* VI, 94-106. (3) Grimes (v. supra).

TYDOREL: (1) G. Paris, in *Romania* VIII (1879), 66-72. (2) Lommatzsch (v. supra). (3) F. Hiller, Rostock 1927.

TYOLET: G. Paris, in *Romania* VIII (1879), 40-50.

III. STUDIES

A. AHLSTRÖM *Studier i den fornfranska laisliteraturen* Uppsala 1892.

———— *Marie de France et les lais narratifs* Göteborg 1925 (offprint from *Göteborgs Kungl. Vetenskaps- och Vitterhets-Samhälles Handlingar* IV, 29, 3).

J. BÉDIER 'Les Lais de Marie de France' *Rev. des deux Mondes*, tome 107 (1891, 5), 835-63.

G. BERTONI 'Maria di Francia' *Nuov. Ant.*, Sept. 1, 1920.

———— *Studi su vecchie e nuove poesie* (Modena 1921), pp. 55-7.

G. BILLER *Étude sur le style des premiers romans fr. en vers* Göteborg 1916.

E. BRUGGER 'Die Lais der Marie de France' *Zeitschrift für frz. Spr. u. Lit.* XLIX, 116-55 (Review of Warnke *Lais*[1]).

———— 'Eigennamen in den Lais Marie de France,' *ib.*, 201-52 and 381-484.

G. COHN, Review of Warnke *Lais*[2] (1900), *ib.* XXIV, ii, 11-73.

C. CONIGLIANI 'L'amore e l'avventura nei lais di Maria di Francia' *Arch. Rom.* II, 281-95.

S. FOSTER DAMON 'Marie de France, Psychologist of Courtly Love' *Publ. Mod. Lang. Ass. Amer.* XLIV (1929), 968-96.

E. EBERWEIN *Zur Deutung mittelalterlicher Existenz* (Kölner Rom. Arb. 7), Bonn-Cologne 1933, pp. 27-53.

L. FOULET 'Marie de France et les lais bretons' *Zeitschrift für rom. Phil.* XXIX (1905), 19-56 and 293-322.

———— 'Le Prologue du Franklin's Tale et les lais bretons,'*ib.* XXX, 698-711.

———— 'Marie de France et la Légende de Tristan,' *ib.* XXXII. 161-183 and 257 ff.

———— 'English words in the Lais of Marie de France' *Mod. Lang. Notes* XX (1905), 108-110.

———— 'The Prologue of Sir Orfeo,' *ib.* XXI, 46-50.

———— 'Thomas and Marie in their relation to the Conteurs,' *ib.* XXIII, 205-8.

———— 'Les Strengleikar et le Lai du Lecheor' *Rev. des Langues rom.* LI (1908), 97-110.

———— Review of Hoepffner's edition and articles by Levi and Winkler, in *Romania* XLIX (1923), 127-34.

E. Freymond 'Die Lais bretons und Marie de France' *Voll-möllers Jahresbericht* III, ii, 163-7.

E. Hoepffner *Les Lais de Marie de France* Paris, Boivin, 1935.

—— 'Marie de France et les lais anonymes' *Studi Medievali* IV (1931).

—— 'La géographie et l'histoire dans les Lais de Marie de France' *Romania* LVI (1930), 1-32.

—— 'Les Lais de Marie de France dans Galeran de Bretagne et Guillaume de Dole,' *ib.* 212-35.

—— 'Pour la Chronologie des Lais de Marie de France,' *ib.* LIX, 351-70, and LX, 36-66.

—— Review of Warnke's edition³, in *Neophilologus* XI, 141-50.

—— 'La tradition manuscrite des Lais de Marie de France,' *ib.* XII, 1-10, 85-96.

—— 'Thomas d'Angleterre et Marie de France' *Studi Medievali VII* (1934), 8-23.

—— *Aux origines de la nouvelle française* Oxford 1939.

U. T. Holmes 'New thoughts on Marie de France' *Studies in Philology* XXIX (1932), 1-10.

—— *A History of Old French Literature* (New York 1937), pp. 186-91.

E. Levi *I lais brettoni e la leggenda di Tristano* (reprinted from *Studj romanzi* XIV), Perugia 1918.

—— 'Studi sulle opere di Maria di Francia: I. Maria di Francia e il Re Giovane. II. Maria di Francia e le Abbazie d'Inghilterra.' *Arch. Rom.* V (1921), nos. 3-4.

—— 'Maria di Francia e il romanzo di Eneas' *Atti del R. Istituto di scienze . . .* LXXXI (Venice 1921-2), 645-86.

—— 'Sulla cronologia delle opere di Maria di Francia' *Nuovi Studi Med.* I (1923), 41-72.

E. Mall *De aetate rebusque Mariae Francicae* Halle 1867.

—— in *Zeitschrift für rom. Phil.* III (1879), 298-304 (Review of G. Paris, *Rom.* VIII).

R. Meissner *Die Strengleikar: Ein Beitrag zur Geschichte der altnordischen Prosaliteratur* Halle 1902.

E. Nagel *Marie de France als dichterische Persönlichkeit* (Rom. Forschungen XLIV, 1) Erlangen 1930.

S. Painter 'To whom were dedicated the Fables of Marie de France?' *Mod. Lang. Notes* XLVIII (1933), 367-9.

G. Paris, in *Hist. litt.* XXX, 7 ff.

———— *La Litt. fr. au moyen âge*, 6th edn., pp. 97-101.

———— Edition of the *Lai d'Amors*, in *Romania* VII, 407-15.

———— Review of Warnke *Lais*, in *Romania* XIV, 598-608.

———— Review of Schofield *Guingamor*, in *Romania* XXVII, 323.

L. Pastine 'Les lais bretons et la légende de Tristan' *Nouvelle Revue d'Italie* XIX, 5.

C. W. Prettyman 'Peter von Staufenberg and Marie de France' *Mod. Lang. Notes* XXI, 205-8.

P. Rajna 'Le origini della novella narrata dal "Frankeleyn" nei Canterbury Tales del Chaucer' *Romania* XXXII, 204-67.

J. J. Salverda de Grave 'Marie de France et Eneas' *Neophilologus* X, 56.

E. Schiött *L'amour et les amoureux dans les lais de Marie de France* Lund 1889.

W. H. Schofield *English Literature from the Norman Conquest to Chaucer* (London 1906), p. 174 ff.

———— 'The Lay of Guingamor' *Harvard Studies and Notes* V (1896), 221-43.

A. Schultz *Das höfische Leben zur Zeit der Minnesinger*, 2 vols., Leipzig, 2nd edn. 1889.

O. Schultz-Gora 'Zum Text und den Anmerkungen der dritten Auflage [Warnke] der Lais der Marie de France' *Zeitschrift für rom. Phil.* XLVI, 314-25.

F. Schürr 'Komposition und Symbolik in den Lais der Marie de France,' *ib.* L, 556-82.

———— 'Das Aufkommen der matière de Bretagne' *Germ.-Rom. Monatschrift* IX (1921), 106.

———— *Das altfranzösische Epos*, Munich 1926, Ch. XVIII.

L. Spitzer 'Marie de France, Dichterin von Problem-Märchen' *Zeitschrift für rom. Phil.* L, 29-67.

C. Voretzsch *Einführung in das Studium der altfrz. Lit.* Halle, 3rd edn. 1925, pp. 269-78, 285-7.

H. L. D. Ward *Catalogue of Romances* I (1883), 407-15, and II (1893), 291-307.

K. Warnke *Marie de France und die anonymen Lais* Progr. Coburg 1892.

———— 'Über die Zeit der Marie de France' *Zeitschrift für rom. Phil.* IV (1880), 223-48.

M. Wilmotte 'Marie de France et Chrétien de Troyes' *Romania*
LII, 353-5.

E. Winkler *Französische Dichter des Mittelalters*: II. *Marie de
France* Vienna 1918 (= Sitzungsberichte Kais. Akad. der
Wiss., phil.-hist. Kl. 188,3).

F. Wolf *Über die Lais, Sequenzen und Leiche* Heidelberg 1841.

H. Zimmer 'Bretonische Elemente in der Arthursage des Gott-
fried v. Monmouth' *Zeitschrift für frz. Spr. u. Lit.* XII, i
(1890), 230-56.

——— 'Beiträge zur Namenforschung in den afrz. Arthurepen'
ib. XIII, i, 1-117.

R. Zenker, Review of Warnke *Progr. Coburg*, in *Literaturblatt*
XIII (1892), 418-21.

———

IV. SOME MODERN TRANSLATIONS

J. L. Weston *Four Lais of Marie de France* London 1900.

E. Rickert *Marie de France: Seven of her Lays done into English*
London 1901.

P. Lebesgue *Six Lais d'amour de Marie de France* Paris 1913.

P. Tuffrau *Les Lais de Marie de France transposés en français
moderne* Paris 1923. [Does not include *Equitan* and
Chaitivel].

W. Hertz *Marie de France, poetische Erzählungen nach altbreto-
nischen Liebes-Sagen übersetzt* Stuttgart 1862.

——— *Spielmannsbuch* Stuttgart-Berlin 1886, 3rd edn. 1905 (con-
tains translations in German verse of *Lanval, Yonec, Deus
Amanz, Fresne, Eliduc*, and valuable notes).

S. Koulakowski *Trois lais de Marie de France traduits en russe*
St. Petersburg-Leipzig 1923.

E. Levi's edition of *Eliduc* includes a translation into Italian.

G. Cohen's article in *Mercure de France* CCLXV (1936), 61-8, con-
sists of a modernized version of the *Lai des Deus Amanz* with
a short introductory note.

ADDENDA

F. Neri *I lai di Maria di Francia* (Traduzione) Torino 1946.

L. Spitzer 'La « Lettre sur la baguette de Coudrier » dans le Lai du Chievrefeuil' *Romania* LXIX (1946-7) 80 ff.

S. Battaglia *Maria di Francia: Lais* (Testo, versione e introduzione) Napoli 1948.

F. Gennrich 'Zwei altfranzösische Lais' *Studi Medievali* IV (1949) 45 ff.

S. Hofer 'Zur Beurteilung der Lais der Marie de France' *Zeitschrift für rom. Phil.* LXVI (1950) 409 ff.

—— 'Der Tristanroman und der Lai de Chievrefeuil der Marie de France' *ibid.* LXIX (1953) 129 ff.

R. D. Whichard 'A Note on the identity of Marie de France' *Romance Studies presented to W. M. Dey* Chapel Hill (1950) 177 ff.

W. S. Woods 'Femininity in the Lais of Marie de France' *Studies in Philology* XLVII (1950) 1 ff.

A. G. Hatcher 'Le Lai du Chievrefueil' *Romania* LXXI (1950) 330-44.

E. A. Francis 'Marie de France et son temps' *Romania* LXII (1951) 78 ff.

P. Le Gentil 'A propos du lai du Chèvrefeuille et de l'interprétation des textes médiévaux' *Mélanges H. Chamard* Paris (1951) 17 ff.

Ch. Foulon 'Marie de France et la Bretagne' *Annales de Bretagne* LX (1952) 243 ff.

A. M. Valero 'El Lai del Chievrefueil de María de Francia' *Boletín de la R. Acad. de Buenas Letras* XXIV (1952) 173 ff.

G. V. Smithers 'Story-patterns in some Breton Lays' *Medium Ævum* XXII (1953) 61 ff.

S. Bayrav *Symbolisme médiéval: Béroul, Marie, Chrétien* Paris 1954.

R. Schober *Kompositionsfragen in den Lais der Marie de France* Berlin 1955.

M. de Riquer 'La "aventure", el "lai" y el "conte" en María de Francia' *Filologia Romanza* II (1955) 1-19.

S. Battaglia 'Il mito del licantropo nel "Bisclavret" di Maria di Francia' *Filologia Romanza* III (1956) 229-53.

J. Lods 'Sur quelques vers de *Guigemar* (v. 145-150)' *Romania* LXXVII (1956) 494-7.

R. Bromwich 'A Note on the Breton Lays' *Medium Ævum* XXVI (1957) 36-38.

C. Segre 'Lanval, Graelent, Guingamor' *Studi in onore di A. Monteverdi* Modena (1957) 756 ff.

J. Frappier 'Contribution au débat sur le Lai du Chèvrefeuille' *Mélanges Istvan Frank* Saarbrücken (1957) 215 ff.

J. Rychner *Marie de France: Le Lai de Lanval* (Texte critique et édition diplomatique...) Genève 1958.

J. Lods *Les Lais de Marie de France* (Classiques français du moyen âge, 87) Paris 1959.

E. von Richthofen *Vier altfranzösische Lais der Marie de France* (Sammlung Romanischer Übungstexte, 39: 2. verbesserte Auflage) Tübingen 1960.

C. Bullock-Davies *Marie de France and South Wales* (unpublished doctoral thesis, University of Wales) 1963.

A. Adler 'Höfische Dialektik im *Lai du Freisne*' *Germ.-rom. Monatsschrift* XLII (1961) 44–51.

M. J. Donovan 'Priscian and the obscurity of the Ancients' *Speculum* XXXVI (1961) 75–80.

R. N. Illingworth 'Celtic Tradition and the lai of *Yonec*' *Études Celtiques* IX (1961) 501–20.

C. Segre 'Piramo e Tisbe nei Lai di Maria di Francia' *Studi in onore di Vittorio Lugli e Diego Valeri* II, 845–53, Venezia 1961.

J. Wathelet-Willem 'Le mystère chez Marie de France' *Revue belge de philologie et d'histoire* XXXIX (1961) 661–86.

R. N. Illingworth 'Celtic Tradition and the lai of *Guigemar*' *Medium Ævum* XXXI (1962) 176–87.

M. Delbouille 'Le nom et le personnage d'Equitan' *Moyen Age* LXIX (1963) 315–23.

J. Wathelet-Willem 'Equitan dans l'œuvre de Marie de France' *Moyen Age* LXIX (1963) 325–45.

B. H. Wind 'L'idéologie courtoise dans les lais de Marie de France' *Mélanges Delbouille* II, 741–8, Gembloux 1964.

E. A. Francis 'A comment on *Chevrefoil*' *Mélanges Vinaver*, 135–45, Manchester 1965.

M. H. Ferguson 'Folklore in the Lais of Marie de France' *Romanic Review* LVII (1966) 3–24.

R. N. Illingworth 'La chronologie des Lais de Marie de France' *Romania* LXXXVII (1966) 433–75.

J. Rychner *Les Lais de Marie de France* (Classiques français du moyen âge, 93) Paris 1966. Reviewed by J. Frappier in *Romance Philology* XXII (1969) 600–13.

MARIE DE FRANCE

PROLOGUE

   Ki Deus ad duné escïence
E de parler bon' eloquence
Ne s'en deit taisir ne celer,
4   Ainz se deit volunters mustrer.
Quant uns granz biens est mult oïz,
Dunc a primes est il fluriz,
E quant loëz est de plusurs,
8   Dunc ad espandues ses flurs.
Custume fu as ancïens,
Ceo tes[ti]moine Precïens,
Es livres ke jadis feseient
12   Assez oscurement diseient
Pur ceus ki a venir esteient
E ki aprendre les deveient,
K'i peüssent gloser la lettre
16   E de lur sen le surplus mettre.
Li philesophe le saveient
E par eus memes entendeient,
Cum plus trespasserunt le tens,
20   Plus serreient sutil de sens
E plus se savreient garder
De ceo k'i ert, a trespasser.
Ki de vice se volt defendre
24   Estudïer deit e entendre
E grevos' ovre comencier:
Par [ceo] se puet plus esloignier
E de grant dolur delivrer.
28   Pur ceo començai a penser
De aukune bone estoire faire
E de latin en romaunz traire;
Mais ne me fust guaires de pris:
32   Itant s'en sunt altre entremis.

1

Des lais pensai k'oï aveie;
Ne dutai pas, bien le saveie,
Ke pur remambrance les firent
36   Des aventures k'il oïrent
Cil ki primes les comencierent
E ki avant les enveierent.
Plusurs en ai oï conter,
40   Ne[s] voil laisser në oblïer;
Rimez en ai e fait ditié,
Soventes fiez en ai veillié.
    En l'honur de vus, nobles reis,
44   Ki tant estes pruz e curteis,
A ki tute joie se encline,
E en ki quoer tuz biens racine,
M'entremis des lais assembler,
48   Par rime faire e reconter.
En mun quoer pensoe e diseie,
Sire, ke[s] vos presentereie;
Si vos les plaist a receveir,
52   Mult me ferez grant joie aveir,
A tuz jurz mais en serrai lie.
Ne me tenez a surquidie
Si vos os faire icest present.
56   Ore oëz le comencementl

I. GUIGEMAR

Ki de bone mateire traite,
Mult li peise si bien n'est faite.
Oëz, seignurs, ke dit Marie,
Ki en sun tens pas ne s'oblie.
Celui deivent la gent loër
Ki en bien fait de sei parler.
Mais quant il ad en un païs
Hummë u femme de grant pris,
Cil ki de sun bien unt envie
Sovent en dïent vileinie;
Sun pris li volent abeisser:
Pur ceo comencent le mestier
Del malveis chien coart felun,
Ki mort la gent par traïsun.
Nel voil mie pur ceo leissier,
Si gangleür u losengier
Le me volent a mal turner;
Ceo est lur dreit de mesparler.

Les contes ke jo sai verrais,
Dunt li Bretun unt fait les lais,
Vos conterai assez briefment.
El chief de cest comencement,
Sulunc la lettre e l'escriture,
Vos mosterai un' aventure
Ki en Bretaigne la menur
Avint al tens ancïenur.

En cel tens tint Hoilas la tere,
Sovent en peis, sovent en guere.
Li reis aveit un sun barun
Ki esteit sire de Lïun;
Oridials esteit apelez,
De sun seignur fu mult privez.
Chivaliers ert pruz e vaillanz;
De sa moillier out deus enfanz,

3

Un fiz e une fille bele.
36   Noguent ot nun la damaisele;
Guigeimar noment le dancel,
El rëaulme nen out plus bel;
A merveille l'amot sa mere   *139 d*
40   E mult esteit bien de sun pere;
Quant il le pout partir de sei,
Si l'enveat servir un rei.
Li vadlet fu sages e pruz,
44   Mult se faseit amer de tuz.
Quant fu venu termes e tens
Kë il aveit eage e sens,
Li reis le adube richement,
48   Armes li dune a sun talent.
Guigemar se part de la curt;
Mult i dona ainz k'il s'en turt.
En Flaundres vait pur sun pris quere:
52   La out tuz jurz estrif e guerre.
En Lorreine në en Burguine
Në en Angou në en Gascuine
A cel tens ne pout hom truver
56   Si bon chevalier ne sun per.
De tant i out mespris nature
Kë unc de nul' amur n'out cure.
Suz ciel n'out dame ne pucele
60   Ki tant par fust noble ne bele,
Së il de amer la requeïst,
Ke volentiers nel retenist.
Plusurs le requistrent suvent,
64   Mais il n'aveit de ceo talent;
Nuls ne se pout aparceveir
Kë il volsist amur aveir.
Pur ceo le tienent a peri
68   E li estrange e si ami.
   En la flur de sun meillur pris
S'en vait li ber en sun païs
Veer sun pere e sun seignur,   *140 a*
72   Sa bone mere e sa sorur,
Ki mult l'aveient desiré.

Ensemble od eus ad sujurné,
Ceo m'est avis, un meis entier.
76 Talent li prist d'aler chacier:
La nuit somunt ses chevaliers,
Ses veneürs e ses berniers;
Al matin vait en la forest,
80 Kar cel deduit forment li plest.
A un grant cerf sunt aruté,
E li chien furent descuplé:
Li veneür curent devaunt;
84 Li damaisels se vait targaunt.
Sun arc li portë un vallez,
Sun ansac e sun berserez.
Traire voleit, si mes eüst,
88 Ainz ke d'iluec se remeüst.
En l'espeise d'un grant buissun
Vit une bise od un foün;
Tute fu blaunche cele beste,
92 Perches de cerf out en la teste;
Sur le bai del brachet sailli.
Il tent sun arc, si trait a li,
En l'esclot la feri devaunt;
96 Ele chaï demeintenaunt.
La seete resort ariere,
Guigemar fiert en tel maniere
En la quisse deske al cheval,
100 Ke tut l'estuet descendre aval;
Ariere chiet sur l'erbe drue
Delez la bise ke out ferue.
La bise, ke nafree esteit,
104 Anguissuse ert, si se plaineit;
Aprés parla en itel guise:
'Oï, lasel jo sui ocise!
E tu, vassal, ki m'as nafree,
108 Tel seit la tue destinee:
Jamais n'aies tu med[e]cinel
Ne par herbe ne par racine
Ne par mire ne par pociun
112 N'avras tu jamés garisun

140 b

De la plaie ke as en la quisse,
De s[i] ke cele te guarisse
Ki suffera pur tue amur
116   Issi grant peine e tel dolur
Ke unkes femme taunt ne suffri;
E tu ref[e]ras taunt pur li,
Dunt tut cil s'esmerveillerunt
120   Ki aiment e amé avrunt
U ki pois amerunt aprés.
Va t'en de cil Lais m'aver pesl'
    Guigemar fu forment blescié;
124   De ceo k'il ot est esmaiez.
Començat sei a purpenser
En quel tere purrat aler
Pur sa plaie faire guarir;
128   Kar ne se volt laissier murir.
Il set assez e bien le dit
Ke unke femme nule ne vit
A ki il [a]turnast s'amur
132   Ne kil guaresist de dolur.
Sun vallet apelat avaunt:
'Amis,' fait il, 'va tost poignauntl
Fai mes compaignuns returner;   *140 c*
136   Kar jo voldrai od eus parler.'
Cil point avaunt, e il remaint;
Mult anguissusement se pleint.
De sa chemise estreitement
140   Sa plaie bende fermement.
Puis est muntez, d'iluec s'en part;
Ke esloignez seit mult li est tart:
Ne volt ke nul des suens i vienge,
144   Kil desturbast ne kil retienge.
Le travers del bois est alez
Un vert chemin ki l'ad menez
Fors a la laundë; en la plaigne
148   Vit la faleise e la muntaigne
De une ewe ke desuz cureit;
Braz fu de mer, hafne i aveit.
El hafne out une sule nef,

152   Dunt Guigemar choisi le tref;
Mult esteit bien apparillee.
Defors e dedenz fu peiee:
Nuls hum n'i pout trover jointure;
156   N'i out cheville ne closture
Ki ne fust tute d'ebenus;
Suz ciel n'at or ki vaille plus.
La veille fu tute de seie,
160   Mult est bele ki la depleie.
Li chivaliers fu mult pensis:
En la cuntree n'el païs
N'out unkes mes oï parler
164   Ke nefs i pussent ariver.
Avaunt alat, descendi jus;
A graunt anguisse munta sus.
Dedenz quida hummes truver   *140 d*
168   Ki la nef deüssent garder;
N'i aveit nul, ne nul ne vit.
En mi la nef trovat un lit
Dunt li pecul e li limun
172   Furent a l'ovre Salemun,
Tailliez a or, tut a triffure,
De ciprés e de blanc ivoure;
D'un drap de seie a or teissu
176   Est la coilte ki desus fu.
Les altres dras ne sai preisier;
Mes tant vos di de l'oreillier:
Ki sus eüst sun chief tenu
180   Jamais le peil n'avreit chanu;
Le covertur tut sabelin
Vols fu du purpre alexandrin.
Deus chandelabres de fin or—
184   Le pire valeit un tresor—
El chief de la nef furent mis;
Desus out deus cirges espris.
De ceo s'esteit il merveilliez.
188   Il s'est sur le lit apuiez;
Reposé s'est, sa plaie dolt.
Puis est levez, aler s'en volt;

Il ne pout mie returner:
192   La nef est ja en halte mer,
Od lui s'en vat delivrement;
Bon orét out e süef vent,
N'i ad mais nient de sun repaire;
196   Mult est dolent, ne seit ke faire.
N'est merveille së il s'esmaie,
Kar grant dolur out en sa plaie;
Suffrir li estut l'aventure.   *141 a*
200   A Deu prie k'en prenge cure,
K'a sun poeir l'ameint a port
E sil defende de la mort.
El lit se colcha, si s'en dort;
204   Hui ad trespassé le plus fort:
Ainz le vespré ariverat
La ou sa guarisun avrat,
Desuz une antive cité,
208   Ki esteit chief de cel regné.
    Li sires ki la mainteneit
Mult fu velz humme e femme aveit,
Une dame de haut parage,
212   Franche, curteise, bele e sage;
Gelus esteit a desmesure;
Kar ceo purportoit sa nature.
Ke tut li veil seient gelus—
216   Mult hiet chascun kë il seit cous—
Tels [est] de eage le trespas.
Il ne la guardat mie a gas.
En un vergier suz le dongun,
220   La out un clos tut envirun;
De vert marbre fu li muralz,
Mult par esteit espés e halz;
N'i out fors une sule entree,
224   Cele fu noit e jur guardee.
De l'altre part fu clos de mer;
Nuls ne pout eissir në entrer,
Si ceo ne fust od un batel,
228   Se busuin eüst al chastel.
Li sire out fait dedenz le mur,

Pur mettre i sa femme a seür,
Chaumbre; suz ciel n'en out plus bele.   *141 b*
232 A l'entree fu la chapele.
La chaumbre ert peinte tut entur:
Venus, la deuesse d'amur,
Fu tresbien [mise] en la peinture,
236 Les traiz mustrez e la nature
Cument hom deit amur tenir
E lëalment e bien servir;
Le livre Ovide, ou il enseine
240 Coment chascun s'amur estreine,
En un fu ardant le gettout
E tuz iceus escumengout
Ki ja mais cel livre lirreient
244 Ne sun enseignement fereient.
La fu la dame enclose e mise.
Une pucele a sun servise
Li aveit sis sires bailliee,
248 Ki mult ert franche e enseigniee,
Sa niece, fille sa sorur.
Entre les deus out grant amur;
Od li esteit quant il errout,
252 De ci la kë il reparout,
Hume ne femme n'i venist,
Ne fors de cel murail ne issist.
Uns vielz prestres blancs e floriz
256 Guardout la clef de cel postiz;
Les plus bas membres out perduz:
Autrement ne fust pas creüz;
Le servise Deu li diseit
260 E a sun mangier la serveit.
    Cel jur meïsme ainz relevee
Fu la dame el vergier alee;
Dormie aveit aprés mangier,   *141 c*
264 Si s'est alee esbanïer,
Ensemblë od li la meschine.
Gardent aval vers la marine;
La neif virent al flot muntant,
268 Quë el hafne veneit siglant;

Ne veient rien que la cunduie.
La dame volt turner en fuie:
Si ele ad poür n'est merveille;
272   Tute en fu sa face vermeille.
Mes la meschine, que fu sage
E plus hardie de curage,
La recunforte e aseüre.
276   Cele part vunt grant aleüre.
Sun mantel ost[e] la pucele,
Entre en la neif, que mult fu bele.
Ne trovat nule rien vivant
280   For sul le chevaler dormant;
Pale le vit, mort le quida;
Arestut sei, si esgarda.
Ariere vait la dameisele,
284   Hastivement la dame apele,
Tute la verité li dit,
Mult pleint le mort quë ele vit.
Respunt la dame: 'Or i alums!
288   S'il est mort, nus l'enfuïrums;
Nostre prestre nus aidera.
Si vif le truis, il parlera.'
Ensemble vunt, ne targent mes,
292   La dame avant e ele aprés.
Quant ele est en la neif entree,
Devant le lit est arestee;
Le chevaler ad esgardé,   *141 d*
296   Mut pleint sun cors e sa beuté;
Pur lui esteit triste e dolente,
E dit que mar fu sa juvente.
Desur le piz li met sa main;
300   Chaut le senti e le quor sein,
Que suz les costez li bateit.
Le chevaler, que se dormeit,
S'est esveillez, si l'ad veüe;
304   Mut en fu lez, si la salue:
Bien seit k'il est venu a rive.
La dame, plurante e pensive,
Li respundi mut bonement,

308   Demande li cumfaitement
         Il est venuz e de queil tere,
         S[i] il est eisselez pur guere.
         'Dame,' fet il, 'ceo n'i ad mie;
312   Mes si vus plest que jeo vus die
         La verité, vus cunterai;
         Nïent ne vus en celerai.
         De Bretaine la menur fui.
316   En bois alai chacier jeo ui;
         Une blanche bise feri,
         E la saete resorti,
         En la quisse m'ad si nafré,
320   Jamés ne quid estre sané.
         La bise se pleint e parlat,
         Mut me maudist e [si] jurat
         Que ja n'eüs[se] guarisun
324   Si par une meschine nun;
         Ne sai u ele seit trovee.
         Quant jeo oï la destinee,
         Hastivement del bois eissi.   *142 a*
328   En un hafne cest[e] nef vi;
         Dedenz entrai, si fis folie;
         Od mei s'en est la neif ravie.
         Ne sai u jeo sui arivez,
332   Coment ad nun ceste citez.
         Bele dame, pur Deu vus pri,
         Cunseillez mei, vostre merci!
         Kar jeo ne sai queil part aler,
336   Ne la neif ne puis governer.'
         El li respunt: 'Bel sire chiers,
         Cunseil vus dirai volenters:
         Ceste cité est mun seignur
340   E la cuntre[e] tut entur;
         Riches hum est de haut parage,
         Mes mut par est de grant eage;
         Anguissusement est gelus.
344   Par cele fei ke jeo dei vus,
         Dedenz cest clos m'ad enseree.
         N'i ad fors une sule entree;

Un viels prestre la porte garde:
348   Ceo doins[e] Deus que mal feu l'ardel
Ici sui nuit e jur enclose;
Ja nüle fiez nen ierc si ose
Que j'en ise s'il nel comande,
352   Si mis sires ne me demande.
Ci ai ma chambre e ma chapele,
Ensemble od mei ceste pucele.
Si vus [i] plest a demurer
356   Tant que [vus meuz] pussez errer,
Volenters vus sojurnerum
E de [bon] queor vus servirum.'
Quant il ad la parole oïe,

                                                                       142 b

360   Ducement la dame mercie:
Od li sujurnerat, ceo dit.
En estant s'est drecié el lit;
Celes li aïent a peine;
364   La dame en sa chambre le meine.
Desur le lit a la meschine,
Triers un dossal que pur cortine
Fu en la chambre apareillez,
368   La est li dameisels cuchez.
E[n] bacins de or [ewe] aporterent,
Sa plaie e sa quisse laverent,
A un bel drap de cheisil blanc
372   Li osterent entur le sanc;
Pus l'unt estreitement bendé.
Mut le tienent en grant chierté.
Quant lur manger al vespré vient,
376   La pucele tant en retient
Dunt li chevalier out asez;
Bien est peüz e abevrez.
Mes amur l'ot feru al vif;
380   Ja ert sis quors en grant estrif,
Kar la dame l'ad si nafré,
Tut ad sun païs ublïé.
De sa plaie nul mal ne sent;
384   Mut suspire anguisusement.
La meschine kil deit servir

Prie qu'ele [le] laist dormir.
Cele s'en part, si l'ad laissié,
388 Puis k'il li ad duné cungé;
Devant sa dame en est alee,
Quë aukes esteit reschaufee
Del feu dunt Guigemar se sent *142 c*
392 Que sun queor alume e esprent.
  Li chevaler fu remis suls;
Pensif esteit e anguissus;
Ne seit uncore que ceo deit,
396 Mes nepurquant bien s'aparceit
Si par la dame n'est gariz,
De la mort est seürs e fiz.
'Allas!' fet il, 'quel le ferai?
400 Irai a li, si li dirai
Quë ele eit merci e pité
De cest cheitif descunseillé.
S'ele refuse ma prïere
404 E tant seit orgoilluse e fiere,
Dunc m'estuet [il] a doel murir
E de cest mal tuz jurs languir.'
Lors suspirat; en poi de tens
408 Li est venu novel purpens,
E dit que suffrir li estoet;
Kar [is]si fait ki me[u]s ne poet.
Tute la nuit ad si veillé
412 E suspiré e travaillé;
En sun queor alot recordant
Les paroles e le semblant,
Les oilz vairs e la bele buche,
416 Dunt la dolur al quor li tuche.
Entre ses denz merci li crie;
Pur poi ne l'apelet s'amie.
S'il seüst quei ele senteit
420 E cum l'amur la destreineit,
Mut en fust liez, mun escïent;
Un poi de rasuagement
Li tolist auques la dolur *142 d*
424 Dunt il ot pal[e] la colur.

Si il ad mal pur li amer,
El ne s'en peot nïent loër.
Par matinet einz l'ajurnee
428   Esteit la dame sus levee;
Veillé aveit, de ceo se pleint;
Ceo fet amur que la destreint.
La meschine, quë od li fu,
432   Ad le semblant aparceü
De sa dame, quë ele amout
Le chevaler que sojurnout
En la chambre pur guarisun;
436   Mes el ne seit s'il eime u nun.
La dame est entree el muster,
E cele vait al chevaler;
    Asise se est devant le lit;
440   E il l'apele, si li dit:
'Amie, u est ma dame alee?
Pur quei est el si tost levee?'
Atant se tut, si suspira.
444   La meschine l'areisuna.
'Sire,' fet ele, 'vus amez;
Gardez que trop ne vus celez!
Amer poëz en iteu guise
448   Que bien ert vostre amur assise.
Ki ma dame vodreit amer
Mut devreit bien de li penser;
Cest' amur sereit covenable,
452   Si vus amdui feussez estable.
Vus estes bels e ele est bele.'
Il respundi a la pucele:
'Jeo sui de tel amur espris,   *143 a*
456   Bien me purrat venir a pis,
Si jeo n'ai sucurs e aïe.
Cunseillez me, ma duce amie!
Que ferai jeo de cest' amur?'
460   La meschine par grant duçur
Le chevaler ad conforté
E de s'aïe aseüré,
De tuz les biens que ele pout fere;

464 Mut ert curteise e deboneire.
   Quant la dame ad la messe oïe,
 Ariere vait, pas ne se ublie;
 Saveir voleit quei cil feseit,
468 Si il veilleit u [il] dormeit,
 Pur ki amur sis quors ne fine.
 Avant l'apelat la meschine,
 Al chevaler la feit venir:
472 Bien li purrat tut a leisir
 Mustrer e dire sun curage,
 Tur[t] li a pru u a damage.
 Il la salue e ele lui;
476 En grant effrei erent amdui.
 Sil ne l'osot nïent requere;
 Pur ceo qu'il ert d'estrange tere,
 Aveit poür, s'il li mustra[s]t,
480 Que el l'en haïst e esloina[s]t.
 Mes ki ne mustre s'enferté
 A peine en peot aver santé:
 Amur est plai[e de]denz cors,
484 E si ne piert nïent defors.
 Ceo est un mal que lunges tient,
 Pur ceo que de nature vient;
 Plusurs le tienent a gabeis,   *143 b*
488 Si cume li vilain curteis,
 Ki jolivent par tut le mund,
 Puis se avantent de ceo que funt;
 N'est pas amur, einz est folie
492 E mauveisté e lecherie.
 Ki un en peot leal trover,
 Mut le deit servir e amer
 [E] estre a sun comandement.
496 Guigemar eimoit durement:
 U il avrat hastif sucurs,
 U li esteot vivre a reburs.
 Amur li dune hardement:
500 Il li descovre sun talent.
 'Dame,' fet il, 'jeo meorc pur vus;
 Mis quors en est mut anguissus;

Si [vus] ne me volez guarir,
504   Dunc m'estuet [il] en fin murir.
Jo vus requeor de drüerie;
Bele, ne me escundïez mie!'
Quant ele l'at bien entendu,
508   Avenaument ad respundu;
Tut en riant li dit: 'Amis,
Cest cunseil sereit trop hastis,
De otrïer vus ceste prïere:
512   Jeo ne sui mie acustumere.'
'Dame,' fet il, 'pur Deu, merci!
Ne vus ennoit si jol vus di!
Femme jolive de mestier
516   Se deit lunc tens faire preier
Pur sei cherir, que cil ne quit
Quë ele eit usé cel deduit;
Mes la dame de bon purpens,
520   Ki en sei eit valur ne sens,
S'ele treve hume a sa manere,
Ne se ferat vers lui trop fiere;
Ainz l'amerat, si'n avrat joie;
524   Ainz que nul le sachet u oie,
Avrunt il mut de lur pruz fait.
Bele dame, finum cest plait!'
La dame entent que veirs li dit,
528   E li otreie sanz respit
L'amur de li, e il la baise.
Desore est Guigemar a aise.
Ensemble gisent e parolent
532   E sovent baisent e acolent;
Bien lur covienge del surplus,
De ceo que li autre unt en us!
   Ceo m'est avis, an e demi
536   Fu Guigemar ensemble od li.
Mut fu delituse la vie;
Mes fortune, ki ne se oblie,
Sa roe turnë en poi de hure,
540   L'un met desuz, l'autre desure;
Issi est de ceus [a]venu,

145ᶜ

Kar tost furent aparceü.
   Al tens d'esté par un matin
544   Just la dame lez le meschin;
La buche li baise e le vis,
Puis si li dit: 'Beus duz amis,
Mis quors me dit que jeo vus perc:
548   Seü serum e descovert.
Si vus murrez, jeo voil murir;
E si vus en poëz partir,
Vus recoverez autre amur,   *143 d*
552   E jeo remeindrai en dolur.'
'Dame,' fet il, 'nel dites mes!
Ja n'eie jeo joie ne pes,
Quant vers nul' autre avrai retur!
556   N'aiez de ceo nule poür!'
'Amis, de ceo me aseürez!
Vostre chemise me livrez!
El pan desuz ferai un plait;
560   Cungé vus doins, u ke ceo seit,
De amer cele kil desferat
E ki despleer le savrat.'
Il li baile, si l'aseüre;
564   Le plet i fet en teu mesure:
Nule femme nel desfereit,
Si force u cutel n'i meteit.
La chemise li dune e rent;
568   Il la receit par tel covent
Que el le face seür de li
Par une ceinture autresi,
Dunt a sa char nue se ceint,
572   Par mi le flanc aukes estreint;
Ki la bucle purrat ovrir
Sanz depescer e sanz partir,
Il li prie que celui aint.
576   Il la baisë, ataunt remaint.
   Cel jur furent aparceü,
Descovert, trové e veü
D'un chamberlenc mal veisïé
580   Que si sires l'out enveié;

A la dame voleit parler,
Ne pout dedenz la chambre entrer;
Par une fenestre les vit;   *144 a*
584   Veit a sun seignur, si lui dit.
Quant li sires l'ad entendu,
Unques mes tant dolent ne fu.
De ses priveiz demanda treis,
588   A la chambre vait demaneis;
Il en ad fet l'us depescer,
Dedenz trovat le chevaler.
Pur la grant ire quë il a
592   A ocire le cumaunda.
Guigemar est en piez levez,
Ne s'est de nïent esfreez.
Une grosse perche de sap,
596   U suleient pendre li drap,
Prist en ses mains e sis atent;
Il en ferat aukun dolent:
Ainz kë il de eus seit aprimez,
600   Les avrat il tut maaimez.
Le sire l'ad mut esgardé,
Enquis li ad e demandé
Kë il esteit e dunt fu nez
604   E coment est la einz entrez.
Cil li cunte cum il i vient
E cum la dame le retient;
Tute li dist la destinee
608   De la bise ke fu nafree
E de la neif e de sa plaie;
Ore est del tut en sa manaie.
Il li respunt que pas nel creit
612   E s'issi fust cum il diseit,
Si il peüst la neif trover,
Il le metreit giers en la mer:
S'il guaresist, ceo li pesast,   *144 b*
616   E bel li fust si il neiast.
Quant il l'ad bien aseüré,
El hafne sunt ensemble alé;
La barge trevent, enz l'unt mis;

620 Od lui s'en vet en sun païs.
La neif erre, pas ne demure.
Li chevaler suspire e plure,
La dame regretout sovent
624 E prie Deu omnipotent
Qu'il li dunast hastive mort
E que jamés ne vienge a port,
S'il ne repeot aver s'amie,
628 K'il desirat plus que sa vie.
Tant ad cele dolur tenue
Que la neif est a port venue
U ele fu primes trovee:
632 Asez iert pres de sa cuntree.
Al plus tost k'il pout s'en issi.
Un damisel qu'il ot nurri
Errot aprés un chevaler;
636 En sa mein menot un destrer.
Il le conut, si l'apelat,
E li vallez se reguardat:
Sun seignur veit, a pié descent,
640 Le cheval li met en present;
Od lui s'en veit; joius en sunt
Tut si ami ki trové l'unt.
Mut fu preisez en sun païs,
644 Mes tuz jurs ert maz e pensis.
Femme voleient qu'il preisist,
Mes il del tut les escundist:
Ja ne prendra femme a nul jur,   *144 c*
648 Ne pur aveir ne pur amur,
S'ele ne peüst despleier
Sa chemise sanz depescer.
Par Breitaine veit la novele;
652 Il n'i ad dame ne pucele
Ki n'i alast pur asaier:
Unc ne la purent despleier.
    De la dame vus voil mustrer,
656 Que Guigemar pot tant amer.
Par le cunseil d'un sun barun
Ses sires l'ad mis' en prisun

En une tur de marbre bis.
660   Le jur ad mal e la nuit pis:
Nul humme el mund ne purreit dire
Sa grant peine ne le martire
Ne l'anguisse ne la dolur
664   Que la dame seofre en la tur.
Deus anz i fu e plus, ceo quit;
Unc n'oït joie ne deduit.
Sovent regrete sun ami:
668   'Guigemar, sire, mar vus vil
Meuz voil hastivement murir
Que lungement cest mal suffrir.
Amis, si jeo puis eschaper,
672   La u vus fustes mis en mer
Me neierai!' Dunc lieve sus;
Tut esbaïe vient a l'hus,
Ne treve cleif ne sereüre;
676   Fors s'en eissi par aventure.
Unques nul ne la [des]turba;
Al hafne vient, la neif trova:
Atachie fu al rochier
680   U ele se voleit neier.
Quant el la vit, enz est entree;
Mes de une rien s'est purpensee
Que ilec fu sis amis neez;
684   [Dunc] ne pout ester sur ses pez.
Se desqu'al bort peüst venir,
El se laissast defors chaïr:
Asez seofre travail e peine.
688   La neif s'en vet, que tost l'en meine.
En Bretaine est venu' al port,
Suz un chastel vaillant e fort.
Li sire a ki le chastel fu
692   Aveit a nun Meriadu;
Il guerr[ei]ot un sun veisin;
Pur ceo fu levé par matin,
Sa gent voleit fors enveier
696   Pur sun enemi damager.
A une fenestre s'estot

144 d

E vit la neif ki arivot.
Il descendi par un degré,
700   Sun chamberlein ad apelé;
Hastivement a la neif vunt,
Par l'eschele muntent amunt;
Dedenz unt la dame trovee,
704   Ke de beuté resemble fee.
Il la saisist par le mantel,
Od lui l'en meine en sun chastel.
Mut fu liez de la troveüre,
708   Kar bele esteit a demesure;
Ki que l'eüst mis' en la barge,
Bien seit que ele est de grant parage.
A li [a]turnat tel amur,   *145 a*
712   Unques a femme n'ot greinur.
Il out une serur pucele
En sa chambre, que mut fu bele;
La dame li ad comandee.
716   Bien fu servie e honuree,
Richement la vest e aturne;
Mes tuz jurs ert pensive e murne.
Il veit sovent a li parler,
720   Kar de bon quor la peot amer.
Il la requert; ele n'ad cure,
Ainz li mustre de la ceinture:
Jamés humme nen amera,
724   Si celui nun ki l'uverra
Sanz depescer. Quant il l'entent,
Si li respunt par maltalent:
'Autresi ad en cest païs
728   Un chevaler de mut grant pris;
De femme prendre en iteu guise
Se defent par une chemise
Dunt li destre pan est pleiez;
732   Il ne peot estre deslïez,
Que force u cutel n'i met[r]eit.
Vus feïstes, jeo quit, cel pleit.'
Quant el l'oï, si suspira;
736   Pur un petit ne se pasma.

Il la receit entre ses braz;
De sun bliant trenche les laz:
La ceinture voleit ovrir,
740   Mes [n'en] poeit a chief venir.
Puis n'ot el païs chevaler
Quë il ne feïst essaier.
    Issi remist bien lungement   *145 b*
744   De ci que a un turneiement,
Que Meriadus afia
Cuntre celui que il guerreia.
Chevalers manda e retient;
748   Bien seit que Guigemar i vient.
Il li manda par guer[e]dun,
Si cum ami e cumpainun,
Que a cel busuin ne li failist
752   [E] en s'aïe a lui venist.
Alez i est mut richement,
Chevalers meine plus de cent.
Meriadus dedenz sa tur
756   Le herbergat a grant honur.
Encuntre lui sa serur mande,
Par deus chevalers li commande
Que se aturne e viengë avant,
760   La dame meint qu'il eime tant.
Cele ad fait sun commandement.
Vestues furent richement,
Main a main vienent en la sale;
764   La dame fu pensive e pale.
Ele oï Guigemar nomer;
Ne pout desur ses pez ester;
Si cele ne l'eüst tenue,
768   Ele fust a tere chaüe.
Li chevalers cuntre eus leva;
La dame vit e esgarda
E sun semblant e sa manere;
772   Un petit[et] se traist ariere.
'Est ceo,' fet il, 'ma duce amie,
M'esperaunce, mun quor, ma vie,
Ma bele dame ke me ama?   *145 c*

776 Dunt vient ele? Ki l'amena?
    Ore ai pensé [mult] grant folie:
    Bien sai que ceo n'est ele mie;
    Femmes se resemblent asez;
780 Pur nïent change mis pensez.
    Mes pur cele que ele resemble,
    Pur ki mi quors suspire e tremble,
    A li parlerai volenters.'
784 Dunc vet avant li chevalers;
    Il la baisat, lez lui l'asist;
    Unques nul autre mot ne dist,
    Fors tant que seer la rovat.
788 Meriadus les esguardat;
    Mut li pesat de cel semblant.
    Guigemar apele en riant.
    'Sire,' fet il, 'si vus pleseit,
792 Ceste pucele essaiereit
    Vostre chemise a despleier,
    Si ele peot riens espleiter.'
    Il li respunt: 'E jeo l'otrei.'
796 Un chamberlenc apele a sei,
    Que la chemise ot a garder;
    Il li comande [a] aporter.
    A la pucele fu baillie,
800 Mes ne l'ad [mie] despleïe.
    La dame conut bien le pleit;
    Mut est sis quors en grant destreit,
    Kar volenters [s'i] essaiast,
804 S'ele peüst u ele osast.
    Bien se aparceit Meriadus;
    Dolent en fu, il ne pot plus.
    'Dame,' fait il, 'kar assaiez   *145 d*
808 Si desfere le purïezl'
    Quant ele ot le comandement,
    Le pan de la chemise prent,
    Legerement le despleiat.
812 Li chevaler s'esmerveillat;
    Bien la conut, mes nequedent
    Nel poeit creire fermement.

A li parlat en teu mesure:
816   'Amie, duce creature,
Estes vus ceo, dites mei veir!
Lessez mei vostre cors veeir,
La ceinture dunt jeo vus ceins!'
820   A ses costez li met ses meins,
Si ad trovee la ceinture.
'Bele,' fet il, 'queile aventure
Que jo vus ai issi trovee!
824   Ki vus ad [i]ci amenee?'
Ele li cunte la dolur,
Les peines granz e la tristur
De la prisun u ele fu,
828   E coment li est avenu:
Coment ele [s'en] eschapa;
Neer se volt, la neif trova,
Dedeinz entra, a cel port vient;
832   E li chevalers la retient;
Gardee l'ad a grant honur,
Mes tuz jurs la requist de amur.
Ore est sa joie revenue:
836   'Amis, menez en vostre drue!'
Guigemar s'est en piez levez.
'Seignurs,' fet il, 'ore escutez!
Une m'amie ai cuneüe

146 v

840   Que jeo quidoue aver perdue.
Meriaduc requer e pri
Rende la mei, sue merci!
Ses hummes liges devendrai,
844   Deus anz u treis li servirai,
Od cent chevalers u od plus.'
Dunc respundi Meriadus.
'Guigemar,' fet il, 'beus amis,
848   Jeo ne sui mie si suspris
Ne si destrei[z] pur nule guere
Que de ceo me deiez requere.
Jeo la trovai, si la tendrai
852   E cuntre vus la defendrai.'
    Quant il l'oï, hastivement

Comanda a munter sa gent;
D'ileoc se part, celui defie;
856   Mut li peise qu'il lait s'amie.
En la vile n'out chevaler,
Que fust alé pur turneier,
Ke Guigemar ne meint od sei.
860   Chescun li afie sa fei:
Od lui irunt queil part k'il aut,
Mult est huniz quë or li faut.
La nuit sunt al chastel venu,
864   Ki guerreiot Meriadu.
Li sires les ad herbergez,
Que mut en fu joius e lez
De Guigemar e de s'aïe:
868   Bien seit que la guere est finie.
El demain par matin leverent,
Par les ostelz se cunreierent.
De la ville eissent a grant bruit;   *146 b*
872   Guigemar primes les cunduit.
Al chastel vienent, si l'asaillent;
Mes fort esteit, au prendre faillent.
Guigemar ad la vile assise;
876   N'en turnerat, si sera prise.
Tanz li crurent amis e genz
Que tuz les affamat dedenz.
Le chastel ad destruit e pris
880   E le seignur dedenz ocis.
A grant joie s'amie en meine;
Ore ad trespassee sa peine.
    De cest cunte ke oï avez
884   Fu Guigemar le lai trovez,
Quë hum fait en harpe e en rote:
Bonë est a oïr la note.

Mut unt esté noble barun
Cil de Bretaine, li Bretun.
Jadis suleient par prüesce,
4   Par curteisie e par noblesce
Des aventures que oïëent,
Ki a plusur gent aveneient,
Fere les lais pur remembrance,
8   Que [hum] nes meïst en ubliance.
Un en firent, ceo oi cunter,
Ki ne fet mie a ublïer,
D'Equitan que mut fu curteis,
12   Sire de Nauns, jostis' e reis.
    Equitan fu mut de grant pris
E mut amez en sun païs;
Deduit amout e drüerie:
16   Pur ceo maintint chevalerie.
Cil met[ent] lur vie en nu[n]cure   *146 c*
Que d'amur n'unt sen e mesure;
Tels est la mesure de amer
20   Que nul n'i deit reisun garder.
Equitan ot un seneschal,
Bon chevaler, pruz e leal;
Tute sa tere li gardoit
24   E meinteneit e justisoit.
Ja, se pur ostïer ne fust,
Pur nul busuin ki li creüst
Li reis ne laissast sun chacier,
28   Sun deduire, sun riveier.
    Femme espuse ot li seneschals,
Dunt puis vient el païs granz mal[s].
La dame ert bele durement
32   E de mut bon affeitement,
Gent cors out e bele faiture;
En li former uvrat nature:
Les oilz out veirs e bel le vis,

36 Bele buche, neis ben asis.
 El rëaume n'aveit sa per.
 Li reis l'oï sovent loër.
 Soventefez la salua,
40 De ses aveirs li enveia;
 Sanz veüe la coveita,
 E cum ainz pot a li parla.
 Priveement esbanïer
44 En la cuntree ala chacier.
 La u li seneschal maneit,
 El chastel u la dame esteit,
 [Se] herberjat li reis la nuit,
48 Quant repeirout de sun deduit.
 Asez poeit a li parler,   *146 d*
 Sun curage e sun bien mustrer.
 Mut la trova curteise e sage,
52 Bele de cors e de visage,
 De bel semblant e enveisie;
 Amurs l'ad mis a sa maisnie.
 Une s[e]ete ad vers lui traite,
56 Que mut grant plaie li ad faite,
 El quor li ad lancie e mise;
 N'i ad mestier sens ne cointise;
 Pur la dame l'ad si suspris,
60 Tut en est murnes e pensis.
 Or l'i estut del tut entendre,
 Ne se purrat nïent defendre:
 La nuit ne dort ne [ne] respose,
64 Mes sei meïsmes blasme e chose.
 'Allas,' fet il, 'queil destinee
 M'amenat en ceste cuntree?
 Pur ceste dame que ai veüe
68 M'est un' anguisse al quor ferue
 Que tut le cors me fet trembler.
 Jeo quit que mei l'estuet amer;
 E si jo l'aim, jeo ferai mal:
72 Ceo est la femme al seneschal.
 Garder li dei amur e fei,
 Si cum jeo voil k'il face a mei.

Si par nul engin le saveit,
76   Bien sai que mut l'en pesereit.
Mes nepurquant pis iert asez
Que pur li seië afolez.
Si bele dame tant mar fust,
80   S'ele n'amast u dru eüstl
Que devendreit sa curteisie,   *147 a*
S'ele n'amast de drüerie?
Suz ciel n'ad humme, s'ele amast,
84   Ki durement n'en amendast.
Li seneschal, si l'ot cunter,
Ne l'en deit mie trop peser;
Sul ne la peot il nient tenir:
88   Certes jeo voil od li partir.'
Quant ceo ot dit, si suspira;
Enprés se jut e si pensa.
Aprés parlat e dist: 'De quei
92   Sui en estrif e en effrei?
Uncor ne sai ne n'ai seü
S'ele fereit de mei sun dru;
Mes jeo savrai hastivement.
96   S'ele sentist ceo ke jeo sent,
Jeo perdrei[e] ceste dolur.
E Deusl tant ad de ci que al jurl
Jeo ne puis ja repos aveir:
100   Mut ad ke jeo cuchai eirseir.'
    Li reis veilla tant que jur fu;
A grant peinë ad atendu.
Il est levez, si vet chacier;
104   Mes tost se mist el repeirer
E dit que mut est deshaitiez.
Es chambres vet, si s'est cuchiez.
Dolent en est li senescaus:
108   Il ne seit pas queils est li maus
De quei li reis sent les friçuns;
Sa femme en est dreit' acheisuns.
Pur sei deduire e cunforter
112   La fist venir a li parler.
Sun curage li descovri,   *147 b*

Saver li fet qu'il meort pur li;
Del tut li peot faire confort
116 E bien li peot doner [l]a mort.
'Sire,' la dame li ad dit,
'De ceo m'estuet aveir respit:
A ceste primere feiee
120 Ne sui jeo mie cunseillee.
Vus estes rei de grant noblesce;
Ne sui mie de teu richesce
Que [a] mei [vus] deiez arester
124 De drüerie ne de amer.
S'avïez fait vostre talent,
Jeo sai de veir, ne dut nïent,
Tost me avrïez entrelaissie[e],
128 Jeo sereie mut empeiree.
Së [is]si fust que vus amasse
E vostre requeste otreiasse,
Ne sereit pas üel partie
132 Entre nus deus la drüerie.
Pur ceo quë estes rei puissaunz
E mi sire est de vus tenaunz,
Quidereiez, a mun espeir,
136 Le danger de l'amur aveir.
Amur n'est pruz se n'est egals.
Meuz vaut un povre[s] hum lëals,
Si en sei ad sen e valur,
140 [E] greinur joie est de s'amur
Quë il n'est de prince u de rei,
Quant il n'ad lëauté en sei.
S'aukuns aime plus ha[u]tement
144 Que [a] sa richesce nen apent,
Cil se dut[e] de tute rien.   *147 c*
Li riches hum requid[e] bien
Que nuls ne li toille s'amie
148 Qu'il volt amer par seignurie.'
Equitan li respunt aprés:
'Dame, merci! Nel dites mes!
Cil ne sunt mie fin curteis,
152 Ainz est bargaine de burgeis,

Que pur aveir ne pur grant fieu
Mettent lur peine en malveis liu.
Suz ciel n'ad dame, s'ele est sage,
156   Curteise e franche de curage,
Pur quei d'amer se tienge chiere,
Que el ne seit mie novelere,
S'el n'eüst fors sul sun mantel,
160   Que uns riches princes de chastel
Ne se deüst pur li pener
E lëalment e bien amer.
Cil ki de amur sunt nov[e]lier
164   E ki se aturnent de trichier,
Il sunt gabé e deceü;
De plusurs l'avum nus veü.
N'est pas merveille se cil pert
168   Ki par s'ovreine le desert.
Ma chiere dame, a vus m'otrei!
Ne me tenez mie pur rei,
Mes pur vostre hum e vostre amil
172   Seürement vus jur e di
Que jeo ferai vostre pleisir.
Ne me laissez pur vus murir!
Vus seiez dame e jeo servant,
176   Vus orguilluse e jeo preiant!'
Tant ad li reis parlé od li   *147 d*
E tant li ad crïé merci
Que de s'amur l'aseüra,
180   E el sun cors li otria.
Par lur anels s'entresaisirent,
Lur fiaunce[s] s'entreplevirent.
Bien les tiendrent, mut s'entr'amerent;
184   Puis en mururent e finerent.
    Lung tens durrat lur drüerie,
Que ne fu pas de gent oïe.
As termes de lur assembler,
188   Quant ensemble durent parler,
Li reis feseit dire a sa gent
Que seignez iert priveement.
Les us des chambres furent clos;

192   Ne troveissez humme si os,
       Si li rei pur lui n'enveiast,
       Ja une feiz dedenz entrast.
       Li seneschal la curt teneit,
196   Les plaiz e les clamurs oieit.
       Li reis l'ama mut lungement,
       Que d'autre femme n'ot talent:
       Il ne voleit nule espuser,
200   Ja n'en rovast oïr parler.
       La gent le tindrent mut a mal,
       Tant que la femme al seneschal
       L'oï suvent; mut li pesa,
204   E de lui perdre se duta.
       Quant ele pout a lui parler
       E el li duit joie mener,
       Baisier, estreindre e acoler
208   E ensemblë od lui jüer,
       Forment plura e grant deol fist.   *148 a*
       Li reis demanda e enquist
       Que [ceo] deveit e que ceo fu.
212   La dame li ad respundu:
       'Sire, jo plur pur nostre amur,
       Que mei revert a grant dolur:
       Femme prendrez, fille a un rei,
216   [E] si vus partirez de mei;
       Sovent l'oi dire e bien le sai.
       E jeo, lassel que devendrai?
       Pur vus m'estuet aver la mort;
220   Car jeo ne sai autre cunfort.'
       Li reis li dit par grant amur:
       'Bele amie, n'eiez poür!
       Certes, ja femme ne prendrai
224   Ne pur autre [ne] vus larrai.
       Sacez de veir e si creez:
       Si vostre sire fust finez,
       Reïne e dame vus fereie;
228   Ja pur [nul] humme nel lerreie.'
       La dame l'en ad mercïé
       E dit que mut li sot bon gre,

E si de ceo l'aseürast
232   Que pur autre ne la lessast,
Hastivement purchacereit
A sun seignur que mort sereit;
Legier sereit a purchacier,
236   Pur ceo k'il li vousist aidier.
Il li respunt que si ferat:
Ja cele rien ne li dirrat
Quë il ne face a sun poeir,
240   Turt a folie u a saveir.
'Sire,' fet ele, 'si vus plest,   *148 b*
Venez chacer en la forest,
En la cuntree u jeo sujur;
244   Dedenz le chastel mun seignur
Sujurnez; si serez seignez,
E al terz jur si vus baignez.
Mis sire od vus se seignera
248   E avuec vus se baignera;
Dites li bien, nel lessez mie,
Quë il vus tienge cumpainiel
E jeo ferai les bains temprer
252   E les deus cuves aporter,
Sun bain si chaut e si buillant,
Suz ciel n'en ad humme vivant
Ne fust escaudez e malmis,
256   Einz que dedenz [se] fust asis.
Quant mort serat e escaudez,
Vos hummes e les soens mandez;
Si lur mustrez cumfaitement
260   Est mort al bain sudeinement.'
Li reis li ad tut graanté
Qu'il en ferat sa volenté.
    Ne demurat mie treis meis
264   Que el païs vet chacier li reis.
Seiner se fet cuntre sun mal,
Ensemble od lui sun senescal.
Al terz jur dist k'il baignereit;
268   Li senescal mut le voleit.
'Vus baignerez,' dist il, 'od mei.'

Li senescal dit: 'Jo l'otrei.'
La dame fet les bains temprer
272   E les deus cuves aporter;
Devant le lit tut a devise   *148 c*
Ad chescune de[s] cuves mise.
L'ewe buillant feit aporter,
276   U li senescal dut entrer.
Li produm esteit sus levez:
Pur deduire fu fors alez.
La dame vient parler al rei,
280   E il la mist dejuste sei;
Sur le lit al seignur cucherent
E deduistrent e enveiserent.
Ileoc unt ensemble geü,
284   Pur la cuve que devant fu.
L'us firent tenir e garder;
Une meschine i dut ester.
Li senescal hastif revint,
288   A l'hus buta, cele le tint;
Icil le fiert par tel aïr,
Par force li estut ovrir.
Le rei e sa femme ad trovez
292   U il gisent entr'acolez.
Li reis garda, sil vit venir.
Pur sa vileinie covrir
Dedenz la cuve saut joinz pez,
296   E il fu nuz e despuillez;
Unques garde ne s'en dona.
Ileoc murut [e] escauda;
Sur lui est le mal revertiz,
300   E cil en est sauf e gariz.
Le senescal ad bien veü
Coment del rei est avenu.
Sa femme prent demeintenant,
304   El bain la met le chief avant.
Issi mururent amb[e]dui,   *148 d*
Li reis avant, e ele od lui.
Ki bien vodreit reisun entendre,
308   Ici purreit ensample prendre:

Tel purcace le mal d'autrui
Dunt le mals [tut] revert sur lui.
Issi avient cum dit vus ai.
312 Li Bretun en firent un lai,
D'Equitan, cum[ent] il fina
E la dame que tant l'ama.

III. LE FRESNE

Le lai del Freisne vus dirai
Sulunc le cunte que jeo sai.

En Bretaine jadis maneient
4   Dui chevaler, veisin esteient;
Riche humme furent e manant
E chevalers pruz e vaillant.
Prochein furent, de une cuntree;
8   Chescun femme aveit espusee.
L'une des dames enceinta;
Al terme que ele delivra,
A cele feiz ot deus enfanz.
12   Sis sires est liez e joianz;
Pur la joie quë il en a
A sun bon veisin le manda
Que sa femme ad deus fiz eüz,
16   De tanz enfanz esteit creüz;
L'un li tramettra a lever,
De sun nun le face nomer.
Li riches hum sist al manger;
20   Atant es vus le messager!
Devant le deis se agenoila,
Tut sun message li cunta.
Li sire en ad Deu mercïé;   *149 a*
24   Un bel cheval li ad doné.
La femme al chevaler surist—
Ki juste lui al manger sist—
Kar ele ert feinte e orguilluse
28   E mesdisante e envïuse.
Ele parlat mut folement
E dist, oant tute sa gent:
'Si m'aït Deus, jo m'esmerveil
32   U cest produm prist cest conseil
Que il ad mandé a mun seignur
Sa huntë e sa deshonur,
Que sa femme ad eü deus fiz.

36 E il e ele en sunt huniz.
    Nus savum bien qu'il i afiert:
    Unques ne fu ne ja nen iert
    Ne n'avendrat cel' aventure
40 Que a une sule porteüre
    Quë une femme deus fiz eit,
    Si deus hummes ne li unt feit.'
    Si sires l'a mut esgardee,
44 Mut durement l'en ad blamee.
    'Dame,' fet il, 'lessez ester!
    Ne devez mie issi parler!
    Verité est que ceste dame
48 Ad mut esté de bone fame.'
    La gent quë en la meisun erent
    Cele parole recorderent.
    Asez fu dite e coneüe,
52 Par tute Bretaine seüe:
    Mut en fu la dame haïe,
    Pois en dut estre maubailie;
    Tutes les femmes ki l'oïrent,
56 Povres e riches, l'en haïrent.
    Cil que le message ot porté
    A sun seignur ad tut cunté.
    Quant il l'oï dire e retraire,
60 Dolent en fu, ne sot quei faire;
    La prode femmë en haï
    E durement la mescreï,
    E mut la teneit en destreit
64 Sanz ceo que ele nel deserveit.
        La dame que si mesparla
    En l'an meïsmes enceinta,
    De deus enfanz est enceintie;
68 Ore est sa veisine vengie.
    Desque a sun terme les porta;
    Deus filles ot; mut li pesa,
    Mut durement en est dolente;
72 A sei meïsmes se desmente.
    'Lasse!' fet ele, 'quei ferai?
    Jamés pris në honur n'avrai!

149 b

Hunie sui, c'est veritez.
76   Mis sire e tut si parentez,
Certes, jamés ne me crerrunt,
Desque ceste aventure orrunt;
Kar jeo meïsmes me jugai:
80   De tutes femmes mesparlai.
Dunc [ne] dis jeo quë unc ne fu
Ne nus ne l'avïum veü
Que femme deus enfanz eüst,
84   Si deus humes ne coneüst?
Or en ai deus, ceo m'est avis,
Sur mei en est turné le pis.
Ki sur autrui mesdit e ment   *1496*
88   Ne seit mie qu'a l'oil li pent;
De tel hum[me] peot l'um parler
Que meuz de lui fet a loër.
Pur mei defendre de hunir,
92   Un des enfanz m'estuet murdrir:
Meuz le voil vers Deu amender
Que mei hunir e vergunder.'
Ce[le]s quë en la chambre esteient
96   La cunfort[ou]ent e diseient
Que eles nel suff[e]reient pas:
De hummë ocire n'est pas gas.
    La dame aveit une meschine,
100   Que mut esteit de franche orine;
Lung tens l'ot gardee e nurie
E mut amee e mut cherie.
Cele oï sa dame plurer,
104   Durement pleindre e doluser;
Anguissusement li pesa.
Ele vient, si la cunforta.
'Dame,' fet ele, 'ne vaut rien.
108   Lessez cest dol, si ferez bien!
L'un des enfanz me baillez çal
Jeo vus en deliverai ja,
Si que hunie ne serez
112   Ne ke jamés ne la verrez:
A un mustier la geterai,

Tut sein e sauf le porterai;
Aucun produm la trovera;
116   Si Deu plest, nurir la f[e]ra.'
La dame oï quei cele dist;
Grant joie en out, si li promist
Si cel service li feseit,   *149 d*
120   Bon guer[e]dun de li avreit.
En un chief de mut bon chesil
Envolupent l'enfant gentil
E desus un paile roé—
124   Ses sires l'i ot aporté
De Costentinoble, u il fu;
Unques si bon n'orent veü.
A une pice de sun laz
128   Un gros anel li lie al braz.
De fin or i aveit un' unce;
El chestun out une jagunce;
La verge entur esteit lettree:
132   La u la meschine ert trovee,
Bien sachent tuit vereiement
Que ele est nee de bone gent.
La dameisele prist l'enfant,
136   De la chambre s'en ist atant.
La nuit, quant tut fu aseri,
Fors de la vile s'en eissi;
En un grant chemin est entré,
140   Ki en la forest l'ad mené.
Par mi le bois sa veie tint,
Od tut l'enfant utrë en vint;
Unques del grant chemin ne eissi.
144   Bien loinz sur destre aveit oï
Chiens abaier e coks chanter:
Iloc purrat vile trover.
Cele part vet a grant espleit
148   U la noise des chiens oieit.
En une vile riche e bele
Est entree la dameisele.
En la vile out une abeïe,   *150 a*
152   Durement richë e garnie;

Mun escïent noneins i ot
E abbeesse kis guardot.
La meschine vit le muster,
156 Les turs, les murs e le clocher:
Hastivement est la venue,
Devant l'us est areste[ü]e.
L'enfant mist jus que ele aporta,
160 Mut humblement se agenuila.
Ele comence s'oreisun.
'Deus,' fait ele, 'par tun seint nun,
Sire, si te vient a pleisir,
164 Cest enfant garde de perir.'
Quant la prïerë out finee,
Ariere [sei] se est regardee.
Un freisne vit lé e branchu
168 E mut espés e bien ramu;
En quatre fors esteit quarré;
Pur umbre fere i fu planté.
Entre ses braz ad pris l'enfant,
172 De si que al freisne vient corant;
Desus le mist, puis le lessa;
A Deu le veir le comanda.
La dameisele ariere vait,
176 Sa dame cunte qu'ele ad fait.
    En l'abbeïe ot un porter,
Ovrir suleit l'us del muster
Defors par unt la gent veneient
180 Que le servise oïr voleient.
Icel[e] nuit par tens leva,
Chandeille e lampes aluma,
Les seins sona e l'us ovri.   *150 b*
184 Sur le freisne les dras choisi;
Quidat ke aukun les eüst pris
En larecin e ileoc mis;
D'autre chose n'ot il regard.
188 Plus tost qu'il pot vint cele part,
Taste, si ad l'enfant trové.
Il en ad Deu mut mercïé,
E puis l'ad pris, si ne l'i lait;

192   A sun ostel ariere vait.
       Une fille ot que vedve esteit;
       Si sire ert mort, enfant aveit
       Petit en berz e aleitant.
196   Li produm l'apelat avant.
       'Fille,' fet il, 'levez, levez!
       Fu e chaundelë alumez!
       Un enfaunt ai ci aporté,
200   La fors el freisne l'ai trovè.
       De vostre leit le [m']alaitez,
       Eschaufez lë e sil baignez!'
       Cele ad fet sun comandement:
204   Le feu alum' e l'enfant prent,
       Eschaufé l'ad e bien baigné;
       Pus l'ad de sun leit aleité.
       Entur sun braz treve l'anel;
208   Le paile virent riche e bel.
       Bien surent cil tut a scïent
       Que ele est nee de haute gent.
       El demain aprés le servise,
212   Quant l'abbeesse eist de l'eglise,
       Li portiers vet a li parler;
       L'aventure li veut cunter
       De l'enfant cum il le trovat.   1506
216   L'abbeesse le comaundat
       Que devaunt li seit aporté
       Tut issi cum il fu trové.
       A sa meisun vet li portiers,
220   L'enfant aporte volenters,
       Si l'ad a la dame mustré.
       E el l'ad forment esgardé
       E dit que nurir le fera
224   E pur sa niece la tendra.
       Al porter ad bien defendu
       Que il ne die cument il fu.
       Ele meïsmes l'ad levee.
228   Pur ceo que al freisne fu trovee,
       Le Freisne li mistrent a nun,
       E Le Freisne l'apelet hum.

    La dame la tient pur sa niece.
232 Issi fu celee grant piece:
    Dedenz le clos de l'abbeïe
    Fu la dameisele nurie.
    Quant [ele] vient en tel eé
236 Que nature furme beuté,
    En Bretaine ne fu si bele
    Ne tant curteise dameisele:
    Franche esteit e de bone escole
240 [E] en semblant e en parole;
    Nul ne la vist que ne l'amast
    E a merveille la preisast.
      A Dol aveit un bon seignur;
244 Unc puis në einz n'i ot meillur.
    Ici vus numerai sun nun:
    El païs l'apelent Gurun.
    De la pucele oï parler;
248 Si la çumença a amer.
    A un turneiement ala;
    Par l'abbeïe returna,
    La dameisele ad demandee;
252 L'abeesse li ad mustree.
    Mut la vit bele e enseignee,
    Sage, curteise e afeitee.
    Si il n[en] ad l'amur de li,
256 Mut se tendrat a maubailli.
    Esguarez est, ne seit coment;
    Kar si il repeirout sovent,
    L'abeesse se aparcevreit,
260 Jamés des oilz ne la vereit.
    De une chose se purpensa:
    L'abeïe crestre vodra;
    De sa tere tant i dura
264 Dunt a tuz jurs l'amendera;
    Kar il [i] vout aveir retur
    E le repaire e le sejur.
    Pur aver lur fraternité
268 La ad grantment del soen doné;
    Mes il ad autrë acheisun

150 d

Que de receivre le pardun.
Soventefeiz i repeira,
272   A la dameisele parla;
Tant li pria, tant li premist
Que ele otria ceo kë il quist.
Quant a seür fu de s'amur,
276   Si la mist a reisun un jur.
'Bele,' fet il, 'ore est issi
Ke de mei avez fet ami.
Venez vus ent del tut od mei!   *151 d*
280   Saver poëz, jol qui e crei,
Si vostre aunte s'aparceveit,
Mut durement li pesereit,
S'entur li feussez enceintiee;
284   Durement sereit curuciee.
Si mun cunseil crere volez,
Ensemble od mei vus en vendrez.
Certes, jamés ne vus faudrai,
288   Richement vus cunseillerai.'
Cele que durement l'amot
Bien otriat ceo que li plot:
Ensemble od lui en est alee;
292   A sun chastel l'en ad menee.
Sun paile porte e sun anel;
De ceo li pout estre mut bel.
L'abeesse li ot rendu,
296   E dist coment est avenu,
Quant primes li fu enveiee:
Desus le freisne fu cuchee;
Le paile e l'anel li bailla
300   Cil que primes li enveia;
Plus de aveir ne receut od li;
Come sa niece la nuri.
La meschine ben l'esgardat,
304   En un cofre les afermat.
Le cofre fist od sei porter,
Nel volt lesser në ublïer.
Li chevaler ki l'amena
308   Mut la cheri e mut l'ama,

E tut si humme e si servant.
N'i out un sul, petit ne grant,
Pur sa franchise ne l'amast
312 E ne cherist e honurast.
Lungement ot od lui esté,
Tant que li chevaler fiufé   *151 b*
A mut grant mal li aturnerent:
316 Soventefeiz a lui parlerent
Que une gentil femme espusast
E de cele se delivrast;
Lié serei[en]t s'il eüst heir,
320 Quë aprés lui puïst aveir
Sa terë e sun heritage;
Trop i avrei[en]t grant damage,
Si il laissast pur sa suinant
324 Que de espuse n'eüst enfant;
Jamés pur seinur nel tendrunt
Ne volenters nel servirunt,
Si il ne fait lur volenté.
328 Le chevalers ad graanté
Que en lur cunseil femme prendra;
Ore esgardent u ceo sera.
'Sire,' funt il, 'ci pres de nus
332 Ad un produm, per est a vus;
Une fille ad, quë est suen heir:
Mut poëz tere od li aveir.
La Codre ad nun la damesele;
336 En [tut] cest païs ne ad si bele.
Pur le Freisne, que vus larrez,
En eschange le Codre av[r]ez.
En la Codre ad noiz e deduiz;
340 Freisne ne portë unke fruiz.
La pucele purchacerums;
Si Deu plest, si la vus durums.'
Cel mariage unt purchacié
344 E de tutes parz otrïé.
Allas! cum est [mes]avenu
Que li [prudume] ne unt seü
L'aventure des dameiseles,

348   Quë esteient serur[s] gemeles!
       Le Freisne cele fu celee;   1516
       Sis amis ad l'autre espusee.
       Quant ele sot kë il la prist,
352   Unques peiur semblant ne fist:
       Sun seignur sert mut bonement
       E honure tute sa gent.
       Li chevaler de la meisun
356   E li vadlet e li garçun
       Merveillus dol pur li feseient
       De ceo ke perdre la deveient.
          Al jur des noces qu'il unt pris,
360   Sis sires maunde ses amis;
       E l'erceveke[s] i esteit,
       Cil de Dol, que de lui teneit.
       S'espuse li unt amenee.
364   Sa merë est od li alee;
       De la meschine aveit poür,
       Vers ki sis sire ot tel amur,
       Quë a sa fille mal tenist
368   Vers sun seignur, s'ele poïst;
       De sa meisun la getera,
       A sun gendre cunseilera
       Quë a un produm la marit;
372   Si s'en deliverat, ceo quit.
          Les noces tindrent richement;
       Mut i out esbanïement.
       La dameisele es chambres fu;
376   Unques de quanke ele ad veü
       Ne fist semblant que li pesast
       Ne tant que ele se curuçast;
       Entur la dame bonement,
380   Serveit mut afeit[ï]ement.
       A grant merveile le teneient
       Cil e celes ki la veeient.
       Sa mere l'ad mut esgardee,
384   En sun qor preisie e amee.   151 d
       Pensat e dist s'ele seüst
       La maniere [e] kë ele fust,

Ja pur sa fille ne perdist,
388 Ne sun seignur ne li tolist.
　　　La noit, al lit aparailler,
U l'espuse deveit cucher,
La damisele i est alee;
392 De sun mauntel est desfublee.
Les chamberleins i apela,
La maniere lur enseigna
Cument si sires le voleit,
396 Kar meintefeiz veü l'aveit.
Quant le lit orent apresté,
Un covertur unt sus jeté.
Li dras esteit d'un viel bofu;
400 La dameisele l'ad veü;
N'ert mie bons, ceo li sembla;
En sun curage li pesa.
Un cofre ovri, sun paile prist,
404 Sur le lit sun seignur le mist.
Pur lui honurer le feseit;
Kar l'erceveke[s] i esteit
Pur eus beneistre e enseiner;
408 Kar c'afereit a sun mestier.
Quant la chambre fu delivree,
La dame ad sa fille amenee.
Ele la volt fere cuchier,
412 Si la cumande a despoilier.
Le paile esgarde sur le lit,
Quë unke mes si bon ne vit
Fors sul celui que ele dona
416 Od sa fille ke ele cela.
Idunc li remembra de li,
Tut li curages li fremi;
Le chamberlenc apele a sei.
420 'Di mei,' fait ele, 'par ta fei,
U fu cest bon paile trovez?'
'Dame,' fait il, 'vus le savrez:
La dameisele l'aporta,
424 Sur le covertur le geta,
Kar ne li sembla mie bons;

1f2a

Jeo qui que le pailë est soens.'
La dame l'aveit apelee,
428   [E] ele est devant li alee;
De sun mauntel se desfubla,
E la mere l'areisuna:
'Bele amie, nel me celez!
432   U fu cist bons pailes trovez?
Dunt vus vient il? Kil vus dona?
Kar me dites kil vus bailla!'
La meschine li respundi:
436   'Dame, m'aunte, ke me nuri,
L'abeesse, kil me bailla,
A garder le me comanda;
Cest e un anel me baillerent
440   Cil ki a nurir me enveierent.'
'Bele, pois jeo veer l'anel?'
'Oïl, dame, ceo m'est [mut] bel.'
L'anel li ad dunc aporté,
444   E ele l'ad mut esgardé;
El l'ad tresbien reconeü
E le paile ke ele ad veü.
Ne dute mes, bien seit e creit
448   Que ele memes sa fille esteit;
Oiant tuz, dist, ne ceil[e] mie:
'Tu es ma fille, bele amie!'
De la pité kë ele en a
452   Ariere cheit, si se pauma.
E quant de paumeisun leva,
Pur sun seignur tost enveia;   *152b*
E il [i] vient tut effreez.
456   Quant il est en chambrë entrez,
La dame li cheï as piez,
Estreitement l[i] ad baisiez,
Pardun li quert de sun mesfait.
460   Il ne feseit nïent del plait.
'Dame,' fet il, 'quei dites vus?
Il n'ad si bien nun entre nus.
Quanke vus plest seit parduné!
464   Dites mei vostre volunté!'

'Sire, quant parduné l'avez,
Jel vus dirai; si m'escutez!
Jadis par ma grant vileinie
468 De ma veisine dis folie;
De ses deus enfanz mesparlai:
Vers mei meïsmes [mes]errai.
Verité est que j'enceintai,
472 Deus filles oi, l'une celai;
A un muster la fis geter
E nostre paile od li porter
E l'anel que vus me donastes
476 Quant vus primes od mei parlastes.
Ne vus peot mie estre celé:
Le drap e l'anel ai trové.
Nostre fille ai ci coneüe,
480 Que par ma folie oi perdue;
E ja est ceo la dameisele
Que tant est pruz e sage e bele,
Ke li chevaler ad amee
484 Ki sa serur ad espusee.'
Li sires dit: 'De ceo sui liez;
Unques mes ne fu[i] si haitiez;
Quant nostre fille avum trovee,
488 Grant joie nus ad Deu donee,
Ainz que li pechez fust dublez.
Fille,' fet il, 'avant venez!'
La meschine mut s'esjoï
492 De l'aventure ke ele oï.
Sun pere ne volt plus atendre;
Il meïsmes vet pur sun gendre,
E l'erceveke i amena,
496 Cele aventure li cunta.
Li chevaler, quant il le sot,
Unques si grant joie nen ot.
L'erceveke[s] ad cunseilié
500 Quë issi seit la noit laissié;
El demain les departira,
Lui e cele qu'il espusa.
Issi l'unt fet e graanté.

1526

504　El demain furent desevré;
　　Aprés ad s'amie espusee,
　　E li peres li ad donee,
　　Que mut ot vers li bon curage;
508　Par mi li part sun heritage.
　　Il e la mere as noces furent
　　Od lur fille, si cum il durent.
　　Quant en lur païs s'en alerent,
512　La Coudre lur fille menerent;
　　Mut richement en lur cuntree
　　Fu puis la meschine donee.
　　　　Quant l'aventure fu seüe
516　Coment ele esteit avenue,
　　Le lai del Freisne en unt trové:
　　Pur la dame l'unt si numé.

IV. BISCLAVRET

Quant de lais faire m'entremet,
Ne voil ublïer Bisclavret:
Bisclavret ad nun en bretan,
4 Garwaf l'apelent li Norman.
Jadis le poeit hume oïr
E sovent suleit avenir,   *152 d*
Humes plusurs garual devindrent
8 E es boscages meisun tindrent.
Garualf, c[eo] est beste salvage:
Tant cum il est en cele rage,
Hummes devure, grant mal fait,
12 Es granz forez converse e vait.
Cest afere les ore ester;
Del Bisclavret [vus] voil cunter.

  En Bretaine maneit un ber,
16 Merveille l'ai oï loër;
Beaus chevalers e bons esteit
E noblement se cunteneit.
De sun seinur esteit privez
20 E de tuz ses veisins amez.
Femme ot espuse mut vailant
E que mut feseit beu semblant.
Il amot li e ele lui;
24 Mes d'une chose ert grant ennui,
Que en la semeine le perdeit
Treis jurs entiers, que el ne saveit
U deveneit në u alout,
28 Ne nul des soens nïent n'en sout.
Une feiz esteit repeirez
A sa meisun joius e liez;
Demandé li ad e enquis.
32 'Sire,' fait el, 'beau duz amis,
Une chose vus demandasse
Mut volenters, si jeo osasse;
Mes jeo creim tant vostre curuz,

49

36   Que nule rien tant ne redut.'
      Quant il l'oï, si l'acola,
      Vers lui la traist, si la beisa.
      'Dame,' fait il, '[or] demandez!
40   Ja cele chose ne querrez,
      Si jo la sai, ne la vus die.'   *1530*
      'Par fei,' fet ele, 'ore sui garie!
      Sire, jeo sui en tel effrei
44   Les jurs quant vus partez de mei,
      El quor en ai mut grant dolur
      E de vus perdre tel poür,
      Si jeo n'en ai hastif cunfort,
48   Bien tost en puis aver la mort.
      Kar me dites u vus alez,
      U vus estes, u conversez!
      Mun escïent que vus amez,
52   E si si est, vus meserrez.'
      'Dame,' fet il, 'pur Deu, merci!
      Mal m'en vendra, si jol vus di,
      Kar de m'amur vus partirai
56   E mei meïsmes en perdrai.'
      Quant la dame l'ad entendu,
      Ne l'ad neent en gab tenu.
      Suventefeiz li demanda;
60   Tant le blandi e losenga
      Que s'aventure li cunta;
      Nule chose ne li cela.
      'Dame, jeo devienc bisclavret:
64   En cele grant forest me met,
      Al plus espés de la gaudine,
      S'i vif de preie e de ravine.'
      Quant il li aveit tut cunté,
68   Enquis li ad e demaundé
      S'il se despuille u vet vestu.
      'Dame,' fet il, 'jeo vois tut nu.'
      'Di mei, pur Deu, u sunt voz dras.'
72   'Dame, ceo ne dirai jeo pas;
      Kar si jes eüsse perduz
      E de ceo feusse aparceüz,

Bisclavret sereie a tuz jurs;
76   Jamés n'avreie mes sucurs,   *153 b*
        De si k'il me fussent rendu.
        Pur ceo ne voil k'il seit seü.'
        'Sire,' la dame li respunt,
80   'Jeo vus eim plus que tut le mund:
        Nel me devez nïent celer,
        Ne [mei] de nule rien duter;
        Ne semblereit pas amisté.
84   Qu'ai jeo forfait? Pur queil peché
        Me dutez vus de nule rien?
        Dites [le] mei, si ferez bien!'
        Tant l'anguissa, tant le suzprist,
88   Ne pout el faire, si li dist.
        'Dame,' fet il, 'delez cel bois,
        Lez le chemin par unt jeo vois,
        Une vielz chapele i esteit,
92   Ke meintefeiz grant bien me feit:
        La est la piere cruose e lee
        Suz un buissun, dedenz cavee;
        Mes dras i met suz le buissun,
96   Tant que jeo revi[e]nc a meisun.'
        La dame oï cele merveille,
        De poür fu tute vermeille;
        De l'aventure se esfrea.
100   E[n] maint endreit se purpensa
        Cum ele s'en puïst partir;
        Ne voleit mes lez lui gisir.
        Un chevaler de la cuntree,
104   Que lungement l'aveit amee
        E mut preié' e mut requise
        E mut duné en sun servise—
        Ele ne l'aveit unc amé
108   Ne de s'amur aseüré—
        Celui manda par sun message,
        Si li descovri sun curage.
        'Amis,' fet ele, 'seez leéz!   *153 c*
112   Ceo dunt vus estes travaillez
        Vus otri jeo sanz nul respit:

Ja n'i avrez nul cuntredit;
M'amur e mun cors vus otrei,
116   Vostre drue fetes de mei!'
Cil l'en mercie bonement
E la fiance de li prent;
E el le met par serement.
120   Puis li cunta cumfaitement
Ses sire ala e k'il devint;
Tute la veie kë il tint
Vers la forest l[i] enseigna;
124   Pur sa despuille l'enveia.
Issi fu Bisclavret trahiz
E par sa femme maubailiz.
Pur ceo que hum le perdeit sovent
128   Quidouent tuz communalment
Que dunc s'en fust del tut alez.
Asez fu quis e demandez,
Mes n'en porent mie trover;
132   Si lur estuit lesser ester.
La dame ad cil dunc espusee,
Que lungement aveit amee.
   Issi remist un an entier,
136   Tant que li reis ala chacier;
A la forest ala tut dreit,
La u li Bisclavret esteit.
Quant li chiens furent descuplé,
140   Le Bisclavret unt encuntré;
A lui cururent tutejur
E li chien e li veneür,
Tant que pur poi ne l'eurent pris
144   E tut deciré e maumis,
De si qu'il ad le rei choisi;
Vers lui curut quere merci.   153d
Il l'aveit pris par sun estrié,
148   La jambe li baise e le pié.
Li reis le vit, grant poür ad;
Ses cumpainuns tuz apelad.
'Seignurs,' fet il, 'avant venez!
152   Ceste merveillë esgardez,

Cum ceste beste se humilie!
Ele ad sen de hume, merci crie.
Chacez mei tuz ces chiens arere,
156 Si gardez quë hum ne la fiere!
Ceste beste ad entente e sen.
Espleitez vus! Alum nus en!
A la beste durrai ma pes;
160 Kar jeo ne chacerai hui mes.'
  Li reis s'en est turné atant.
Le Bisclavret li vet siwant;
Mut se tint pres, n'en vout partir,
164 Il n'ad cure de lui guerpir.
Li reis l'en meine en sun chastel;
Mut en fu liez, mut li est bel,
Kar unke mes tel n'ot veü;
168 A grant merveille l'ot tenu
E mut le tient a grant chierté.
A tuz les suens ad comaundé
Que sur s'amur le gardent bien
172 E li ne mesfacent de rien,
Ne par nul de eus ne seit feruz;
Bien seit abevreiz e peüz.
Cil le garderent volenters;
176 Tuz jurs entre les chevalers
E pres del rei se alout cuchier.
N'i ad celui que ne l'ad chier;
Tant esteit franc e deboneire,
180 Unques ne volt a rien mesfeire.
U ke li reis deüst errer,   _154 a_
Il n'out cure de desevrer;
Ensemble od lui tuz jurs alout:
184 Bien s'aparceit quë il l'amout.
  Oëz aprés cument avint.
A une curt ke li rei tint
Tuz les baruns aveit mandez,
188 Ceus ki furent de lui chasez,
Pur aider sa feste a tenir
E lui plus beal faire servir.
Li chevaler i est alez,

192   Richement e bien aturnez,
           Ki la femme Bisclavret ot.
           Il ne saveit ne ne quidot
           Que il le deüst trover si pres.
196   Si tost cum il vint al paleis
           E le Bisclavret le aparceut,
           De plain esleis vers lui curut;
           As denz le prist, vers lui le trait.
200   Ja li eüst mut grant leid fait,
           Ne fust li reis ki l'apela,
           De une verge le mança.
           Deus feiz le vout mordrë al jur.
204   Mut s'esmerveillent li plusur;
           Kar unkes tel semblant ne fist
           Vers nul hume kë il veïst.
           Ceo dïent tut par la meisun
208   Ke il nel fet mie sanz reisun:
           Mesfait li ad, coment que seit;
           Kar volenters se vengereit.
           A cele feiz remist issi,
212   Tant que la feste departi
           E li barun unt pris cungé;
           A lur meisun sunt repeiré.
           Alez s'en est li chevaliers,
216   Mien escïent tut as premers,   *154b*
           Que le Bisclavret asailli;
           N'est merveille s'il le haï.
             Ne fu puis gueres lungement,
220   Ceo m'est avis, si cum j'entent,
           Que a la forest ala li reis,
           Que tant fu sages e curteis,
           U li Bisclavret fu trovez;
224   E il i est od lui alez.
           La nuit quant il s'en repeira,
           En la cuntree herberga.
           La femme Bisclavret le sot;
228   Avenantment se appareilot.
           Al demain vait al rei parler,
           Riche present li fait porter.

Quant Bisclavret la veit venir,
232 Nul hum nel poeit retenir;
Vers li curut cum enragiez.
Oiez cum il est bien vengiez!
Le neis li esracha del vis.
236 Quei li peüst il faire pis?
De tutes parz l'unt manacié;
Ja l'eüssent tut depescié,
Quant un sages hum dist al rei:
240 'Sire,' fet il, 'entent a mei!
Ceste beste ad esté od vus;
N'i ad ore celui de nus
Que ne l'eit veü lungement
244 E pres de lui alé sovent;
Unke mes humme ne tucha
Ne felunie ne mustra,
Fors a la dame que ici vei.
248 Par cele fei ke jeo vus dei,
Aukun curuz ad il vers li,
E vers sun seignur autresi.
Ceo est la femme al chevaler   *1546*
252 Que taunt par suliez aveir chier,
Que lung tens ad esté perduz,
Ne seümes qu'est devenuz.
Kar metez la dame en destreit,
256 S'aucune chose vus direit,
Pur quei ceste beste la heit;
Fetes li dire s'el le seit!
Meinte merveille avum veü
260 Quë en Bretaigne est avenu.'
Li reis ad sun cunseil creü:
Le chevaler ad retenu;
De l'autre part la dame ad prise
264 E en mut grant destresce mise.
Tant par destresce e par poür
Tut li cunta de sun seignur:
Coment ele l'aveit trahi
268 E sa despoille li toli,
L'aventure qu'il li cunta,

E quei devint e u ala;
Puis que ses dras li ot toluz,
272   Ne fud en sun païs veüz;
Tresbien quidat e bien creeit
Que la beste Bisclavret seit.
Le reis demande la despoille;
276   U bel li seit u pas nel voille,
Ariere la fet aporter,
Al Bisclavret la fist doner.
Quant il l'urent devant lui mise,
280   Ne se prist garde en nule guise.
Li produm le rei apela,
Cil ki primes le cunseilla:
'Sire, ne fetes mie bien:
284   Cist nel fereit pur nule rien,
Que devant vus ses dras reveste
Ne mut la semblance de beste.   *154d*
Ne savez mie que ceo munte:
288   Mut durement en ad grant hunte.
En tes chambres le fai mener
E la despoille od lui porter;
Une grant piece l'i laissums.
292   S'il devient hum, bien le verums.'
Li reis meïsmes le mena
E tuz les hus sur lui ferma.
Al chief de piece i est alez,
296   Deus baruns ad od lui menez;
En la chambrë entrent tut trei.
Sur le demeine lit al rei
Truevent dormant le chevaler.
300   Li reis le curut enbracier,
Plus de cent feiz l'acole e baise.
Si tost cum il pot aver aise,
Tute sa tere li rendi;
304   Plus li duna ke jeo ne di.
La femme ad del païs ostee
E chacie de la cuntree.
Cil s'en alat ensemble od li,
308   Pur ki sun seignur ot trahi.

Enfanz en ad asés eüz,
Puis unt esté bien cuneüz
[E] del semblant e del visage:
312 Plusurs [des] femmes del lignage,
C'est verité, senz nes sunt nees
E si viveient esnasees.
    L'aventure ke avez oïe
316 Veraie fu, n'en dutez mie.
De Bisclavret fu fet li lais
Pur remembrance a tutdis mais.

V. LANVAL

L'aventure d'un autre lai,
Cum ele avient, vus cunterai:
Fait fu d'un mut gentil vassal;

4   En bretans l'apelent Lanval.
A Kardoel surjurnot li reis,
Artur, li pruz e li curteis,
Pur les Escoz e pur les Pis,

8   Que destrui[ei]ent le païs:
En la tere de Loengre entroënt
E mut suvent la damagoënt.
A la pentecuste en esté

12   I aveit li reis sujurné.
Asez i duna riches duns:
E as cuntes e as baruns,
A ceus de la table r[o]ünde—

16   N'ot tant de teus en tut le munde—
Femmes e tere departi,
Par tut, fors un ki l'ot servi:
Ceo fu Lanval, ne l'en sovient,

20   Ne nul de[s] soens bien ne li tient.
Pur sa valur, pur sa largesce,
Pur sa beauté, pur sa prüesce
L'envioënt tut li plusur;

24   Tel li mustra semblant d'amur,
S'al chevaler mesavenist,
Ja une feiz ne l'en pleinsist.
Fiz a rei fu de haut parage,

28   Mes luin ert de sun heritage.
De la meisne[e] le rei fu.
Tut sun aveir ad despendu;
Kar li reis rien ne li dona,

32   Ne Lanval ne li demanda.
Ore est Lanval mut entrepris,
Mut est dolent e mut pensis.
Seignurs, ne vus esmerveillez:

36 Hume estrange descunseillez
    Mut est dolent en autre tere,
    Quant il ne seit u sucurs quere.   *155 b*
      Le chevaler dunt jeo vus di,
40 Que tant aveit le rei servi,
    Un jur munta sur sun destrer,
    Si s'est alez esbaneer.
    Fors de la vilë est eissuz,
44 Tut sul est en un pre venuz;
    Sur une ewe curaunt descent;
    Mes sis cheval tremble forment:
    Il le descengle, si s'en vait,
48 En mi le pre vuiltrer le lait.
    Le pan de sun mantel plia,
    Desuz sun chief puis le cucha.
    Mut est pensis pur sa mesaise,
52 Il ne veit chose ke li plaise.
    La u il gist en teu maniere,
    Garda aval lez la riviere,
    [Si] vit venir deus dameiseles,
56 Unc n'en ot veü[es] plus beles.
    Vestues ierent richement,
    Laciees mut estreitement
    En deus blians de purpre bis;
60 Mut par aveient bel le vis.
    L'eisnee portout un[s] bacins,
    Doré furent, bien faiz e fins;
    Le veir vus en dirai sanz faile.
64 L'autre portout une tuaile.
    Eles s'en sunt alees dreit
    La u li chevaler giseit.
    Lanval, que mut fu enseigniez,
68 Cuntre eles s'en levad en piez.
    Celes l'unt primes salué,
    Lur message li unt cunté:
    'Sire Lanval, ma dameisele,
72 Que tant est pruz e sage e bele,
    Ele nus enveie pur vus;   *155 c*
    Kar i venez ensemble od nus!

Sauvement vus i cundurums.
76   Veez, pres est li paveilluns!'
Li chevalers od eles vait;
De sun cheval ne tient nul plait,
Que devant lui pesseit al pre.
80   Treskë al tref l'unt amené,
Que mut fu beaus e bien asis.
La reïne Semiramis,
Quant ele ot unkes plus aveir
84   E plus pussaunce e plus saveir,
Ne l'emperere Octovïen
N'esligasent le destre pan.
Un aigle d'or ot desus mis;
88   De cel ne sai dire le pris,
Ne des cordes ne des peissuns
Que del tref tienent les giruns;
Suz ciel n'ad rei ki[s] esligast
92   Pur nul aver k'il i donast.
Dedenz cel tref fu la pucele:
Flur de lis [e] rose nuvele,
Quant ele pert al tens d'esté,
96   Trespassot ele de beauté.
Ele jut sur un lit mut bel—
Li drap valeient un chastel—
En sa chemise senglement.
100   Mut ot le cors bien fait e gent;
Un cher mantel de blanc hermine,
Covert de purpre alexandrine,
Ot pur le chaut sur li geté;
104   Tut ot descovert le costé,
Le vis, le col e la peitrine;
Plus ert blanche que flur d'espine.
    Le chevaler avant ala,
108   E la pucele l'apela.
Il s'est devant le lit asis.
'Lanval,' fet ele, 'beus amis,
Pur vus vienc jeo fors de ma tere;
112   De luinz vus sui venu[e] quere.
Se vus estes pruz e curteis,

155 d

Emperere ne quens ne reis
N'ot unkes tant joie ne bien;
116 Kar jo vus aim sur tute rien.'
Il l'esgarda, si la vit bele;
Amurs le puint de l'estencele,
Que sun quor alume e esprent.
120 Il li respunt avenantment.
'Bele,' fet il, 'si vus pleiseit
E cele joie me aveneit
Que vus me vousissez amer,
124 Ne savrïez rien comander
Que jeo ne face a mien poeir,
Turt a folie u a saveir.
Jeo f[e]rai voz comandemenz,
128 Pur vus guerpirai tutes genz.
Jamés ne queos de vus partir:
Ceo est la rien que plus desir.'
Quant la meschine oï parler
132 Celui que tant la peot amer,
S'amur e sun cors li otreie.
Ore est Lanval en dreite veie!
Un dun li ad duné aprés:
136 Ja cele rien ne vudra mes
Quë il nen ait a sun talent;
Doinst e despende largement,
Ele li troverat asez.
140 Mut est Lanval bien herbergez:
Cum plus despendra richement,
[E] plus avrat or e argent.
'Ami,' fet ele, 'or vus chasti,   *156a*
144 Si vus comant e si vus pri,
Ne vus descovrez a nul humme!
De ceo vus dirai ja la summe:
A tuz jurs m'avrïez perdue,
148 Se ceste amur esteit seüe;
Jamés ne me purriez veeir
Ne de mun cors seisine aveir.'
Il li respunt que bien tendra
152 Ceo que ele li comaundera.

Delez li s'est al lit cuchiez:
Ore est Lanval bien herbergez.
Ensemble od li la relevee
156   Demurat tresque a la vespree,
E plus i fust, së il poïst
E s'amie lui cunsentist.
'Amis,' fet ele, 'levez sus!
160   Vus n'i poëz demurer plus.
Alez vus en, jeo remeindrai;
Mes un[e] chose vus dirai:
Quant vus vodrez od mei parler,
164   Ja ne savrez cel liu penser,
U nuls puïst aver s'amie
Sanz reproece, sanz vileinie,
Que jeo ne vus seie en present
168   A fere tut vostre talent;
Nul hum fors vus ne me verra
Ne ma parole nen orra.'
Quant il l'oï, mut en fu liez,
172   Il la baisa, puis s'est dresciez.
Celes quë al tref l'amenerent
De riches dras le cunreerent;
Quant il fu vestu de nuvel,
176   Suz ciel nen ot plus bel dancel;
N'esteit mie fous ne vileins.
L'ewe li donent a ses meins   *156b*
E la tuaille a [es]suer;
180   Puis li [a]portent a manger.
Od s'amie prist le super:
Ne feseit mie a refuser.
Mut fu servi curteisement,
184   E il a grant joie le prent.
Un entremés i ot plener,
Que mut pleiseit al chevalier:
Kar s'amie baisout sovent
188   E acolot estreitement.
   Quant del manger furent levé,
Sun cheval li unt amené;
Bien li ourent la sele mise;

192   Mut ad trové riche servise.
       Il prent cungé, si est muntez;
       Vers la cité s'en est alez.
       Suvent esgarde ariere sei;
196   Mut est Lanval en grant esfrei;
       De s'aventure vait pensaunt
       E en sun curage dotaunt;
       Esbaïz est, ne seit que creir[e],
200   Il ne la quide mie a veir[e].
       Il est a sun ostel venuz;
       Ses humme[s] treve bien vestuz.
       Icele nuit bon ostel tient;
204   Mes nul ne sot dunt ceo li vient.
       N'ot en la vile chevalier
       Ki de surjur ait grant mestier,
       Quë il ne face a lui venir
208   E richement e bien servir.
       Lanval donout les riches duns,
       Lanval aquitout les prisuns,
       Lanval vesteit les jugleürs,
212   Lanval feseit les granz honurs:
       N'i ot estrange ne privé   *156c*
       A ki Lanval n'eüst doné.
       Mut ot Lanval joie e deduit:
216   U seit par jur u seit par nuit,
       S'amie peot veer sovent,
       Tut est a sun comandement.
         Ceo m'est avis, meïsmes l'an,
220   Aprés la feste seint Johan,
       D'ici qu'a trente chevalier
       S'erent alé esbanïer
       En un vergier desuz la tur
224   U la reïne ert a surjur;
       Ensemble od eus [esteit] Walwains
       E sis cusins, li beaus Ywains.
       E dist Walwains, li francs, li pruz,
228   Que tant se fist amer de tuz:
       'Par Deu, seignurs, nus feimes mal
       De nostre cumpainun Lanval,

Que tant est larges e curteis,
232   E sis peres est riches reis,
Que od nus ne l'avum amené.'
Atant sunt ariere turné;
A sun ostel revunt ariere,
236   Lanval ameinent par preere.
    A une fenestre entaillie
S'esteit la reïne apuïe;
Treis dames ot ensemble od li.
240   La maisnie le rei choisi;
Lanval conut e esgarda.
Une des dames apela;
Par li manda ses dameiseles,
244   Les plus quointes [e] les plus beles:
Od li s'irrunt esbainïer
La u cil erent al vergier.
Trente en menat od li e plus;
248   Par les degrez descendent jus.   *156d*
Les chevalers encuntre vunt,
Que pur eles grant joïë unt.
Il les unt prises par les mains;
252   Cil parlemenz n'ert pas vilains.
Lanval s'en vait a une part,
Mut luin des autres; ceo l'est tart
Que s'amie puïst tenir,
256   Baiser, acoler e sentir;
L'autrui joie prise petit,
Si il nen ad le suen delit.
Quant la reïne sul le veit,
260   Al chevaler en va tut dreit;
Lunc lui s'asist, si l'apela,
Tut sun curage li mustra:
'Lanval, mut vus ai honuré
264   E mut cheri e mut amé.
Tute m'amur poëz aveir;
Kar me dites vostre voleir!
Ma drüerie vus otrei;
268   Mut devez estre lié de mei.'
'Dame,' fet il, 'lessez m'ester!

Jeo n'ai cure de vus amer.
Lungement ai servi le rei;
272   Ne li voil pas mentir ma fei.
Ja pur vus ne pur vostre amur
Ne mesf[e]rai a mun seignur.'
La reïne s'en curuça,
276   Irie fu, si mesparla.
'Lanval,' fet ele, 'bien le quit,
Vuz n'amez gueres cel delit;
Asez le m'ad hum dit sovent
280   Que des femmez n'avez talent.
Vallez avez bien afeitiez,
Ensemble od eus vus deduiez.
Vileins cuarz, mauveis failliz,

157a

284   Mut est mi sires maubailliz
Que pres de lui vus ad suffert;
Mun escïent que Deus en pertl'
   Quant il l'oï, mut fu dolent;
288   Del respundre ne fu pas lent.
Teu chose dist par maltalent
Dunt il se repenti sovent.
'Dame,' dist il, 'de cel mestier
292   Ne me sai jeo nïent aidier;
Mes jo aim, [e] si sui amis
Cele ke deit aver le pris
Sur tutes celes que jeo sai.
296   E une chose vus dirai,
Bien le sachez a descovert:
Une de celes ke la sert,
Tute la plus povre meschine,
300   Vaut meuz de vus, dame reïne,
De cors, de vis e de beauté,
D'enseignement e de bunté.'
La reïne s'en part atant,
304   En sa chambrë en vait plurant.
Mut fu dolente e curuciee
De ceo k'il [l']out [si] avilee.
En sun lit malade cucha;
308   Jamés, ceo dit, ne levera,

Si li reis ne l'en feseit dreit
De ceo dunt ele se pleindreit.
   Li reis fu del bois repeiriez,
312   Mut out le jur esté haitiez.
As chambres la reïne entra.
Quant el le vit, si se clamma;
As piez li chiet, merci [li] crie
316   E dit que Lanval l'ad hunie:
De drüerie la requist;
Pur ceo que ele l'en escundist,   *157 b*
Mut [la] laidi e avila;
320   De tele amie se vanta,
Que tant iert cuinte e noble e fiere
Que meuz valut sa chamberere,
La plus povre que tant serveit,
324   Que la reïne ne feseit.
Li reis s'en curuçat forment,
Juré en ad sun serement:
S'il ne s'en peot en curt defendre,
328   Il le ferat arder u pendre.
Fors de la chambre eissi li reis,
De ses baruns apelat treis;
Il les enveie pur Lanval,
332   Quë asez ad dolur e mal.
A sun ostel fu revenuz;
Il s'est[eit] bien aparceüz
Qu'il aveit perdue s'amie:
336   Descovert ot la drüerie.
En une chambre fu tut suls,
Pensis esteit e anguissus;
S'amie apele mut sovent,
340   Mes ceo ne li valut neent.
Il se pleigneit e suspirot,
D'ures en autres se pasmot;
Puis li crie cent feiz merci
344   Que ele parolt a sun ami.
Sun quor e sa buche maudit;
C'est merveille k'il ne s'ocit.
Il ne seit tant crïer ne braire

348 Ne debatre ne sei detraire
    Que ele en veulle merci aveir
    Sul tant que la puisse veeir.
    Oi las, cument se cuntendra?
352   Cil ke li reis ci enveia,
    Il sunt venu, si li unt dit   *155 c*
    Que a la curt voise sanz respit:
    Li reis l'aveit par eus mandé,
356 La reïne l'out encusé.
    Lanval i vait od sun grant doel;
    Il l'eüssent ocis sun veoil.
    Il est devant le rei venu;
360 Mut fu dolent, taisanz e mu,
    De grant dolur mustre semblant.
    Li reis li dit par maltalant:
    'Vassal, vus me avez mut mesfait!
364 Trop començastes vilein plait
    De mei hunir e aviler
    E la reïne lendengier.
    Vanté vus estes de folie:
368 Trop par est noble vostre amie,
    Quant plus est bele sa meschine
    E plus vaillanz que la reïne.'
        Lanval defent la deshonur
372 E la hunte de sun seignur
    De mot en mot, si cum il dist,
    Que la reïne ne requist;
    Mes de ceo dunt il ot parlé
376 Reconut il la verité,
    De l'amur dunt il se vanta;
    Dolent en est, perdue l'a.
    De ceo lur dit qu'il en ferat
380 Quanque la curt esgarderat.
    Li reis fu mut vers lui irez;
    Tuz ses hummes ad enveiez
    Pur dire dreit qu'il en deit faire,
384 Que [hum] ne li puis[se] a mal retraire.
    Cil unt sun commandement fait,
    U eus seit bel, u eus seit lait.

Comunement i sunt alé
388   E unt jugé e esgardé   *157 d*
Que Lanval deit aveir un jur;
Mes plegges truisse a sun seignur
Qu'il atendra sun jugement
392   E revendra en sun present:
Si serat la curt esforcie[e],
Kar n'i ot dunc fors la maisne[e].
Al rei revienent li barun,
396   Si li mustr[er]ent la reisun.
Li reis ad plegges demandé.
Lanval fu sul e esgaré,
N'i aveit parent në ami.
400   Walwain i vait, ki l'a plevi,
E tuit si cumpainun aprés.
Li reis lur dit: 'E jol vus les
Sur quanke vus tenez de mei,
404   Teres e fieus, chescun par sei.'
Quant plevi fu, dunc n'[i] ot el.
Alez s'en est a sun ostel.
Li chevaler l'unt conveé;
408   Mut l'unt blasmé e chastïé
K'il ne face si grant dolur,
E maudïent si fol' amur.
Chescun jur l'aloënt veer,
412   Pur ceo k'il voleient saveir
U il beüst, u il mangast;
Mut dotouent k'il s'afolast.
    Al jur que cil orent numé
416   Li barun furent asemblé.
Li reis e la reïne i fu,
E li plegge unt Lanval rendu.
Mut furent tuz pur lui dolent:
420   Jeo quid k'il en i ot teus cent
Ki feïssent tut lur poeir
Pur lui sanz pleit delivre aveir;
Il iert retté a mut grant tort.   *158 a*
424   Li reis demande le recort
Sulunc le cleim e les respuns:

Ore est trestut sur les baruns.
Il sunt al jugement alé,
428 Mut sunt pensifs e esgaré
Del franc humme d'autre païs
Quë entre eus ert si entrepris.
Encumbrer le veulent plusur
432 Pur la volenté sun seignur.
Ceo dist li quoens de Cornwaille:
'Ja endreit nus n'i avra faille;
Kar ki que en plurt e ki que en chant,
436 Le dreit estuet aler avant.
Li reis parla vers sun vassal,
Que jeo vus oi numer Lanval;
De felunie le retta
440 E d'un mesfait l'acheisuna,
D'un' amur dunt il se vanta,
E ma dame s'en curuça.
Nuls ne l'apele fors le rei:
444 Par cele fei ke jeo vus dei,
Ki bien en veut dire le veir,
Ja n'i deüst respuns aveir,
Si pur ceo nun que a sun seignur
448 Deit hum par tut fairë honur.
Un serement l'engagera,
E li reis le nus pardura.
E s'il peot aver sun guarant
452 E s'amie venist avant
E ceo fust veir k'il en deïst,
Dunt la reïne se marist,
De ceo avra il bien merci,
456 Quant pur vilté nel dist de li.
E s'il ne peot garant aveir,
Ceo li devum faire saveir: *158 b*
Tut sun servise pert del rei,
460 E sil deit cungeer de sei.'
Al chevaler unt enveé,
Si li unt dit e nuntïé
Que s'amie face venir
464 Pur lui tencer e garentir.

Il lur dit quë il ne poeit:
Ja pur li sucurs nen avreit.
Cil s'en revunt as jugeürs,
468 Ki n'i atendent nul sucurs.
Li reis les hastot durement
Pur la reïne kis atent.

    Quant il deveient departir,
472 Deus puceles virent venir
Sur deus beaus palefreiz amblaz.
Mut par esteient avenanz;
De cendal purpre sunt vestues
476 Tut senglement a lur char nues.
Cil les esgardent volenters.
Walwain, od lui treis chevalers,
Vait a Lanval, si li cunta,
480 Les deus puceles li mustra.
Mut fu haitié, forment li prie
Qu'il li deïst si c'ert [s]'amie.
Il lur ad dit ne seit ki sunt
484 Ne dunt vienent ne u eles vunt.
Celes sunt alees avant
Tut a cheval; par tel semblant
Descendirent devant le deis,
488 La u seeit Artur li reis.
Eles furent de grant beuté,
Si unt curteisement parlé:
'Reis, fai tes chambres delivrer
492 E de pailes encurtiner,
U ma dame puïst descendre:
Ensemble od vus veut ostel prendre.'
Il lur otria volenters,
496 Si appela deus chevalers:
As chambres les menerent sus.
A cele feiz ne distrent plus.

    Li reis demande a ses baruns
500 Le jugement e les respuns
E dit que mut l'unt curucié
De ceo que tant l'unt delaié.
'Sire,' funt il, 'nus departimes.

158 c

504   Pur les dames que nus veïmes
      Nus n'i avum nul esgart fait.
      Or recumencerum le plait.'
      Dunc assemblerent tut pensif;
508   Asez i ot noise e estrif.
         Quant il ierent en cel esfrei,
      Deus puceles de gent cunrei—
      Vestues de deus pailes freis,
512   Chevauchent deus muls espanneis—
      Virent venir la rue aval.
      Grant joie en eurent li vassal;
      Entre eus dïent que ore est gariz
516   Lanval li pruz e li hardiz.
      Yweins i est a lui alez,
      Ses cumpainuns i ad menez.
      'Sire,' fet il, 'rehaitiez vus!
520   Pur amur Deu, parlez od nus!
      Ici vienent deus dameiseles
      Mut acemees e mut beles:
      C'est vostre amie vereiment!'
524   Lanval respunt hastivement
      E dit qu'il pas nes avuot
      Ne il nes cunut ne nes amot.
      Atant furent celes venues,
528   Devant le rei sunt descendues.   *158 d*
      Mut les loërent li plusur
      De cors, de vis e de colur;
      N'i ad cele meuz ne vausist
532   Que unkes la reïne ne fist.
      L'aisnee fu curteise e sage,
      Avenantment dist sun message:
      'Reis, kar nus fai chambres baillier
536   A oés ma dame herbergier;
      Ele vient ci a tei parler.'
      Il les cumandë a mener
      Od les autres quë ainceis vindrent.
540   Unkes des muls nul plai[t] ne tindrent.
      Quant il fu d'eles delivrez,
      Puis ad tuz ses baruns mandez

Que le jugement seit renduz:

544 Trop ad le jur esté tenuz;
La reïne s'en curuceit,
Que si lunges les atendeit.
    Ja departissent a itant,

548 Quant par la vile vient errant
Tut a cheval une pucele,
En tut le secle n'ot plus bele.
Un blanc palefrei chevachot,

552 Que bel e süef la portot:
Mut ot bien fet e col e teste,
Suz ciel nen ot plus bele beste.
Riche atur ot al palefrei:

556 Suz ciel nen ad cunte ne rei
Ki tut [le] peüst eslegier
Sanz tere vendre u engagier.
Ele iert vestue en itel guise:

560 De chainsil blanc e de chemise,
Que tuz les costez li pareient,
Que de deus parz laciez esteient.
Le cors ot gent, basse la hanche,   *159 a*

564 Le col plus blanc que neif sur branche,
Les oilz ot vairs e blanc le vis,
Bele buche, neis bien asis,
Les surcilz bruns e bel le frunt

568 E le chef cresp e aukes blunt;
Fil d'or ne gette tel luur
Cum si chevel cuntre le jur.
Sis manteus fu de purpre bis;

572 Les pans en ot entur li mis.
Un espervier sur sun poin tient,
E un levrer aprés li vient.
Il n'ot al burc petit ne grant

576 Ne li veillard ne li enfant
Que ne l'alassent esgarder.
Si cum il la veent errer,
De sa beauté n'iert mie gas.

580 Ele veneit meins que le pas.
Li jugeür, que la veeient,

A [grant] merveille le teneient;
Il n'ot un sul ki l'esgardast
584 De dreite joie n'eschaufast.
Cil ki le chevaler amoënt
A lui vienent, si li cuntouent
De la pucele ki veneit,
588 Si Deu plest, quel delivereit:
'Sire cumpain, ci en vient une,
Mes el n'est pas fave ne brune;
Ceo [e]st la plus bele del mund,
592 De tutes celes kë i sunt.'
Lanval l'oï, sun chief dresça;
Bien la cunut, si suspira.
Li sanc li est munté al vis;
596 De parler fu aukes hastifs.
'Par fei,' fet il, 'ceo est m'amie!
Or m'en est gueres ki m'ocie,
Si ele n'ad merci de mei;
600 Kar gariz sui, quant jeo la vei.'
La damë entra al palais;
Unques si bele n'i vient mais.
Devant le rei est descendue
604 Si que de tuz iert bien veüe.
Sun mantel ad laissié chaeir,
Que meuz la puïssent veer.
Li reis, que mut fu enseigniez,
608 Il s'est encuntre li dresciez,
E tuit li autre l'enurerent,
De li servir se presenterent.
Quant il l'orent bien esgardee
612 E sa beauté forment loëe,
Ele parla en teu mesure,
Kar de demurer nen ot cure:
'Reis, j'ai amé un tuen vassal:
616 Veez le cil ceo est Lanval!
Acheisuné fu en ta curt—
Ne vuil mie que a mal li turt—
De ceo qu'il dist; ceo sachez tu
620 Que la reïne ad tort eü:

159 b

Unques nul jur ne la requist.
De la vantance kë il fist,
Si par me peot estre aquitez,
624   Par voz baruns seit delivrez!'
Ceo qu'il en jugerunt par dreit
Li reis otrie ke issi seit.
N'i ad un sul que n'ait jugié
628   Que Lanval ad tut desrainié.
Delivrez est par lur esgart,
E la pucele s'en depart.
Ne la peot li reis retenir;
632   Asez gent ot a li servir.
Fors de la sale aveient mis
Un grant perrun de marbre bis,
U li pesant humme muntoënt,
626   Que de la curt le rei aloënt:
Lanval esteit munté desus.
Quant la pucele ist fors a l'us,
Sur le palefrei detriers li
640   De plain eslais Lanval sailli.
Od li s'en vait en Avalun,
Ceo nus recuntent li Bretun,
En un isle que mut est beaus;
644   La fu ravi li dameiseaus.
Nul hum n'en oï plus parler,
Ne jeo n'en sai avant cunter.

159 c

VI. LES DEUS AMANZ

Jadis avint en Normendie
Une aventure mut oïe
De deus enfanz que s'entr'amerent;
Par amur ambedeus finerent.
Un lai en firent li Bretun:
De Deus Amanz recuilt le nun.

Verité est kë en Neustrie,
Que nus apelum Normendie,
Ad un haut munt merveilles grant:
La sus gisent li dui enfant.
Pres de cel munt a une part
Par grant cunseil e par esgart
Une cité fist faire uns reis
Quë esteit sire de Pistreis;
Des Pistreins la fist [il] numer
E Pistre la fist apeler.
Tuz jurs ad puis duré li nuns;
Uncore i ad vile e maisuns.
Nus savum bien de la contree,
Li vals de Pistrë est nomee.
Li reis ot une fille bele
[E] mut curteise dameisele.   *159 d*
Cunfortez fu par la meschine,
Puis que perdue ot la reïne.
Plusurs a mal li aturnerent,
Li suen meïsme le blamerent.
Quant il oï que hum en parla,
Mut fu dolent, mut li pesa;
Cumença sei a purpenser
Cument s'en purrat delivrer
Que nul sa fille ne quesist.
[E] luinz e pres manda e dist:
Ki sa fille vodreit aveir,
Une chose seüst de veir:
Sortit esteit e destiné,

36 Desur le munt fors la cité
   Entre ses braz la portereit,
   Si que ne se reposereit.
   Quant la nuvelë est seüe
40 E par la cuntree espandue,
   Asez plusurs s'i asaierent,
   Que nule rien n'i espleiterent.
   Teus [i ot] que tant s'esforçouent
44 Quë en mi le munt la portoënt;
   Ne poeient avant aler,
   Iloec l'esteut laissier ester.
   Lung tens remist cele a doner,
48 Que nul ne la volt demander.
      Al païs ot un damisel,
   Fiz a un cunte, gent e bel;
   De bien faire pur aveir pris
52 Sur tuz autres s'est entremis.
   En la curt le rei conversot,
   Asez sovent i surjurnot;
   [E] la fillë al rei ama,
56 E meintefeiz l'areisuna   *160 a*
   Que ele s'amur li otriast
   E par drüerie l'amast.
   Pur ceo ke pruz fu e curteis
60 E que mut le presot li reis,
   [Li otria sa drüerie,
   E cil humblement l'en mercie.]
   Ensemble parlerent sovent
64 E s'entr'amerent lëaument
   E celerent a lur poeir,
   Que hum nes puïst aparceveir.
   La suffrance mut lur greva;
68 Mes li vallez se purpensa
   Que meuz en volt les maus suffrir
   Que trop haster e dunc faillir.
   Mut fu pur li amer destreiz.
72 Puis avient si que a une feiz
   Que a s'amie vient li danzeus,
   Que tant est sages, pruz e beus;

Sa pleinte li mustrat e dist:
76 Anguissusement li requist
Que s'en alast ensemble od lui,
Ne poeit mes suffrir l'enui;
S'a sun pere la demandot,
80 Il saveit bien que tant l'amot
Que pas ne li vodreit doner,
Si il ne la puïst porter
Entre ses braz en sum le munt.
84 La damisele li respunt:
'Amis,' fait ele, 'jeo sai bien,
Ne m'i porterïez pur rien:
N'estes mie si vertuus.
88 Si jo m'en vois ensemble od vus,
Mis pere avreit e doel e ire,
Ne vivreit mie sanz martire,
Certes, tant l'eim e si l'ai chier,
92 Jeo nel vodreie curucier.
Autre cunseil vus estuet prendre,
Kar cest ne voil jeo pas entendre.   *160 b*
En Salerne ai une parente,
96 Riche femme, mut ad grant rente;
Plus de trente anz i ad esté.
L'art de phisike ad tant usé
Que mut est saives de mescines:
100 Tant cunust herbes e racines,
Si vus a li volez aler
E mes lettres od vus porter
E mustrer li vostre aventure,
104 Ele en prendra cunseil e cure;
Teus lettuaires vus durat
E teus beivres vus baillerat
Que tut vus recunforterunt
108 E bone vertu vus durrunt.
Quant en cest païs revendrez,
A mun pere me requerez;
Il vus en tendrat pur enfant,
112 Si vus dirat le cuvenant
Que a nul humme ne me durrat,

Ja cele peine n'i mettrat,
S'al munt ne me peüst porter
116   Entre ses braz sanz resposer.'
Li vallez oï la novele
E le cunseil a la pucele;
Mut en fu liez, si l'en mercie;
120   Cungé demandë a s'amie,
      En sa cuntree en est alez.
Hastivement s'est aturnez
De riche[s] dras e de deniers,
124   De palefreiz e de sumers;
De ses hummes les plus privez
Ad li danzeus od sei menez.
A Salerne vait surjurner,
128   A l'aunte s'amie parler.
De sa part li dunat un brief.   *1606*
Quant el l'ot lit de chief en chief,
Ensemble od li l'a retenu
132   Tant que sun estre ad tut seü.
Par mescines l'ad esforcié,
Un tel beivre li ad baillié,
Ja ne serat tant travaillez
136   Ne si ateint ne si chargiez,
Ne li resfreschist tut le cors,
Neïs les vaines ne les os,
E qu'il nen ait tute vertu,
140   Si tost cum il l'avra beü.
Puis le remeine en sun païs.
Le beivre ad en un vessel mis.
      Li damiseus, joius e liez,
144   Quant ariere fu repeiriez,
Ne surjurnat pas en la tere.
Al rei alat sa fille quere,
Qu'il li donast, il la prendreit,
148   En sum le munt la portereit.
Li reis ne l'en escundist mie;
Mes mut le tint a grant folie,
Pur ceo qu'il iert de jeofne eage:
152   Tant produm[e] vaillant e sage

Unt asaié icel afaire
Ki n'en purent a nul chef traire.
Terme li ad numé e pris,
156 Ses humme[s] mande e ses amis
E tuz ceus k'il poeit aveir:
N'en i laissa nul remaneir.
Pur sa fille [e] pur le vallet,
160 Ki en aventure se met
De li porter en sum le munt,
De tutes parz venuz i sunt.
La dameisele s'aturna:
164 Mut se destreint, mut jeüna   *160 d*
A sun manger pur alegier,
Que a sun ami voleit aidier.
Al jur quant tuz furent venu,
168 Li damisels primer i fu;
Sun beivre n'i ublia mie.
Devers Seigne en la praerie
En la grant gent tut asemblee
172 Li reis ad sa fille menee.
N'ot drap vestu fors la chemise;
Entre ses braz l'aveit cil prise.
La fiolete od tut sun beivre—
176 Bien seit que el nel vout pas deceivre—
En sa mein [a] porter li baille;
Mes jo creim que poi [ne] li vaille,
Kar n'ot en lui point de mesure.
180 Od li s'en veit grant aleüre,
Le munt munta de si qu'en mi.
Pur la joie qu'il ot de li
De sun beivre ne li membra.
184 Ele senti qu'il alassa.
'Amis,' fet ele, 'kar bevez!
Jeo sai bien que vus [a]lassez:
Si recuvrez vostre vertu!'
188 Li damisel ad respundu:
'Bele, jo sent tut fort mun quer:
Ne m'arestereie a nul fuer
Si lungement que jeo beüsse,

192   Pur quei treis pas aler peüsse.
        Ceste gent nus escrïereient,
        De lur noise m'esturdireient;
        Tost me purreient desturber.
196   Jo ne voil pas ci arester.'
        Quant les deus parz fu munté sus,
        Pur un petit qu'il ne chiet jus.
        Sovent li prie la meschine: 161 a
200   'Ami, bevez vostre mescinel'
        Ja ne la volt oïr ne creire;
        A grant anguisse od tut l[i] eire.
        Sur le munt vint, tant se greva,
204   Ileoc cheï, puis ne leva;
        Li quors del ventre s'en parti.
        La pucele vit sun ami,
        Quida k'il fust en paumeisuns;
208   Lez lui se met en genuilluns,
        Sun beivre li voleit doner;
        Mes il ne pout od li parler.
        Issi murut cum jeo vus di.
212   Ele le pleint a mut haut cri;
        Puis ad geté e espaundu
        Li veissel u le beivre fu.
        Li muns en fu bien arusez,
216   Mut en ad esté amendez
        Tut le païs e la cuntree:
        Meinte bone herbe i unt trovee,
        Ki del beivrë orent racine.
220   Or vus dirai de la meschine:
        Puis que sun ami ot perdu,
        Unkes si dolente ne fu;
        Lez lui se cuchë e estent,
224   Entre ses braz l'estreint e prent,
        Suvent li baisë oilz e buche;
        Li dols de lui al quor la tuche.
        Ilec murut la dameisele,
228   Que tant ert pruz e sage e bele.
        Li reis e cil kis atendeient,
        Quant unt veü qu'il ne veneient,

Vunt aprés eus, sis unt trovez.
232　Li reis chiet a tere paumez.
Quant pot parler, grant dol demeine,
E si firent la gent foreine.　　*161 b*
Treis jurs les unt tenu sur tere.
236　Sarcu de marbre firent quere,
Les deus enfanz unt mis dedenz.
Par le cunseil de cele genz
[De]sur le munt les enfuïrent,
240　E puis atant se departirent.
　　Pur l'aventure des enfaunz
Ad nun li munz des Deus Amanz.
Issi avint cum dit vus ai;
244　Li Bretun en firent un lai.

Puis que des lais ai comencé,
Ja n'iert par mun travail laissé:
Les aventures que j'en sai
4 Tut par rime les cunterai.
En pensé ai e en talent
Que d'Iwenec vus die avant,
Dunt il fu nez, e de sun pere
8 Cum il vint primes a sa mere;
Cil ki engendra Yuuenec
Aveit a nun Muldumarec.
    En Bretain[e] maneit jadis
12 Un riches hum viel e antis;
De Carwent fu avouez
E del païs sire clamez.
La cité siet sur Düelas;
16 Jadis i ot de nes trespas.
Mut fu trespassez en eage.
Pur ceo k'il ot bon heritage,
Femme prist pur enfanz aveir,
20 Quë aprés lui fuissent si heir.
De haute gent fu la pucele,
Sage, curteise e forment bele,
Quë al riche hume fu donee.
24 Pur sa beauté l'ad mut amee.
De ceo kë ele ert bele e gente,   *161 c*
En li garder mist mut s'entente:
Dedenz sa tur l'ad enserree
28 En une grant chambre pavee.
Il ot une sue serur,
Veillë e vedve, sanz seignur;
Ensemble od la dame l'ad mise
32 Pur li tenir meuz en justise.
Autres femmes i ot, ceo crei,
En un' autre chambre par sei;
Mes ja la dame n'i parlast,

36 Si la vielle ne comandast.
        Issi la tient plus de set anz—
    Unques entre eus n'eurent enfanz—
    Ne fors de cele tur ne eissi
40 Ne pur parent ne pur ami.
    Quant li sires se ala cuchier,
    N'i ot chamberlenc ne huisser
    Ki en la chambre osast entrer
44 Ne devant lui cirge alumer.
    Mut ert la dame en grant tristur;
    Od lermes, od suspir e plur
    Sa beuté pert en teu mesure
48 Cume cele que n'en ad cure.
    De sei meïsme meuz vousist
    Que mort hastive la preisist.
        Ceo fu al meis de avril entrant,
52 Quant cil oisel meinent lur chant.
    Li sires fu matin levez;
    De aler en bois s'est aturnez.
    La viellë ad fet lever sus
56 E aprés lui fermer les hus.
    Cele ad fet sun comandement.
    Li sires s'en vet od sa gent.
    La vielle portot sun psauter,
60 U ele voleit verseiller.   *161 d*
    La dame en plur e en esveil
    Choisi la clarté del soleil.
    De la vielle est aparceüe
64 Que de la chambre esteit eissue.
    Mut se pleineit e suspirot
    E en plurant se dementot.
    'Lasse,' fait ele, 'mar fui nee!
68 Mut est dure ma destinee!
    En ceste tur sui en prisun,
    Ja n'en istrai si par mort nun.
    Cist viel gelus, de quei se crient,
72 Quë en si grant prisun me tient?
    Mut par est fous e esbaïz,
    Il crient tuz jurs estre trahiz.

Jeo ne puis al muster venir
76 Ne le servise Deu oïr.
Si jo puïsse od gent parler
E en deduit od eus aler,
Jo li mustrasse beu semblant,
80 Tut n'en eüsse jeo talant.
Malëeit seient mi parent
E li autre communalment
Ki a cest gelus me donerent
84 E a sun cors me marïerent!
A forte corde trai e tir!
Il ne purrat jamés murir.
Quant il dut estre baptiziez,
88 Si fu al flum d'enfern plungiez:
Dur sunt li nerf, dures les veines,
Que de vif sanc sunt tutes pleines.
Mut ai sovent oï cunter
92 Que l'em suleit jadis trover
Aventures en cest païs,
Ki rechatouent les pensis:
Chevalers trovoënt puceles   *162a*
96 A lur talent gentes e beles,
E dames truvoënt amanz
Beaus e curteis, [pruz] e vaillanz,
Si que blamees n'en esteient,
100 Ne nul fors eles nes veeient.
Si ceo peot estrë e ceo fu,
Si unc a nul est avenu,
Deu, ki de tut ad poësté,
104 Il en face ma volenté!'
   Quant ele ot faite pleinte issi,
L'umbre d'un grant oisel choisi
Par mi une estreite fenestre.
108 Ele ne seit quei ceo pout estre.
En la chambre volant entra;
Gez ot as piez, ostur sembla,
De cinc mues fu u de sis.
112 Il s'est devant la dame asis.
Quant il i ot un poi esté

E ele l'ot bien esgardé,
Chevaler bel e gent devint.
116   La dame a merveille le tint;
Li sans li remut e fremi,
Grant poür ot, sun chief covri.
Mut fu curteis li chevalers:
120   Il l'en areisunat primers.
'Dame,' fet il, 'n'eiez poür!
Gentil oisel ad en ostur;
Si li segrei [vus] sunt oscur,
124   Gardez ke seiez a seür,
Si fetes de mei vostre ami!
Pur ceo,' fet il, 'vienc jeo [i]ci.
Jeo vus ai lungement amé
128   E en mun quor mut desiré;
Unques femme fors vus n'amai
Ne jamés autre ne amerai.
Mes ne poeie a vus venir
132   Ne fors de mun païs eissir,
Si vus ne me eüssez requis.
Or puis bien estre vostre amis!'
La dame se raseüra,
136   Sun chief descovri, si parla;
Le chevaler ad respundu
E dit qu'ele en ferat sun dru,
S'en Deu creïst e issi fust
140   Que lur amur estre peüst.
Kar mut esteit de grant beauté:
Unkes nul jur de sun eé
Si beals chevaler ne esgarda
144   Ne jamés si bel ne verra.
'Dame,' dit il, 'vus dites bien.
Ne vodreie pur nule rien
Que de mei i ait acheisun,
148   Mescreauncë u suspesçun.
Jeo crei mut bien al Creatur,
Que nus geta de la tristur,
U Adam nus mist, nostre pere,
152   Par le mors de la pumme amere;

162 b

Il est e ert e fu tuz jurs
Vie e lumere as pecheürs.
Si vus de ceo ne me creez,
156   Vostre chapelain demandez;
Dites ke mal vus ad susprise,
Si volez aver le servise
Que Deus ad el mund establi,
160   Dunt li pecheür sunt gari;
La semblance de vus prendrai,
Le cors [Damne]deu recevrai,
Ma creance vus dirai tute;
164   Ja de ceo ne seez en dute!'
El li respunt que bien ad dit.   *162 c*
Delez li s'est cuché al lit;
Mes il ne vout a li tucher
168   [Ne] de acoler ne de baiser.
Atant la veille est repeirie;
La dame trovat esveillie,
Dist li que tens est de lever;
172   Ses dras li voleit aporter.
La dame dist que ele est malade,
Del chapelain [se] prenge garde,
Sil face tost a li venir,
176   Kar grant poür ad de murir.
La veille dist: 'Or vus suffrez!
Mis sires est al bois alez;
Nul n'enterra ça enz fors mei.'
180   Mut fu la dame en grant esfrei;
Semblant fist que ele se pasma.
Cele le vit, mut s'esmaia.
L'us de la chambre ad defermé,
184   Si ad le prestre demandé;
E cil i vint cum plus tost pot,
Corpus domini aportot.
Li chevaler l'ad receü,
188   Le vin del chalice beü.
Li chapeleins s'en est alez,
E la vielle ad les us fermez.
La dame gist lez sun ami:

192 Unke si bel cuple ne vi.
      Quant unt asez ris e jüé
      E de lur priveté parlé,
      Li chevaler ad cungé pris;
196 Raler s'en volt en sun païs.
      Ele le prie ducement
      Quë il la reveie sovent.
      'Dame,' fet il, 'quant vus plerra,
200 Ja l'ure ne trespassera.   *162 d*
      Mes tele mesure esgardez
      Que nus ne seium encumbrez:
      Ceste vielle nus traïra,
204 [E] nuit e jur nus gaitera.
      Ele parcevra nostre amur,
      Sil cuntera a sun seignur.
      Si ceo avi[e]nt cum jeo vus di,
208 [E] nus serum issi trahi,
      Ne m'en puis mie departir,
      Que mei nen estuce murir.'
         Li chevalers atant s'en veit,
212 A grant joie s'amie leit.
      Al demain lieve tute seine;
      Mut fu haitie la semeine.
      Sun cors teneit a grant chierté,
216 Tute recovre sa beauté.
      Or li plest plus a surjurner
      Que en nul autre deduit aler.
      Sun ami volt suvent veer
220 E de lui sun delit aveir
      Desque sis sires [s'en] depart,
      E nuit e jur e tost e tart,
      Ele l'ad tut a sun pleisir.
224 Or li duinst Deus lunges joïrl
      Pur la grant joie u ele fu,
      Que ot suvent pur veer sun dru,
      Esteit tut sis semblanz changez.
228 Sis sire esteit mut veiz[ï]ez:
      En sun curage se aparceit
      Que autrement est k'i[l] ne suleit;

Mescreance ad vers sa serur.
232   Il la met a reisun un jur
E dit que mut [a] grant merveille
Que la dame si se appareille;
Demande li que ceo deveit.
236   La vielle dit que el ne saveit—
Kar nul ne pot parler od li,
Në ele n'ot dru në ami—
Fors tant que sule remaneit
240   Plus volenters que el ne suleit;
De ceo s'esteit aparceüe.
Dunc l'ad li sires respundue:
'Par fei,' fet il, 'ceo qui jeo bien!
244   Or vus estuet fere une rien:
Al matin, quant jeo erc levez
E vus avrez les hus fermez,
Fetes semblant de fors eissir,
248   Si la lessez sule gisir;
En un segrei liu vus estez,
E si veez e esgardez
Quei ceo peot estre e dunt ço vient
252   Ki en si grant joie [la] tient.'
De cel cunseil sunt departi.
Allas! cum ierent malbailli
Cil ki l'un veut si agaitier
256   Pur eus traïr e enginner!
     Tiers jur aprés, ceo oi cunter,
Fet li sires semblant de errer.
A sa femme ad dit e cunté
260   Que li reis [l]'ad par briefs mandé;
Mes hastivement revendra.
De la chambre ist e l'us ferma.
Dunc s'esteit la vielle levee,
264   Triers une cortine est alee;
Bien purrat oïr e veer
Ceo que ele cuveite a saver.
La dame jut; pas ne dormi,
268   Kar mut desire sun ami.
Venuz i est, pas ne demure,

163a

Ne trespasse terme në hure.   *163 b*
Ensemble funt joie mut grant,
272   E par parole e par semblant,
De si ke tens fu de lever;
Kar dunc li estuveit aler.
Cele le vit, si l'esgarda,
276   Coment il vient e il ala;
De ceo ot ele grant poür
Que hume le vit e pus ostur.
Quant li sires fu repeirez,
280   Que gueres n'esteit esluignez,
Cele li ad dit e mustré
Del chevalier la verité;
E il en est forment pensifs.
284   Des engins faire fu hastifs
A ocire le chevalier.
Broches de fer fist [granz] forgier
E acerer le chief devant:
288   Suz ciel n'ad rasur plus trenchant.
Quant il les ot apparailliees
E de tutes parz enfurchiees,
Sur la fenestre les ad mises,
292   Bien serreies e bien asises,
Par unt le chevaler passot,
Quant a la dame repeirot.
Deus! qu'il ne sout la traïsun
296   Quë aparaillot le felun.
      Al demain en la matinee
Li sires lieve ainz l'ajurnee
E dit qu'il vot aler chacier.
300   La vielle le vait cunveer,
Puis se recuche pur dormir,
Kar ne poeit le jur choisir.
La dame veille, si atent
304   Celui que ele eime lëalment,
E dit que or purreit bien venir   *163 c*
E estre od li tut a leisir.
Si tost cum el l'ad demandé,
308   N'i ad puis gueres demuré:

En la fenestre vient volant,
Mes les broches furent devant;
L'une le fiert par mi le cors,
312   Li sanc vermeil en eissi fors.
Quant il se sot de mort nafré,
Desferré tut enz est entré;
Devant la dame al lit descent,
316   Que tut li drap furent sanglent.
Ele veit le sanc e la plaie,
Mut anguissusement s'esmaie.
Il li ad dit: 'Ma duce amie,
320   Pur vostre amur perc jeo la vie;
Bien le vus dis qu'en avendreit:
Vostre semblant nus ocireit.'
Quant el l'oï, dunc chiet pasmee;
324   Tute fu morte une loëe.
Il la cunforte ducement
E dit que dols n'i vaut nïent;
De lui est enceinte d'enfant,
328   Un fiz avra pruz e vaillant:
Icil [la] recunforterat;
Yonec numer le f[e]rat,
Il vengerat [e] lui e li,
332   Il oscirat sun enemi.
Il ne peot dunc demurer mes,
Kar sa plaie seignot adés.
A grant dolur s'en est partiz.
336   Ele le siut a mut grant criz.
Par une fenestre s'en ist;
C'est merveille k'el ne s'ocist,
Kar bien aveit vint piez de haut
340   Iloec u ele prist le saut.   *163 d*
Ele esteit nue en sa chemise.
A la trace del sanc s'est mise,
Que del chevaler [de]curot
344   Sur le chemin u ele alot.
Icel senti[e]r errat e tient,
De s[i] que a une hoge vient.
En cele hoge ot une entree,

348 De cel sanc fu tute arusee;
    Ne pot nïent avant veer.
    Dunc quidot ele bien saver
    Que sis amis entré i seit;
352 Dedenz se met en grant espleit.
    El n'i trovat nule clarté.
    Tant ad le dreit chemin erré
    Que fors de la hoge [est] issue
356 E en un mut bel pre venue;
    [Del sanc trova l'erbe muilliee,
    Dunc s'est ele mut esmaiee;]
    La trace en siut par mi le pre.
360 Asez pres ot une cité;
    De mur fu close tut entur;
    N'i ot mesun, sale ne tur,
    Que ne parust tute d'argent;
364 Mut sunt riche li mandement.
    Devers le burc sunt li mareis
    E les forez e les difeis.
    De l'autre part vers le dunjun
368 Curt une ewe tut envirun;
    Ileoc arivoënt les nefs,
    Plus i aveit de treis cent tres.
    La porte aval fu desfermee;
372 La dame est en la vile entree
    Tuz jurs aprés le sanc novel
    Par mi le burc deske al chastel.
    Unkes nul a li ne parla;
376 Humme ne femme n'i trova.
    Al paleis vient al paviment,   *164a*
    Del sanc [le] treve tut sanglent.
    En une bele chambre entra;
380 Un chevaler dormant trova,
    Nel cunut pas, si vet avant
    En un' autre chambre plus grant;
    Un lit trevë e nïent plus,
384 Un chevaler dormant desus.
    Ele s'en est utre passee;
    En la tierce chambre est entree,

Le lit sun ami ad trové.
388   Li pecul sunt de or esmeré;
Ne sai mie les dras preisier;
Li cirgë e li chandelier,
Que nuit e jur sunt alumé,
392   Valent tut l'or d'une cité.
Si tost cum ele l'ad veü,
Le chevaler ad cuneü.
Avant alat tut esfrëe[e],
396   Par desus lui cheï pasmee.
Cil la receit que forment l'aime,
Maleürus sovent se claime.
Quant de pasmer fu trespassee,
400   Il l'ad ducement cunfortee:
'Bele amie, pur Deu, merci!
Alez vus en! Fuiez d'ici!
Sempres murai devant le jur;
404   Ci einz avrat si grant dolur,
Si vus [i] esteiez trovee,
Mut en serïez turmentee:
Bien iert entre ma gent seü
408   Que me unt par vostre amur perdu.
Pur vus sui dolent e pensis.'
La dame li ad dit: 'Amis,
Meuz voil ensemble od vus murir
412   Que od mun seignur peine suffrir.   *164 b*
S'a lui revois, il me ocira.'
Li chevalier l'aseüra.
Un anelet li ad baillé,
416   Si li ad dit e enseigné:
Ja, tant cum el le gardera,
A sun seignur n'en membera
De nule rien que fete seit,
420   Ne ne l'en tendrat en destreit.
S'espee li cumande e rent,
Puis la cunjurë e defent
Que ja nul hum n'en seit saisiz,
424   Mes bien la gart a oés sun fiz.
Quant il serat creüz e grant

E chevalier pruz e vaillant,
A une feste u ele irra,
428 Sun seignur e lui amerra.
En une abbeïe vendrunt;
Par une tumbe k'il verrunt
Orrunt renoveler sa mort
432 E cum il fu ocis a tort.
Ileoc li baillerat s'espeie.
L'aventure li seit cuntee
Cum il fu nez, ki le engendra;
436 Asez verrunt k'il en fera.
Quant tut li ad dit e mustré,
Un chier bliant li ad doné,
Si li cumandë a vestir;
440 Puis l'ad fete de lui partir.
Ele s'en vet, l'anel en porte
E l'espee ki la cunforte.
A l'eissue de la cité
444 N'ot pas demie liwe erré,
Quant ele oï les seins suner
E le doel al chastel mener;
De la dolur quë ele en ad
448 Quatre fïees se pasmad.
E quant de paumesuns revient,
Vers la hoge sa veie tient;
Dedenz entra, si est passee,
452 Si s'en reveit en sa cuntree.
Ensemblement od sun seignur
Aprés [i] demurat meint jur,
Que de cel fet ne la retta
456 Ne ne mesdist ne ne gaba.
    Lur fiz fu nez e bien nuriz
E bien gardez e bien cheriz.
Yonec le firent numer;
460 El regne ne pot hom trover
Si bel, si pruz e si vaillant
E larges e bien despendant.
Quant il fu venuz en eez,
464 A chevaler l'unt [a]dubez.

164 c

A l'an meïsmes que ceo fu,
Oëz cum[ent] est avenu!
   A la feste seint Aaron,
468   C'on selebrot a Karlïon
E en plusurs autres citez,
Li sire aveit esté mandez
Qu'il i alast od ses amis
472   A la custume del païs;
Sa femme e sun fiz i menast
E richement s'aparaillast.
Issi avint, alez i sunt;
476   Mes il ne seivent u il vunt.
Ensemble od eus ot un meschin,
Kis ad mené le dreit chemin,
Tant qu'il viendrent a un chastel;
480   En tut le siecle n'ot plus bel.
Une abbeïe i ot dedenz
De mut religïuses genz.   *164 d*
Li vallez les i herberga,
484   Quë a la feste les mena.
En la chambre que fu l'abbé
Bien sunt servi e honuré.
A demain vunt la messe oïr;
488   Puis s'en voleient departir.
Li abes vet od eus parler,
Mut les prie de surjurner;
Si lur must[er]rat sun dortur,
492   Sun chapitre, sun refeitur,
E cum il sunt [bien] herbergiez.
Li sires lur ad otrïez.
   Le jur quant il orent digné,
496   As officines sunt alé.
Al chapitre vindrent avant;
Une tumbe troverent grant
Covert[e] de un paile roé,
500   De un chier orfreis par mi bendé.
Al chief, as piez e as costez
Aveit vint cirges alumez.
De or fin erent li chandelier,

504 D'ametiste li encensier,
    Dunt il encensouent le jur
    Cele tumbe pur grant honur.
    Il unt demandé e enquis
508 Icels ki erent del païs
    De la tumbe ki ele esteit,
    E queil hum fu ki la giseit.
    Cil comencerent a plurer
512 E en plurant a recunter
    Que c'iert le meudre chevalier
    E le plus fort e le plus fier,
    Le plus beaus [e] le plus amez
516 Que jamés seit el secle nez.
    De ceste tere ot esté reis;   *165 a*
    Unques ne fu nul si curteis.
    A Carwent fu entrepris,
520 Pur l'amur de une dame ocis.
    'Unques puis n'eümes seignur;
    Ainz avum atendu meint jur
    Un fiz que en la dame engendra,
524 Si cum il dist e cumanda.'
    Quant la dame oï la novele,
    A haute voiz sun fiz apele.
    'Beaus fiz,' fet ele, 'avez oï
528 Cum Deus nus ad mené icil
    C'est vostre pere que ici gist,
    Que cist villarz a tort ocist.
    Or vus comant e rent s'espee:
532 Jeo l'ai asez lung tens gardee.'
    Oianz tuz, li ad coneü
    Que l'engendrat e sis fiz fu,
    Cum il suleit venir a li
536 E cum si sires le trahi;
    La verité li ad cuntee.
    Sur la tumbe cheï pasmee,
    En la paumeisun devia;
540 Unc puis a humme ne parla.
    Quant sis fiz veit que el morte fu,
    Sun parastre ad le chief tolu;

De l'espeie que fu sun pere
544   Ad dunc vengié le doel sa mere.
Puis ke si fu dunc avenu
E par la cité fu sceü,
A grant honur la dame unt prise
548   E al sarcu posee e mise.
Lur seignur firent de Yonec,
Ainz quë il partissent d'ilec.
    Cil que ceste aventure oïrent
552   Lunc tens aprés un lai en firent,   *165 b*
De la pité, de la dolur
Que cil suffrirent pur amur.

VIII. LAÜSTIC

Une aventure vus dirai,
Dunt li Bretun firent un lai;
Laüstic ad nun, ceo m'est vis,
4   Si l'apelent en lur païs;
Ceo est russignol en franceis
E nihtegale en dreit engleis.
   En Seint Mallo en la cuntree
8   Ot une vile renumee.
Deus chevalers ilec manëent
E deus forz maisuns [i] aveient.
Pur la bunté des deus baruns
12   Fu de la vile bons li nuns.
Li uns aveit femme espusee,
Sage, curteise e acemee;
A merveille se teneit chiere
16   Sulunc l'usage e la manere.
Li autres fu un bachelers
Bien coneü entre ses pers
De prüesce, de grant valur,
20   E volenters feseit honur:
Mut turnëot e despendeit
E bien donot ceo qu'il aveit.
La femme sun veisin ama;
24   Tant la requist, tant la preia
E tant par ot en lui grant bien
Que ele l'ama sur tute rien,
Tant pur le bien quë ele oï,
28   Tant pur ceo qu'il iert pres de li.
Sagement e bien s'entr'amerent;
Mut se covrirent e garderent
Qu'il ne feussent aparceüz
32   Ne desturbez ne mescreüz.
E eus le poeient bien fere,   *165 c*
Kar pres esteient lur repere,
Preceines furent lur maisuns

36   E lur sales e lur dunguns;
            N'i aveit bare ne devise
            Fors un haut mur de piere bise.
            Des chambres u la dame jut,
40   Quant a la fenestre s'estut,
            Poeit parler a sun ami
            De l'autre part, e il a li,
            E lur aveirs entrechangier
44   E par geter e par lancier.
            N'unt gueres rien que lur despleise,
            Mut esteient amdui a eise,
            Fors tant k'il ne poënt venir
48   Del tut ensemble a lur pleisir;
            Kar la dame ert estreit gardee,
            Quant cil esteit en la cuntree.
            Mes de tant aveient retur,
52   U fust par nuit u fust par jur,
            Que ensemble poeient parler;
            Nul nes poeit de ceo garder
            Que a la fenestre n'i venissent
56   E iloec [ne] s'entreveïssent.
            Lungement se sunt entr'amé,
            Tant que ceo vient a un esté,
            Que bruil e pre sunt reverdi
60   E li vergier ierent fluri.
            Cil oiselet par grant duçur
            Mainent lur joie en sum la flur.
            Ki amur ad a sun talent,
64   N'est merveille s'il i entent.
            Del chevaler vus dirai veir:
            Il i entent a sun poeir,
            E la dame de l'autre part
68   E de parler e de regart.   165 d
            Les nuiz, quant la lune luseit
            E ses sires cuché esteit,
            Dejuste lui sovent levot
72   E de sun mantel se afublot.
            A la fenestre ester veneit
            Pur sun ami qu'el i saveit

Que autreteu vie demenot,
76   [Que] le plus de la nuit veillot.
Delit aveient al veer,
Quant plus ne poeient aver.
Tant i estut, tant i leva
80   Que ses sires s'en curuça
E meintefeiz li demanda
Pur quei levot e u ala.
'Sire,' la dame li respunt,
84   'Il nen ad joië en cest mund,
Ki n'ot le laüstic chanter.
Pur ceo me vois ici ester.
Tant ducement l'i oi la nuit
88   Que mut me semble grant deduit;
Tant me delit' e tant le voil
Que jeo ne puis dormir de l'oil.'
Quant li sires ot que ele dist,
92   De ire e [de] maltalent en rist.
De une chose se purpensa:
Le laüstic enginnera.
Il n'ot vallet en sa meisun
96   Ne face engin, reis u laçun,
Puis les mettent par le vergier;
N'i ot codre ne chastainier
U il ne mettent laz u glu,
100   Tant que pris l'unt e retenu.
Quant le laüstic eurent pris,
Al seignur fu rendu tut vis.
Mut en fu liez quant il le tient;   *166 a*
104   As chambres [a] la dame vient.
'Dame,' fet il, 'u estes vus?
Venez avant! Parlez a nus!
J'ai le laüstic englué,
108   Pur quei vus avez tant veillé.
Desor poëz gisir en peis:
Il ne vus esveillerat meis.'
Quant la dame l'ad entendu,
112   Dolente e cureçuse fu.
A sun seignur l'ad demandé,

E il l'ocist par engresté;
Le col li rumpt a ses deus meins—
116   De ceo fist il que trop vileins—
Sur la dame le cors geta,
Se que sun chainse ensanglanta
Un poi desur le piz devant.
120   De la chambre s'en ist atant.
La dame prent le cors petit;
Durement plure e si maudit
Ceus ki le laüstic traïrent
124   E les engins e laçuns firent;
Kar mut li unt toleit grant hait.
'Lasse,' fet ele, 'mal m'estait!
Ne purrai mes la nuit lever
128   Ne aler a la fenestre ester,
U jeo suil mun ami veer.
Une chose sai jeo de veir:
Il quid[e]ra ke jeo me feigne;
132   De ceo m'estuet que cunseil preigne.
Le laüstic li trametrai,
L'aventure li manderai.'
En une piece de samit,
136   A or brusdé e tut escrit,
Ad l'oiselet envolupé.
Un sun vatlet ad apelé,   *166 b*
Sun message li ad chargié,
140   A sun ami l'ad enveié.
Cil est al chevalier venuz;
De part sa dame dist saluz,
Tut sun message li cunta,
144   Le laüstic li presenta.
Quant tut li ad dit e mustré
E il l'aveit bien escuté,
De l'aventure esteit dolenz;
148   Mes ne fu pas vileins ne lenz.
Un vasselet ad fet forgeér;
Unques n'i ot fer në acer:
Tut fu de or fin od bones pieres,
152   Mut precïuses e mut cheres;

Covercle i ot tresbien asis.
Le laüstic ad dedenz mis;
Puis fist la chasse enseeler,
156   Tuz jurs l'ad fet od lui porter.
       Cele aventure fu cuntee,
Ne pot estre lunges celee.
Un lai en firent li Bretun:
160   Le Laüstic l'apelë hum.

IX. MILUN

Ki divers cunte veut traitier,
Diversement deit comencier
E parler si rainablement
4   K'il seit pleisibles a la gent.
Ici comencerai Milun
E musterai par brief sermun
Pur quei e coment fu trovez
8   Li lais kë issi est numez.
    Milun fu de Suhtwales nez.
Puis le jur k'il fu adubez
Ne trova un sul chevalier
12   Ki l'abatist de sun destrier.
Mut par esteit bons chevaliers
Francs [e] hardiz, curteis e fiers,
Mut fu coneüz en Irlande,
16   En Norweië e en Guhtlande;
En Loengrë e en Albanie
Eurent plusurs de lui envie:
Pur sa prüesce iert mut amez
20   E de muz princes honurez.
En sa cuntree ot un barun,
Mes jeo ne sai numer sun nun;
Il aveit une fille bele,
24   [E] mut curteise dameisele.
Ele ot oï Milun nomer;
Mut le cumençat a amer.
Par sun message li manda
28   Que, si li plest, el l'amera.
Milun fu liez de la novele,
Si'n merciat la dameisele;
Volenters otriat l'amur,
32   N'en partirat jamés nul jur.
Asez li fait curteis respuns;
Al message dona granz duns
E grant amistié [li] premet.

166 c

36   'Amis,' fet il, 'ore entremet
     Que a m'amie puisse parler
     E de nostre cunseil celer.
     Mun anel de or li porterez
40   E de meie part li direz:
     Quant li plerra, si vien pur mei,
     E jeo irai ensemble od tei.'
     Cil prent cungé, atant le lait,
44   A sa dameisele revait.
     L'anel li dune, si li dist
     Que bien ad fet ceo kë il quist.
     Mut fu la dameisele lie[e]
48   De l'amur issi otrïe[e].   *166 d*
     Delez la chambre en un vergier,
     U ele alout esbanïer,
     La justouent lur parlement
52   Milun e ele bien suvent.
     Tant i vint Milun, tant l'ama
     Que la dameisele enceinta.
     Quant aparceit que ele est enceinte,
56   Milun manda, si fist sa pleinte.
     Dist li cum[ent] est avenu:
     S'onur e sun bien ad perdu,
     Quant de tel fet s'est entremise;
60   De li ert fait[e] grant justise:
     A gleive serat turmentee,
     [U] vendue en autre cuntree;
     Ceo fu custume as ancïens,
64   Issi teneient en cel tens.
     Milun respunt quë il fera
     Ceo quë ele cunseillera.
     'Quant l'enfant,' fait elë, 'ert nez,
68   A ma serur le porterez,
     Quë en Norhumbre est marïee,
     Riche dame, pruz e senee;
     Si li manderez par escrit
72   E par paroles e par dit
     Que c'est l'enfant [a] sa serur,
     Si'n ad suffert meinte dolur;

Ore gart k'il seit bien nuriz,
76   Queil ke ço seit, u fille u fiz.
Vostre anel al col li pendrai,
E un brief li enveierai:
Escrit i ert le nun sun pere
80   E l'aventure de sa mere.
Quant il serat grant e creüz
E en tel eage venuz
Quë il sache reisun entendre,   *167 a*
84   Le brief e l'anel li deit rendre;
Si li cumant tant a garder
Que sun pere puisse trover.'
        A sun cunseil se sunt tenu,
88   Tant que li termes est venu
Que la dameisele enfanta.
Une vielle, ki la garda,
A ki tut sun estre geï,
92   Tant la cela, tant la covri,
Unques n'en fu aparcevance
En parole në en semblance.
La meschine ot un fiz mut bel.
96   Al col li pendirent l'anel
E une aumoniere de seie,
E pus le brief, que nul nel veie.
Puis le cuchent en un bercel,
100   Envolupé d'un blanc lincel;
Desuz la testë a l'enfant
Mistrent un oreiller vaillant
E desus lui un covertur
104   Urlé de martre tut entur.
La vielle l'ad Milun baillié;
Cil [l]'at [a]tendu al vergier.
Il le cumaunda a teu gent
108   Ki l'i porterent lëaument.
Par les viles u il errouent
Set feiz le jur [se] resposoënt;
L'enfant feseient aleitier,
112   Cucher de nuvel e baignier:
Nurice menoënt od eus,

Itant furent [ic]il lëaus.
Tant unt le dreit chemin erré
116   Que a la dame l'unt comandé.
El le receut, si l'en fu bel.
Le brief receut e le seel.   *167 b*
Quant ele sot ki il esteit,
120   A merveille le cheriseit.
Cil ki l'enfant eurent porté
En lur païs sunt returné.
    Milun eissi fors de sa tere
124   En sude[e]s pur sun pris quere.
S'amie remist a meisun;
Sis peres li duna barun,
Un mut riche humme del païs,
128   Mut esforcible e de grant pris.
Quant ele sot cele aventure,
Mut est dolente a demesure
E suvent regrette Milun.
132   [Kar] mut dute la mesprisun
De ceo que ele ot [eü] enfant;
Il le savra demeintenant.
'Lasse,' fet ele, 'quei ferai?
136   Avrai seignur? Cum le prendrai?
Ja ne sui jeo mie pucele;
A tuz jurs mes serai ancele.
Jeo ne soi pas que fust issi,
140   Ainz quidoue aveir mun ami;
Entre nus celisum l'afaire,
Ja ne l'oïsse aillurs retraire.
Meuz me vendreit murir que vivre;
144   Mes jeo ne sui mie delivre,
Ainz ai asez sur mei gardeins
Veuz e jeofnes, mes chamberleins,
Que tuz jurz heent bone amur
148   E se delitent en tristur.
Or m'estuvrat issi suffrir,
Lasse, quant jeo ne puis murir.'
Al terme ke ele fu donee,
152   Sis sires l'en ad amenee.

Milun revient en sun païs.   *167 c*
Mut fu dolent e mut pensis,
Grant doel fist, grant doel demena;
156   Mes de ceo se recunforta
Que pres esteit de sa cuntree
Cele k'il tant aveit amee.
Milun se prist a purpenser
160   Coment il li purrat mander,
Si qu'il ne seit aparceüz,
Qu'il est al païs [re]venuz.
Ses lettres fist, sis seela.
164   Un cisne aveit k'il mut ama,
Le brief li ad al col lïé
E dedenz la plume muscié.
Un suen esquïer apela,
168   Sun message li encharga.
'Va tost,' fet il, 'change tes drasl
Al chastel m'amie en irras,
Mun cisne porteras od tei;
172   Garde quë en prengez cunrei,
U par servant u par meschine,
Que presenté li seit le cisne.'
Cil ad fet sun comandement.
176   Atant s'en vet, le cigne prent;
Tut le dreit chemin quë il sot
Al chastel vient, si cum il pot;
Par mi la vile est trespassez,
180   A la mestre porte est alez;
Le portier apelat a sei.
'Amis,' fet il, 'entent a meil
Jeo sui un hum de tel mester,
184   De oiseus prendre me sai aider.
En un pre desuz Karlïun
Pris un cisnë od mun laçun;
Pur force e pur meintenement
188   La dame en voil fere present,   *167 d*
Que jeo ne seie desturbez,
E[n] cest païs achaisunez.'
Li bachelers li respundi:

192 'Amis, nul ne parole od li;
Mes nepurec j'irai saveir:
Si jeo poeie liu veeir
Que jeo te puïsse mener,
196 Jeo te fereie a li parler.'
A la sale vient li portiers,
N'i trova fors deus chevalers;
Sur une grant table seiëent,
200 Od uns eschiés se deduiëent.
Hastivement returne arere.
Celui ameine en teu manere
Que de nului ne fu sceüz,
204 Desturbez në aparceüz.
A la chambre vient, si apele;
L'us lur ovri une pucele.
Cil sunt devant la dame alé,
208 Si unt le cigne presenté.
Ele apelat un suen vallet;
Puis si li dit: 'Or t'entremet
Que mis cignes seit bien gardez
212 E kë il eit viande asezl'
'Dame,' fet il ki l'aporta,
'Ja nul fors vus nel recevra;
E ja est ceo present rëaus:
216 Veez cum il est bons e beausl'
Entre ses mains li baille e rent.
El le receit mut bonement;
Le col li manie e le chief,
220 Desuz la plume sent le brief.
Le sanc li remut e fremi:
Bien sot qu'il vient de sun ami.
Celui ad fet del suen doner, *168a*
224 Si l'en cumandë a aler.
    Quant la chambre fu delivree,
Une meschine ad apelee.
Le brief aveient deslïé;
228 Ele en ad le seel brusé.
Al primer chief trovat 'Milun'.
De sun ami cunut le nun;

Cent feiz le baisë en plurant,
232 Ainz que ele puïst lire avant.
Al chief de piece veit l'escrit,
Ceo k'il ot cumandé e dit,
Les granz peines e la dolur
236 Que Milun seofre nuit e jur.
Ore est del tut en sun pleisir
De lui ocire u de garir.
S'ele seüst engin trover
240 Cum il peüst a li parler,
Par ses lettres li remandast
E le cisne li renveast.
Primes le face bien garder,
244 Puis si l[e] laist tant jeüner
Treis jurs, quë il ne seit peüz;
Le brief li seit al col penduz;
Laist l'en aler: il volera
248 La u il primes conversa.
Quant ele ot tut l'escrit veü
E ceo que ele i ot entendu,
Le cigne fet bien surjurner
252 E forment pestre e abevrer;
Dedenz sa chambre un meis le tint.
Mes ore oëz cum l'en avint!
Tant quist par art e par engin
256 Kë ele ot enke e parchemin;
Un brief escrit tel cum li plot,
Od un anel l'enseelot.
Le cigne ot laissié jeüner;
260 Al col li pent, sil laist aler.
Li oiseus esteit fameillus
E de viande coveitus:
Hastivement est revenuz
264 La dunt il primes fu venuz;
A la vile e en la meisun
Descent devant les piez Milun.
Quant il le vit, mut en fu liez;
268 Par les eles le prent haitiez.
Il apela un despensier,

168 b

Si li fet doner a mangier.
Del col li ad le brief osté;
272 De chief en chief l'ad esgardé,
Les enseignes qu'il i trova,
E des saluz se reheita:
'Ne pot sanz lui nul bien aveir;
276 Or li remant tut sun voleir
Par le cigne sifaitementl'
Si ferat il hastivement.
    Vint anz menerent cele vie
280 Milun entre lui e s'amie.
Del cigne firent messager,
N'i aveient autre enparler,
E sil feseient jeüner
284 Ainz qu'il le lessassent aler;
Cil a ki li oiseus veneit,
Ceo sachez, quë il le peisseit.
Ensemble viendrent plusurs feiz.
288 Nul ne pot estre si destreiz
Ne si tenuz estreitement
Quë il ne truisse liu sovent.
    La dame que sun fiz nurri—
292 Tant ot esté ensemble od li
Qu'il esteit venuz en eé—   *168c*
A chevalier l'ad adubé.
Mut i aveit gent dameisel.
296 Le brief li rendi e l'anel;
Puis li ad dit ki est sa mere
E l'aventure de sun pere,
E cum il est bon chevaliers,
300 Tant pruz, si hardi e si fiers,
N'ot en la tere nul meillur
De sun pris ne de sa valur.
Quant la dame li ot mustré
304 E il l'aveit bien escuté,
Del bien sun pere s'esjoï;
Liez fu de ceo k'il ot oï.
A sei meïsmes pense e dit:
308 'Mut se deit hum preiser petit,

Quant il issi fu engendrez
E sun pere est si alosez,
S'il ne se met en greinur pris
312   Fors de la tere e del païs.'
Asez aveit sun estuveir;
Il ne demure fors le seir,
Al demain ad pris [sun] cungié.
316   La dame l'ad mut chastïé
E de bien fere amonesté;
Asez li ad aveir doné.

    A Suhthamptune vait passer;
320   Cum il ainz pot, se mist en mer.
A Barbefluet est arivez;
Dreit en Brutainë est alez.
La despendi e turneia,
324   As riches hummes s'acuinta.
Unques ne vint en nul estur
Que l'en nel tenist a meillur.
Les povres chevalers amot:
328   Ceo que des riches gaainot   *168d*
Lur donout e sis reteneit,
E mut largement despendeit.
Unques, sun voil, ne surjurna:
332   De tutes les teres de la
Porta le pris e la valur;
Mut fu curteis, mut sot honur.
De sa bunté e de sun pris
336   Veit la novele en sun païs
Quë un damisels de la tere,
Ki passa mer pur [sun] pris quere,
Puis ad tant fet par sa prüesce,
340   Par sa bunté, par sa largesce,
Que cil ki nel seivent numer
L'apel[ou]ent par tut Sanz Per.
Milun oï celui loër
344   E les biens de lui recunter.
Mut ert dolent, mut se pleigneit
Del chevaler que tant valeit,
Que, tant cum il peüst errer

348 Ne turneier ne armes porter,
  Ne deüst nul del païs nez
  Estre preisez në alosez.
  De une chose se purpensa:
352 Hastivement mer passera,
  Si justera al chevalier
  Pur lui leidier e empeirer;
  Par ire se vodra cumbatre,
356 S'il le pout del cheval abatre:
  Dunc serat il en fin honiz.
  Aprés irra quere sun fiz
  Que fors del païs est eissuz,
360 Mes ne saveit qu'ert devenuz.
  A s'amie le fet saveir,
  Cungé voleit de li aveir;
  Tut sun curage li manda,   *169 a*
364 Brief e seel li envea
  Par le cigne, mun escïent:
  Or li remandast sun talent.
  Quant ele oï sa volenté,
368 Mercie l'en, si li sot gre,
  Quant pur lur fiz trover e quere
  Voleit eissir fors de la tere
  [E] pur le bien de lui mustrer;
372 Nel voleit mie desturber.
  Milun oï le mandement;
  Il s'aparaille richement.
  En Normendië est passez,
376 Puis est desque Brutaine alez.
  Mut s'aquointa a plusurs genz,
  Mut cercha les turneiemenz;
  Riches osteus teneit sovent
380 E si dunot curteisement.
   Tut un yver, ceo m'est avis,
  Conversa Milun al païs.
  Plusurs bons chevalers retient,
384 De s[i] que pres la paske vient,
  K'il recumencent les turneiz
  E les gueres e les dereiz.

Al Munt Seint Michel s'asemblerent,
388   Normein e Bretun i alerent
E li Flamenc e li Franceis;
Mes n'i ot gueres de[s] Engleis.
Milun i est alé primers,
392   Que mut esteit bons chevalers.
Le bon chevaler demanda;
Asez i ot ki li cunta
De queil part il esteit venuz.
396   A ses armes, a ses escuz
Tut l'eurent a Milun mustré;
E il l'aveit bien esgardé.   *169 b*
Li turnei[e]menz s'asembla.
400   Ki juste quist, tost la trova;
Ki aukes volt les rens cerchier,
Tost pout perdrë u gaaignier
E encuntrer un cumpainun.
404   Tant vus voil dire de Milun:
Mut le fist bien en cel estur
E mut i fu preisez le jur.
Mes li vallez dunt jeo vus di
408   Sur tuz les autres ot le cri;
Ne s'i pot nul acumparer
De turneer ne de juster.
Milun le vit si cuntenir,
412   Si bien puindrë e si ferir;
Par mi tut ceo k'il l'enviot,
Mut li fu bel e mut li plot.
Al renc se met encuntre lui,
416   Ensemble justerent amdui.
Milun le fiert si durement,
L'anste depiece vereiment;
Mes ne l'aveit mie abatu.
420   Cil raveit si Milun feru
Que jus del cheval l'abati.
Desuz la ventaille choisi
La barbe e les chevoz chanuz;
424   Mut li pesa k'il fu cheüz.
Par la reisne le cheval prent,

Devant lui le tient en present;
Puis li ad dit: 'Sire, muntez!
428 Mut sui dolent e trespensez
Que nul humme de vostre eage
Deüsse faire tel utrage.'
Milun saut sus, mut li fu bel:
432 Al dei celui cunuit l'anel,
Quant il li rendi sun cheval.   *169 c*
Il areisune le vassal.
'Amis,' fet il, 'a mei entent!
436 Pur amur Deu omnipotent,
Di mei cument ad nun tun pere!
Cum as tu nun? Ki est ta mere?
Saveir en voil la verité.
440 Mut ai veü, mut ai erré,
Mut ai cerchiees autres teres
Par turneiemenz e par gueres:
Unques pur coup de chevalier
444 Ne chaï mes de mun destrier.
Tu m'as abatu al juster:
A merveille te puis amer.'
Cil li respunt: 'Jol vus dirai
448 De mun pere, tant cum jeo'n sai.
Jeo quid k'il est de Gales nez
E si est Milun apelez.
Fillë a un riche humme ama,
452 Celeement m'i engendra.
En Norhumbre fu[i] enveez,
La fu[i] nurri e enseignez;
Une meie aunte me nurri.
456 Tant me garda ensemble od li,
Chevals e armes me dona,
En ceste tere m'envea.
Ci ai lungement conversé.
460 En talent ai e en pensé:
Hastivement mer passerai,
En ma cuntreie m'en irrai;
Saver voil l'estre [de] mun pere,
464 Cum il se cuntient vers ma mere.

Tel anel d'or li musterai
E teus enseignes li dirai:
Ja ne me vodra reneer,
468   Ainz m'amerat e tendrat chier.'   *169 d*
Quant Milun l'ot issi parler,
Il ne poeit plus escuter;
Avant sailli hastivement,
472   Par le pan del hauberc le prent.
'E Deu!' fait il, 'cum sui garizl
Par fei, amis, tu es mi fiz.
Pur tei trover e pur tei quere
476   Eissi uan fors de ma tere.'
Quant cil l'oï, a pié descent,
Sun peire baisa ducement.
Bel semblant entrë eus feseient
480   E iteus paroles diseient
Que li autres kis esgardouent
De joie e de pité plurouent.
Quant li turnei[e]menz depart,
484   Milun s'en vet, mut li est tart
Que a sun fiz parot a leisir
E qu'il li die sun pleisir.
En un ostel furent la nuit;
488   Asez eurent joie e deduit,
De chevalers eurent plenté.
Milun ad a sun fiz cunté
De sa mere cum il l'ama
492   E cum sis peres la duna
A un barun de sa cuntre[e],
E cument il l'ad puis amee,
E ele lui de bon curage,
496   E cum del cigne fist message,
Ses lettres lui feseit porter,
Ne se osot en nului fïer.
Le fiz respunt: 'Par fei, bel pere.
500   Assemblerai vus e ma mere;
Sun seignur que ele ad ocirai
E espuser la vus ferai.'
Cele parole dunc lesserent   *170 a*

504   E al demain s'apareillerent.
      Cungé pernent de lur amis,
      Si s'en revunt en lur païs.
      Mer passerent hastivement,
508   Bon oré eurent e fort vent.
      Si cum il eirent le chemin,
      Si encuntrerent un meschin:
      De l'amie Milun veneit,
512   En Bretaigne passer voleit;
      Ele l'i aveit enveié.
      Ore ad sun travail acurcié.
      Un brief li baille enseelé;
516   Par parole li ad cunté
      Que s'en venist, ne demurast;
      Morz est sis sire, or s'en hastastl
      Quant Milun oï la novele,
520   A merveille li sembla bele;
      A sun fiz ad mustré e dit.
      N'i ot essuigne ne respit;
      Tant eirent quë il sunt venu
524   Al chastel u la dame fu.
      Mut par fu lie de sun fiz,
      Que tant esteit pruz e gentiz.
      Unc ne demanderent parent:
528   Sanz cunseil de tut' autre gent
      Lur fiz amdeus les assembla,
      La mere a sun pere dona.
      En grant bien e en [grant] duçur
532   Vesquirent puis e nuit e jur.
        De lur amur e de lur bien
      Firent un lai li auncïen;
      E jeo que le ai mis en escrit
536   Al recunter mut me delit.

X. CHAITIVEL

    Talent me prist de remembrer
    Un lai dunt jo oï parler.
    L'aventure vus en dirai
4   E la cité vus numerai
    U il fu nez e cum ot nun.
    Le Chaitivel l'apelet hum,
    E si [i] ad plusurs de ceus
8   Ki l'apelent Les Quatre Deuls.
      En Bretaine a Nantes maneit
    Une dame que mut valeit
    De beauté e d'enseignement
12   E de tut bon affeitement.
    N'ot en la tere chevalier
    Quë aukes feïst a preisier,
    Pur ceo que une feiz la veïst,
16   Que ne l'amast e requeïst.
    El nes pot mie tuz amer
    Ne ele nes vot mie tüer.
    Tutes les dames de une tere
20   Vendreit [il] meuz d'amer requere
    Quë un fol de sun pan tolir;
    Kar cil volt an eire ferir.
    La dame fait a celui gre
24   De suz la bone volunté;
    Purquant, s'ele nes veolt oïr,
    Nes deit de paroles leidir,
    Mes enurer e tenir chier,
28   A gre servir e mercïer.
    La dame dunt jo voil cunter,
    Que tant fu requise de amer
    Pur sa beauté, pur sa valur,
32   S'en entremistrent nuit e jur.
      En Bretaine ot quatre baruns,
    Mes jeo ne sai numer lur nuns;
    Il n'aveient gueres de eé,

36   Mes mut erent de grant beauté
      E chevalers pruz e vaillanz,   *170 c*
      Larges, curteis e despendanz;
      Mut [par] esteient de grant pris
40   E gentiz hummes del païs.
      Icil quatres la dame amoënt
      E de bien fere se penoënt:
      Pur li e pur s'amur aveir
44   I meteit chescun sun poeir.
      Chescun par sei la requereit
      E tute sa peine i meteit;
      N'i ot celui ki ne quidast
48   Que meuz d'autre n'i espleitast.
      La dame fu de mut grant sens:
      En respit mist e en purpens
      Pur saver e pur demander
52   Li queils sereit meuz a amer.
      Tant furent tuz de grant valur,
      Ne pot eslire le meillur.
      Ne volt les treis perdre pur l'un:
56   Bel semblant feseit a chescun,
      Ses drüeries lur donout,
      Ses messages lur enveiout:
      Li uns de l'autre ne saveit;
60   Mes departir nul nes poeit;
      Par bel servir e par preier
      Quidot chescun meuz espleiter.
      A l'assembler des chevaliers
64   Voleit chescun estre primers
      De bien fere, si il peüst,
      Pur ceo que a la dame pleüst.
      Tuz la teneient pur amie,
68   Tuz portouent sa drüerie,
      Anel u mance u gumfanun,
      E chescun escriot sun nun.
      Tuz quatre les ama e tient,
72   Tant que aprés une paske vient,   *170 d*
      Que devant Nantes la cité
      Ot un turneiement crïé.

Pur aquointer les quatre druz,
76   I sunt d'autre païs venuz:
E li Franceis e li Norman
E li Flemenc e li Breban,
Li Buluineis, li Angevin
80   [E] cil ki pres furent veisin;
Tuz i sunt volenters alé.
Lunc tens aveient surjurné.
Al vespré del turneiement
84   S'entreferirent durement.
Li quatre dru furent armé
E eisserent de la cité;
Lur chevaliers viendrent aprés,
88   Mes sur eus quatre fu le fes.
Cil defors les unt coneüz
As enseignes e as escuz.
Cuntrë enveient chevaliers,
92   Deus Flamens e deus Henoiers,
Apareillez cume de puindre;
N'i ad celui ne voille juindre.
Cil les virent vers eus venir,
96   N'aveient talent de fuïr.
Lance baissie, a espelun,
Choisi chescun sun cumpainun.
Par tel aïr s'entreferirent
100   Que li quatre defors cheïrent.
Il n'eurent cure des destriers,
Ainz les laisserent estraiers;
Sur les abatuz se resturent;
104   Lur chevalers les succururent.
A la rescusse ot grant medlee,
Meint coup i ot feru d'espee.
La dame fu sur une tur,   *171 a*
108   Bien choisi les suens e les lur;
Ses druz i vit mut bien aidier:
Ne seit [le] queil deit plus preisier.
         Li turnei[e]menz cumença,
112   Li reng crurent, mut espessa.
Devant la porte meintefeiz

Fu le jur mellé le turneiz.
Si quatre dru bien [le] feseient,
116 Si ke de tuz le pris aveient,
Tant ke ceo vient a l'avesprer
Quë il deveient desevrer.
Trop folement s'abaundonerent
120 Luinz de lur gent, sil cumpererent;
Kar li treis [i] furent ocis
E li quart nafrez e malmis
Par mi la quisse e einz al cors
124 Si que la lance parut fors.
A traverse furent feruz
E tuz quatre furent cheüz.
Cil ki a mort les unt nafrez
128 Lur escuz unt es chans getez:
Mut esteient pur eus dolent,
Nel firent pas a escïent.
La noise levat e le cri,
132 Unques tel doel ne fu oï.
Cil de la cité i alerent,
Unques les autres ne duterent;
Pur la dolur des chevaliers
136 I aveit iteus deus milliers
Ki lur ventaille deslacierent,
Chevoiz e barbes detraherent;
Entre eus esteit li doels communs.
140 Sur sun escu fu mis chescuns;
En la cité les unt porté
A la dame kis ot amé.
Desque ele sot cele aventure, *171 b*
144 Paumee chiet a tere dure.
Quant ele vient de paumeisun,
Chescun regrette par sun nun.
'Lasse,' fet ele, 'quei ferai?
148 Jamés haitie ne serai!
Ces quatre chevalers amoue
E chescun par sei cuveitoue;
Mut par aveit en eus granz biens;
152 Il m'amoënt sur tute riens.

Pur lur beauté, pur lur prüesce,
Pur lur valur, pur lur largesce
Les fis d'amer [a] mei entendre;
156   Nes voil tuz perdre pur l'un prendre.
Ne sai le queil jeo dei plus pleindre;
Mes ne [m'en] puis covrir ne feindre.
L'un vei nafré, li treis sunt mort;
160   N'ai rien el mund ki me confort.
Les morz ferai ensevelir,
E si li nafrez poet garir,
Volenters m'en entremetrai
164   E bons mires li baillerai.'
En ses chambres le fet porter;
Puis fist les autres cunreer,
A grant amur e noblement
168   Les aturnat e richement.
En une mut riche abeïe
Fist grant offrendre e grant partie,
La u il furent enfuï:
172   Deus lur face bone merci!
Sages mires aveit mandez,
Sis ad al chevalier livrez,
Ki en sa chambre jut nafrez,
176   Tant que a garisun est turnez.
Ele l'alot veer sovent   *171 c*
E cunfortout mut bonement;
Mes les autres treis regretot
180   E grant dolur pur eus menot.
    Un jur d'esté aprés manger
Parlot la dame al chevaler;
De sun grant doel li remembrot:
184   Sun chief [e sun] vis en baissot;
Forment comencet a pen[s]er.
E il la prist a regarder,
Bien aparceit que ele pensot.
188   Avenaument l'areisunot:
'Dame, vus estes en esfreil
Quei pensez vus? Dites le mei!
Lessez vostre dolur ester!

192   Bien vus devr[ï]ez conforter.'
      'Amis,' fet ele, 'jeo pensoue
      E voz cumpainuns remembroue.
      Jamés dame de mun parage—
196   [Ja] tant n'iert bele, pruz ne sage—
      Teus quatre ensemble n'amera
      N[ë] en un jur si nes perdra,
      Fors vus tut sul ki nafrez fustes,
200   Grant poür de mort en eüstes.
      Pur ceo que tant vus ai amez,
      Voil que mis doels seit remembrez:
      De vus quatre ferai un lai,
204   E Quatre Dols vus numerai.'
      Li chevalers li respundi
      Hastivement, quant il l'oï:
      'Dame, fetes le lai novel,
208   Si l'apelez Le Chaitivel!
      E jeo vus voil mustrer reisun
      Quë il deit issi aver nun:
      Li autre sunt pieça finé
212   E tut le seclë unt usé,   171 d
      La grant peine k'il en suffreient
      De l'amur qu'il vers vus aveient;
      Mes jo ki sui eschapé vif,
216   Tut esgaré e tut cheitif,
      Ceo que al secle puis plus amer
      Vei sovent venir e aler,
      Parler od mei matin e seir,
220   Si n'en puis nule joie aveir
      Ne de baisier ne d'acoler
      Ne d'autre bien fors de parler.
      Teus cent maus me fetes suffrir,
224   Meuz me vaudreit la mort tenir:
      Pur c'ert li lais de mei nomez,
      Le Chaitivel iert apelez.
      Ki Quatre Dols le numera
228   Sun propre nun li changera.'
      'Par fei,' fet ele, 'ceo m'est bel:
      Or l'apelum Le Chaitivel.'

Issi fu li lais comenciez
232   E puis parfaiz e anunciez.
Icil kil porterent avant,
Quatre Dols l'apelent alquant;
Chescun des nuns bien i afiert,
236   Kar la matire le requiert;
Le Chaitivel ad nun en us.
Ici finist, [il] n'i ad plus;
Plus n'en oï, ne plus n'en sai,
240   Ne plus ne vus en cunterai.

XI. CHEVREFOIL

Asez me plest e bien le voil
Del lai que hum nume Chevrefoil
Que la verité vus en cunt
4   [E] pur quei il fu fet e dunt.
Plusurs le me unt cunté e dit
E jeo l'ai trové en escrit
De Tristram e de la reïne,   *172 a*
8   De lur amur que tant fu fine,
Dunt il eurent meinte dolur,
Puis en mururent en un jur.
    Li reis Marks esteit curucié,
12   Vers Tristram sun nevuz irié;
De sa tere le cungea
Pur la reïne qu'il ama.
En sa cuntree en est alez;
16   En Suhtwales, u il fu nez,
Un an demurat tut entier,
Ne pot ariere repeirier;
Mes puis se mist en abandun
20   De mort e de destructïun.
Ne vus esmerveilliez neent:
Kar ki eime mut lëalment,
Mut est dolenz e trespensez,
24   Quant il nen ad ses volentez.
Tristram est dolent e pensis:
Pur ceo se met de sun païs.
En Cornwaille vait tut dreit,
28   La u la reïne maneit.
En la forest tut sul se mist,
Ne voleit pas que hum le veïst;
En la vespree s'en eisseit,
32   Quant tens de herberger esteit;
Od païsanz, od povre gent
Perneit la nuit herbergement.
Les noveles lur enquereit

36   Del rei cum il se cunteneit.
Ceo li dïent qu'il unt oï
Que li barun erent bani,
A Tintagel deivent venir,
40   Li reis i veolt sa curt tenir,
A pentecuste i serunt tuit;
Mut i avra joie e deduit,   *172 b*
E la reïnë i sera.
44   Tristram l'oï, mut se haita:
Ele ne purrat mie aler
K'il ne la veie trespasser.
Le jur que li rei fu meüz,
48   E Tristram est al bois venuz
Sur le chemin quë il saveit
Que la rute passer deveit,
Une codre trencha par mi,
52   Tute quarreie la fendi.
Quant il ad paré le bastun,
De sun cutel escrit sun nun.
Se la reïne s'aparceit,
56   Que mut grant gardë en perneit—
Autre feiz li fu avenu
Que si l'aveit aparceü—
De sun ami bien conustra
60   Le bastun quant el le verra.
Ceo fu la summe de l'escrit
Qu'il li aveit mandé e dit:
Que lunges ot ilec esté
64   E atendu e surjurné
Pur espïer e pur saver
Coment il la peüst veer,
Kar ne pot nent vivre sanz li;
68   D'euls deus fu il [tut] autresi
Cume del chevrefoil esteit
Ki a la codre se perneit:
Quant il s'i est laciez e pris
72   E tut entur le fust s'est mis,
Ensemble poënt bien durer;
Mes ki puis les volt desevrer,

Li codres muert hastivement
76   E li chevrefoil ensement.
'Bele amie, si est de nus: *172 c*
Ne vus sanz mei, ne mei sanz vus!'
La reïne vait chevachant;
80   Ele esgardat tut un pendant,
Le bastun vit, bien l'aparceut,
Tutes les lettres i conut.
Les chevalers que la menoënt,
84   Quë ensemblë od li erroënt,
Cumanda tuz [a] arester:
Descendre vot e resposer.
Cil unt fait sun commandement.
88   Ele s'en vet luinz de sa gent;
Sa meschine apelat a sei,
Brenguein, que fu de bone fei.
Del chemin un poi s'esluina;
92   Dedenz le bois celui trova
Que plus l'amot que rien vivant.
Entre eus meinent joie [mut] grant.
A li parlat tut a leisir,
96   E ele li dit sun pleisir;
Puis li mustre cumfaitement
Del rei avrat acordement,
E que mut li aveit pesé
100   De ceo qu'il [l]'ot si cungïé;
Par encusement l'aveit fait.
Atant s'en part, sun ami lait;
Mes quant ceo vient al desevrer,
104   Dunc comenc[er]ent a plurer.
Tristram a Wales s'en rala,
Tant que sis uncles le manda.
Pur la joie qu'il ot eüe
108   De s'amie qu'il ot veüe
E pur ceo k'il aveit escrit,
Si cum la reïne l'ot dit,
Pur les paroles remembrer,
112   Tristram, ki bien saveit harper,   *172 d*

En aveit fet un nuvel lai;
Asez briefment le numerai:
Gotelef l'apelent en engleis,
116   Chevrefoil le nument Franceis.
Dit vus en ai la verité
Del lai que j'ai ici cunté.

XII. ELIDUC

De un mut ancïen lai bretun
Le cunte e tute la reisun
Vus dirai, si cum jeo entent
4   La verité, mun escïent.
En Bretaine ot un chevalier
Pruz e curteis, hardi e fier;
Elidus ot nun, ceo m'est vis,
8   N'ot si vaillant hume al païs.
Femme ot espuse, noble e sage,
De haute gent, de grant parage.
Ensemble furent lungement,
12   Mut s'entr'amerent lëaument;
Mes puis avient par une guere
Quë il alat soudees quere:
Iloc ama une meschine,
16   Fille ert a rei e a reïne.
Guilliadun ot nun la pucele,
El rëaume nen ot plus bele.
La femme resteit apelee
20   Guildelüec en sa cuntree.
D'eles deus ad li lai a nun
Guildelüec ha Gualadun.
Elidus fu primes nomez,
24   Mes ore est li nuns remüez,
Kar des dames est avenu.
L'aventure dunt li lais fu,
Si cum avient, vus cunterai,
28   La verité vus en dirrai.
Elidus aveit un seignur,   *173 a*
Reis de Brutaine la meinur,
Que mut l'amot e cherisseit,
32   E il lëaument le serveit.
U que li reis deüst errer,
Il aveit la tere a garder;
Pur sa prüesce le retint.

36   Pur tant de meuz mut li avint:
        Par les forez poeit chacier;
        N'i ot si hardi forestier
        Ki cuntredire li osast
40   Ne ja une feiz en grusçast.
        Pur l'envie del bien de lui,
        Si cum avient sovent d'autrui,
        Esteit a sun seignur medlez
44   [E] empeirez e encusez,
        Que de la curt le cungea
        Sanz ceo qu'il ne l'areisuna.
        Eliducs ne saveit pur quei.
48   Soventefeiz requist le rei
        Qu'il escundist de lui preïst
        E que losenge ne creïst,
        Mut l'aveit volenters servi;
52   Mes li rei ne li respundi.
        Quant il nel volt de rien oïr,
        Si l'en covient idunc partir.
        A sa mesun en est alez,
56   Si ad tuz ses amis mandez;
        Del rei sun seignur lur mustra
        E de l'ire que vers lui a;
        Mut li servi a sun poeir,
60   Ja ne deüst maugré aveir.
        Li vileins dit par reprover,
        Quant tencë a sun charïer,
        Que amur de seignur n'est pas fiez.
64   Sil est sages e vedzïez   173 b
        Ki lëauté tient sun seignur,
        Envers ses bons veisins amur.
        Ne volt al païs arester,
68   Ainz passera, ceo dit, la mer,
        Al rëaume de Loengre ira,
        Une piece se deduira;
        Sa femme en la tere larra,
72   A ses hummes cumandera
        Quë il la gardent lëaument
        E tuit si ami ensement.

A cel cunseil s'est arestez,
76 Si s'est richement aturnez.
Mut furent dolent si ami
Pur ceo ke de eus se departi.
Dis chevalers od sei mena,
80 E sa femme le cunvea;
Forment demeine grant dolur
Al departir [de] sun seignur;
Mes il l'aseürat de sei
84 Qu'il li porterat bone fei.
De lui se departi atant,
Il tient sun chemin tut avant;
A la mer vient, si est passez,
88 En Toteneis est arivez.
    Plusurs reis [i] ot en la tere,
Entre eus eurent estrif e guere.
Vers Excestrë en cel païs
92 Maneit un hum mut poëstis,
Vieuz hum e auntïen esteit.
Karnel heir madle nen aveit;
Une fille ot a marïer.
96 Pur ceo k'il ne la volt doner
A sun per, cil le guerriot,
Tute sa tere si gastot.
En un chastel l'aveit enclos;   *173 c*
100 N'ot el chastel hume si os
Ki cuntre lui osast eissir
Estur ne mellee tenir.
Elidus en oï parler;
104 Ne voleit mes avant aler,
Quant iloc ad guere trovee;
Remaner volt en la cuntree.
Li reis ki plus esteit grevez
108 E damagiez e encumbrez
Vodrat aider a sun poeir
E en soudees remaneir.
Ses messages i enveia
112 E par ses lettres li manda
Que de sun païs iert eissuz

E en s'aïe esteit venuz;
Mes li [re]mandast sun pleisir,
116   E s'il nel voleit retenir,
Cunduit li donast par sa tere;
Avant ireit soudees quere.
Quant li reis vit les messagers,
120   Mut les ama e [mut] ot chers;
Sun cunestable ad apelez
E hastivement comandez
Que cunduit li appareillast
124   [E] ke le barun amenast,
Si face osteus appareiller
U il puïssent herberger,
Tant lur face livrer e rendre
128   Cum il vodrunt le meis despendre.
Li cunduit fu appareillez
E pur Eliduc enveiez.
A grant honur fu receüz,
132   Mut par fu bien al rei venuz.
Sun ostel fu chiés un burgeis,
Que mut fu sagë e curteis;   *173 d*
Sa bele chambre encurtinee
136   Li ad li ostes delivree.
Eliduc se fist bien servir;
A sun manger feseit venir
Les chevalers mesaeisez
140   Quë al burc erent herbergez.
A tuz ses hummes defendi
Que n'i eüst nul si hardi
Que des quarante jurs primers
144   Preïst livreisun ne deners.
      Al terz jur qu'il ot surjurné
Li criz leva en la cité
Que lur enemi sunt venu
148   E par la cuntree espandu;
Ja vodrunt la vile asaillir
E de si ke as portes venir.
Eliduc ad la noise oïe
152   De la gent ki est esturdie.

Il s'est armé, plus n'i atent,
E si cumpainuns ensement.
Quatorze chevalers muntant
156   Ot en la vile surjurnant—
Plusurs en i aveit nafrez
E des prisuns i ot asez—
Cil virent Eliduc munter;
160   Par les osteus se vunt armer,
Fors de la porte od lui eissirent,
Que sumunse n'i atendirent.
'Sire,' funt il, 'od vus irum
164   E ceo que vus ferez ferum!'
Il lur respunt: 'Vostre mercil
Avreit i nul de vus ici
Ki maupas u destreit seüst,
168   U l'um encumbrer les peüst?
Si nus ici les atendums,   *174a*
Peot cel estre, nus justerums;
Mes ceo n'ateint a nul espleit,
172   Ki autre cunseil en sav[r]eit.'
Cil li dïent: 'Sire, par fei,
Pres de cel bois en cel ristei
La ad une estreite charriere,
176   Par unt il repeirent ariere;
Quant il avrunt fet lur eschec,
Si returnerunt par ilec;
Desarmez sur lur palefrez
180   S'en revunt [il] soventefez,
Si se mettent en aventure
Cume de murir a dreiture.'
Bien tost les purreit damagier
184   E eus laidier e empeirier.
Elidus lur ad dit: 'Amis,
La meie fei vus en plevis:
Ki en tel liu ne va suvent
188   U il quide perdre a scïent,
Ja gueres ne gaainera
Në en grant pris ne muntera.
Vus estes tuz hummes le rei,

192   Si li devez porter grant fei.
Venez od mei la u j'irai,
Si fetes ceo que jeo ferai!
Jo vus asseür lëaument,
196   Ja n'i avrez encumbrement,
Pur tant cume jo puis aidier.
Si nus poüm rien gaainier,
Ceo nus iert turné a grant pris
200   De damagier noz enemis.'
Icil unt pris la seürté,
Si l'unt de si que al bois mené;
Pres del chemin sunt enbuschié,
204   Tant que cil se sunt repeirié.   *174 b*
Elidus lur ad tut mustré
E enseignié e devisé
De queil manere a eus puindrunt
208   E cum il les escrïerunt.
Quant al destreit furent entrez,
Elidus les ad escrïez.
Tuz apela ses cumpainuns,
212   De bien faire les ad sumuns.
Il i ferirent durement
[Ne] nes esparnierent nïent.
Cil esteient tut esbaï,
216   Tost furent rut e departi,
En poi de hure furent vencu.
Lur cunestable unt retenu
E tant des autres chevaliers—
220   Tuit en chargent lur esquïers—
Vint e cinc furent cil de ça,
Trente en pristrent de ceus de la.
Del herneis pristrent a espleit,
224   Merveillus gaain i unt feit.
Ariere s'en [re]vunt tut lié:
Mut aveient bien espleitié.
Li reis esteit sur une tur,
228   De ses hummes ad grant poür;
De Eliduc forment se pleigneit,
Kar il quidout e [si] cremeit

Quë il eit mis en abandun
232 Ses chevaliers par traïsun.
Cil s'en vienent tut aruté
[E] tut chargié e tut trussé.
Mut furent plus al revenir
236 Qu'il n'esteient al fors eissir:
Par ceo les descunut li reis,
Si fu en dute e en suspeis.
Les portes cumande a fermer   *174 c*
240 E les genz sur les murs munter
Pur traire a eus e pur lancier;
Mes [il] n'en avrunt nul mester.
Cil eurent enveié avant
244 Un esquïer esperunant,
Que l'aventure lur mustra
E del soudeür li cunta,
Cum il ot ceus de la vencuz
248 E cum il s'esteit cuntenuz;
Unques tel chevalier ne fu;
Lur cunestable ad retenu
E vint e noef des autres pris
252 E muz nafrez e muz ocis.
Li reis, quant la novele oï,
A merveille s'en esjoï.
Jus de la tur est descenduz
256 E encuntre Eliduc venuz.
De sun bienfait le mercia,
E il les prisuns li livra.
As autres depart le herneis,
260 A sun eos ne retient que treis
Chevals ke li erent loé;
Tut ad departi e duné,
La sue part communement,
264 As prisuns e a l'autre gent.
    Aprés cel fet que jeo vus di,
Mut l'amat li reis e cheri.
Un an entier l'ad retenu
268 E ceus ki sunt od lui venu,
La fiance de lui en prist;

De sa tere gardein en fist.
   Eliduc fu curteis e sage,
272   Beau chevaler [e] pruz e large.
La fille al rei l'oï numer
E les biens de lui recunter.

174d

Par un suen chamberlenc privé
276   L'ad requis, prïé e mandé
Que a li venist esbanïer
E parler e bien acuinter;
Mut durement s'esmerveillot
280   Quë il a li ne repeirot.
Eliduc respunt qu'il irrat,
Volenters s'i acuinterat.
Il est munté sur sun destrier,
284   Od lui mena un chevalier;
A la pucele veit parler.
Quant en la chambre dut entrer,
Le chamberlenc enveit avant.
288   Cil s'alat aukes entargant,
De ci que cil revient ariere.
Od duz semblant, od simple chere,
Od mut noble cuntenement
292   Parla mut afeit[ï]ement
E merciat la dameisele,
Guilliadun, que mut fu bele,
De ceo que li plot a mander
296   Quë il venist a li parler.
Cele l'aveit par la mein pris,
Desur un lit erent asis;
De plusurs choses unt parlé.
300   Icele l'ad mut esgardé,
Sun vis, sun cors e sun semblant;
Dit en lui n'at mesavenant,
Forment le prise en sun curage.
304   Amurs i lance sun message,
Que la somunt de lui amer;
Palir la fist e suspirer,
Mes nel volt mettrë a reisun,
308   Qu'il ne li turt a mesprisun.

Une grant piece i demura;   *175 a*
Puis prist cungé, si s'en ala;
El li duna mut a enviz,
312   Mes nepurquant s'en est partiz,
A sun ostel s'en est alez.
Tut est murnes e trespensez,
Pur la belë est en esfrei,
316   La fille sun seignur le rei,
Que tant ducement l'apela,
E de ceo ke ele suspira.
Mut par se tient a entrepris
320   Que tant ad esté al païs,
Que ne l'ad veüe sovent.
Quant ceo ot dit, si se repent:
De sa femme li remembra
324   E cum il li asseüra
Que bone fei li portereit
E lëaument se cuntendreit.
      La pucele ki l'ot veü
328   Vodra de lui fere sun dru.
Unques mes tant nul ne preisa;
Si ele peot, sil retendra.
Tute la nuit veillat issi,
332   Ne resposa ne ne dormi.
Al demain est matin levee,
A une fenestre est ale[e];
Sun chamberlenc ad apelé,
336   Tut sun estre li ad mustré.
'Par fei,' fet ele, 'mal m'esteitl
Jo sui cheï' en mauvés pleit:
Jeo aim le novel soudeer,
340   Eliduc, li bon chevaler.
Unques anuit nen oi repos
Ne pur dormir les oilz ne clos.
Si par amur me veut amer
344   E de sun cors asseürer,   *175 b*
Jeo ferai trestut sun pleisir,
Si l'en peot grant bien avenir:
De ceste tere serat reis.

348 Tant par est sages e curteis,
Que, s'il ne m'aime par amur,
Murir m'estuet a grant dolur.'
Quant ele ot dit ceo ke li plot,

352 Li chamberlenc que ele apelot
Li ad duné cunseil leal;
Ne li deit hum turner a mal.
'Dame,' fet il, 'quant vus l'amez,

356 Enveez i, si li mandez;
Ceinturë u laz u anel
Enveiez li, si li ert bel.
Si il le receit bonement

360 E joius seit del mandement,
Seür[e] seez de s'amur!
Il n'ad suz ciel empereür,
Si vus amer le volïez,

364 Que mut n'en deüst estre liez.'
La dameisele respundi,
Quant le cunseil de lui oï:
'Coment savrai par mun present

368 S'il ad de mei amer talent.
Jeo ne vi unques chevalier
Ki se feïst de ceo preier,
Si il amast u il haïst,

372 Que volenters ne retenist
Cel present ke hum li enveast.
Mut harreie k'il me gabast.
Mes nepurquant pur le semblant

376 Peot l'um conustre li alquant.
Aturnez vus e si alez!'
'Jeo sui,' fet il, 'tut aturnez.'
'Un anel de or li porterez   *175 c*

380 E ma ceinture li durez!
Mil feiz le me salüerez.'
Li chamberlenc s'en est turnez.
Ele remeint en teu manere,

384 Pur poi ne l'apelet arere;
E nekedent le lait aler,
Si se cumence a dementer:

'Lasse, cum est mis quors suspris
388 Pur un humme de autre païs!
Ne sai s'il est de haute gent,
Si s'en irat hastivement;
Jeo remeindrai cume dolente.
392 Folement ai mise m'entente.
Unques mes ne parlai fors ier,
E or le faz de amer preier.
Jeo quid kë il me blamera;
396 S'il est curteis, gre me savra;
Ore est del tut en aventure.
E si il n'ad de m'amur cure,
Mut me tendrai [a] maubaillie;
400 Jamés n'avrai joie en ma vie.'
    Tant cum ele se dementa,
Li chamberlenc mut se hasta.
A Eliduc esteit venuz,
404 A cunseil li ad dit saluz
Que la pucele li mandot,
E l'anelet li presentot,
La ceinture li ad donee;
408 Li chevalier l'ad mercïee.
L'anelet d'or mist en sun dei,
La ceinture ceint entur sei;
Ne li vadlet plus ne li dist,
412 Në il nïent ne li requist
Fors tant que de[l] suen li offri.
Cil n'en prist rien, si est parti;   *175 d*
A sa dameisele reva,
416 Dedenz sa chambre la trova;
De part celui la salua
E del present la mercia.
'Dival' fet el, 'nel me celer!
420 Veut il mei par amurs amer?'
Il li respunt: 'Ceo m'est avis:
Li chevalier n'est pas jolis;
Jeol tienc a curteis e a sage,
424 Que bien seit celer sun curage.
De vostre part le saluai

E voz aveirs li presentai.
De vostre ceinture se ceint,
428   Par mi les flancs bien s'en estreint,
E l'anelet mist en sun dei.
Ne li dis plus në il a mei.'
'Nel receut il pur drüerie?
432   Peot cel estre, jeo sui traïe.'
Cil li ad dit: 'Par fei, ne sai.
Ore oëz ceo ke jeo dirai:
S'il ne vus vosist mut grant bien,
436   Il ne vosist del vostre rien.'
'Tu paroles,' fet ele, 'en gas!
Jeo sai bien qu'il ne me heit pas.
Unc ne li forfis de nïent,
440   Fors tant que jeo l'aim durement;
E si pur tant me veut haïr,
Dunc est il digne de murir.
Jamés par tei ne par autrui,
444   De si que jeo paroge a lui,
Ne li vodrai rien demander;
Jeo meïsmes li voil mustrer
Cum l'amur de lui me destreint.
448   Mes jeo ne sai si il remeint.'
Li chamberlenc ad respundu: *176 a*
'Dame, li reis l'ad retenu
Desque a un an par serement
452   Qu'il li servirat lëaument.
Asez purrez aver leisir
De mustrer lui vostre pleisir.'
Quant ele oï qu'il remaneit,
456   Mut durement s'en esjoieit;
Mut esteit lee del sujur.
Ne saveit nent de la dolur
U il esteit, puis que il la vit:
460   Unques n'ot joie ne delit,
Fors tant cum il pensa de li.
Mut se teneit a maubailli;
Kar a sa femme aveit premis,
464   Ainz qu'il turnast de sun païs,

Quë il n'amereit si li nun.
Ore est sis quors en grant prisun.
Sa lëauté voleit garder;
468 Mes ne s'en peot nïent oster
Quë il nen eimt la dameisele,
Guilliadun, que tant fu bele,
De li veer e de parler
472 E de baiser e de acoler;
Mes ja ne li querra amur
Ke li [a]turt a deshonur,
Tant pur sa femme garder fei,
476 Tant pur ceo qu'il est od le rei.
En grant peine fu Elidus.
Il est munté, ne targe plus;
Ses cumpainuns apele [a] sei.
480 Al chastel vet parler al rei;
La pucele verra s'il peot:
C'est l'acheisun pur quei s'esmeot.
Li reis est del manger levez,
484 As chambres sa fille est entrez.   *176 b*
As eschés cumence a jüer
A un chevaler de utre mer;
De l'autre part de l'escheker
488 Deveit sa fillë enseigner.
Elidus est alez avant;
Le reis li fist mut bel semblant,
Dejuste lui seer le fist.
492 Sa fille apele, si li dist:
'Dameisele, a cest chevaler
Vus devrïez ben aquinter
E fere lui mut grant honur;
496 Entre cinc cenz nen ad meillur.'
Quant la meschine ot escuté
Ceo que sis sire ot cumandé,
Mut en fu lee la pucele.
500 Drescie s'est, celui apele.
Luinz des autres se sunt asis;
Amdui erent de amur espris.
El ne l'osot areisuner,

504   E il dutë a li parler,
        Fors tant kë il la mercia
        Del present que el li enveia:
        Unques mes n'ot aveir si chier.

508   Ele respunt al chevalier
        Que de ceo li esteit mut bel,
        E pur ceo l'enveat l'anel
        E la ceinturë autresi,

512   Que de sun cors l'aveit seisi;
        Ele l'amat de tel amur,
        De lui volt faire sun seignur;
        E s'ele ne peot lui aveir,

516   Une chose sace de veir:
        Jamés n'avra humme vivant.
        Or li redie sun talant!
        'Dame,' fet il, 'grant gre vus sai   1766

520   De vostre amur, grant joie en ai;
        [E] quant vus tant me avez preisié,
        Durement en dei estre lié;
        Ne remeindrat pas endreit mei.

524   Un an sui remis od le rei;
        La fiancë ad de mei prise,
        N'en partirai en nule guise
        De si que sa guere ait finee.

528   Puis m'en irai en ma cuntree;
        Kar ne voil mie remaneir,
        Si cungé puis de vus aveir.'
        La pucele li respundi:

532   'Amis, la vostre grant mercil
        Tant estes sages e curteis,
        Bien avrez purveü ainceis
        Quei vus vodriez fere de mei.

536   Sur tute rien vus aim e crei.'
        Bien s'esteent aseüré;
        A cele feiz n'unt plus parlé.
        A sun ostel Eliduc vet;

540   Mut est joius, mut ad bien fet:
        Sovent peot parler od s'amie,
        Grant est entre eus la drüerie.

Tant s'est de la guere entremis
544 Qu'il aveit retenu e pris
Celui ki le rei guerreia,
E tute la tere aquita.
Mut fu preisez par sa prüesce,
548 Par sun sen e par sa largesce;
Mut li esteit bien avenu.
Dedenz le terme ke ceo fu,
Ses sires l'ot enveé quere
552 Treis messages fors de la tere:
Mut ert grevez e damagiez
E encumbrez e empeiriez;   *176 d*
Tuz ses chasteus alot perdant
556 E tute sa tere guastant.
Mut s'esteit sovent repentiz
Quë il de lui esteit partiz;
Mal cunseil en aveit eü
560 E malement l'aveit veü.
Les traïturs ki l'encuserent
E empeirerent e medlerent
Aveit jeté fors del païs
564 E en eissil a tuz jurs mis.
Par sun grant busuin le mandot
E sumuneit e conjurot
Par l'aliance qu'il li fist,
568 Quant il l'umage de lui prist,
Que s'en venist pur lui aider;
Kar mut en aveit grant mester.
Eliduc oï la novele.
572 Mut li pesa pur la pucele;
Kar anguissusement l'amot
E ele lui ke plus ne pot.
Mes n'ot entre eus nule folie,
576 Joliveté ne vileinie:
De douneer e de parler
E de lur beaus aveirs doner
Esteit tute la drüerie
580 Par amur en lur cumpainie.
Ceo fu s'entente e sun espeir:

El le quidot del tut aveir
E retenir, s'ele peüst;
584   Ne saveit pas que femme eüst.
'Allas!' fet il, 'mal ai erré!
Trop ai en cest païs esté!
Mar vi unkes ceste cuntree!
588   Une meschine i ai amee,
Guilliadun, la fille al rei,
Mut durement e ele mei.
Quant si de li m'estuet partir,
592   Un de nus [deus] estuet murir
U ambedeus, estre ceo peot.
E nepurquant aler m'esteot;
Mis sires m'ad par bref mandé
596   E par serement conjuré
E ma femme d[e l]'autre part.
Or me covient que jeo me gart!
Jeo ne puis mie remaneir,
600   Ainz m'en irai par estuveir.
S'a m'amie esteie espusez,
Nel suff[e]reit crestïentez.
De tutes parz va malement;
604   Deu, tant est dur le partement!
Mes ki k'il turt a mesprisun,
Vers li ferai tuz jurs raisun;
Tute sa volenté ferai
608   E par sun cunseil err[er]ai.
Li reis, sis sire ad bone peis,
Ne qui que nul le guerreit meis.
Pur le busuin de mun seignur
612   Querrai cungé devant le jur
Que mes termes esteit asis
Kë od lui sereie al païs.
A la pucele irai parler
616   E tut mun afere mustrer;
Ele me dirat sun voler,
E jol ferai a mun poër.'
    Li chevaler n'ad plus targié,
620   Al rei veit prendre le cungié.

177 a

L'aventure li cunte e dit,
Le brief li ad mustré e lit
Que sis sires li enveia,
624 Que par destresce le manda.   *177 b*
Li reis oï le mandement
E qu'il ne remeindra nïent;
Mut est dolent e trespensez.
628 Del suen li ad offert asez,
La terce part de s'herité
E sun tresur abaundoné;
Pur remaneir tant li fera
632 Dunt a tuz jurs le loëra.
'Par Deu,' fet il, 'a ceste feiz,
Puis que mis sires est destreiz
E il m'ad mandé de si loin,
636 Jo m'en irai pur sun busoin;
Ne remeindrai en nule guise.
S'avez mester de mun servise,
A vus revendrai volenters
640 Od grant esforz de chevalers.'
De ceo l'ad li reis mercïé
E bonement cungé doné.
Tuz les aveirs de sa meisun
644 Li met li reis en [a]baundun,
Or e argent, chiens e chevaus
[E] dras de seie bons e beaus.
Il en prist mesurablement;
648 Puis li ad dit avenantment
Que a sa fille parler ireit
Mut volenters, si lui pleseit.
Li reis respunt: 'Ceo m'est mut bel.'
652 Avant enveit un dameisel
Que l'us de la chambrë ovri.
Elidus vet parler od li.
Quant el le vit, si l'apela
656 E sis mil feiz le salua.
De sun afere cunseil prent,
Sun eire li mustre briefment.
Ainz qu'il li eüst tut mustré   *177 c*

660   Ne cungé pris ne demandé,
           Se pauma ele de dolur
           E perdi tute sa culur.
           Quant Eliduc la veit paumer,
664   Si se cumence a desmenter;
           La buche li baise sovent
           E si plure mut tendrement;
           Entre ses braz la prist e tient,
668   Tant que de paumeisuns revient.
           'Par Deu,' fet il, 'ma duce amie,
           Sufrez un poi ke jo vus die:
           Vus estes ma vie e ma mort,
672   En vus est [tres]tut mun confort!
           Pur ceo preng jeo cunseil de vus
           Que fiancë ad entre nus.
           Pur busuin vois en mun païs;
676   A vostre pere ai cungé pris.
           Mes jeo ferai vostre pleisir,
           Que ke me deivë avenir.'
           'Od vus,' fet ele, 'me amenez,
680   Puis que remaneir ne volez!
           U si ceo nun, jeo me ocirai;
           Jamés joie ne bien ne avrai.'
           Eliduc respunt par duçur
684   Que mut l'amot de bon' amur:
           'Bele, jeo sui par serement
           A vostre pere veirement—
           Si jeo vus en menoe od mei,
688   Jeo li mentireie ma fei—
           De si k'al terme ki fu mis.
           Lëaument vus jur e plevis:
           Si cungé me volez doner
692   E respit mettre e jur nomer,
           Si vus volez que jeo revienge,
           N'est rien al mund que me retienge,   *177 d*
           Pur ceo que seie vis e seins;
696   Ma vie est tute entre voz meins.'
           Celë ot de lui grant amur;
           Terme li dune e nume jur

De venir e pur li mener.
700   Grant doel firent al desevrer,
Lur anels d'or s'entrechangerent
E ducement s'entrebaiserent.
      Il est desque a la mer alez;
704   Bon ot le vent, tost est passez.
Quant Eliduc est repeirez,
Sis sires est joius e liez
E si ami e si parent
708   E li autre communement,
E sa bone femme sur tuz,
Que mut est bele, sage e pruz.
Mes il esteit tuz jurs pensis
712   Pur l'amur dunt il ert suspris:
Unques pur rien quë il veïst
Joie ne bel semblant ne fist,
Ne jamés joie nen avra
716   De si que s'amie verra.
Mut se cuntient sutivement.
Sa femme en ot le queor dolent,
Ne sot mie quei ceo deveit;
720   A sei meïsmes se pleigneit.
Ele lui demandot suvent
S'il ot oï de nule gent
Que ele eüst mesfet u mespris,
724   Tant cum il fu hors del païs;
Volenters s'en esdrescera
Devant sa gent, quant li plarra.
'Dame,' fet il, 'nent ne vus ret
728   De mesprisun ne de mesfet.
Mes al païs u j'ai esté   *178 a*
Ai al rei plevi e juré
Que jeo dei a lui repeirer;
732   Kar de mei ad [il] grant mester.
Si li rei mis sire aveit peis,
Ne remeindreie oit jurs aprés.
Grant travail m'estuvra suffrir,
736   Ainz que jeo puisse revenir.
Ja, de si que revenu seie,

N'avrai joie de rien que veie;
Kar ne voil ma fei trespasser.'
740　　Atant le lest la dame ester.
Eliduc od sun seignur fu;
Mut li ad aidé e valu:
Par le cunseil de lui errot
744　　E tute la tere gardot.
Mes quant li termes apreça
Que la pucele li numa,
De pais fere s'est entremis;
748　　Tuz acorda ses enemis.
Puis s'est appareillé de errer
E queil gent il vodra mener.
Deus ses nevuz qu'il mut ama
752　　E un suen chamberlenc mena—
Cil ot de lur cunseil esté
E le message aveit porté—
E ses esquïers sulement;
756　　Il nen ot cure d'autre gent.
A ceus fist plevir e jurer
De tut sun afaire celer.
　　En mer se mist, plus n'i atent;
760　　Utre furent hastivement.
En la cuntree est arivez,
U il esteit plus desirez.
Eliduc fu mut veizïez:
764　　Luin des hafnes s'est herbergez;　　　*178 b*
Ne voleit mie estre veüz
Ne trovez ne recuneüz.
Sun chamberlenc appareilla
768　　E a s'amie l'enveia,
Si li manda que venuz fu,
Bien ad sun cuvenant tenu;
La nuit, quant tut fu avespré,
772　　El s'en istra de la cité;
Li chamberlenc od li ira,
E il encuntre li sera.
Cil aveit tuz changié ses dras;
776　　A pié s'en vet trestut le pas,

A la cité ala tut dreit,
U la fille le rei esteit.
Tant aveit purchacié e quis
780 Que dedenz la chambre s'est mis.
A la pucele dist saluz
E que sis amis est venuz.
Quant ele ad la novele oïe,
784 Tute murnë e esbaïe,
De joie plure tendrement
E celui ad baisé suvent.
Il li ad dit que a l'[a]vesprer
788 L'en estuvrat od lui aler.
Tut le jur unt issi esté
E lur eire bien devisé.
La nuit, quant tut fu aseri,
792 De la vile s'en sunt parti
Li dameisel e ele od lui,
E ne furent mais [que] il dui.
Grant poür ad ke hum ne la veie,
796 Vestue fu de un drap de seie,
Menuement a or brosdé,
E un curt mantel afublé.

Luinz de la porte al trait de un arc   *178ᶜ*
800 La ot un bois clos de un bel parc;
Suz le paliz les atendeit
Sis amis, ki pur li veneit.
Li chamberlenc la l'amena,
804 E il descent, si la baisa.
Grant joie funt a l'assembler.
Sur un cheval la fist munter,
E il munta, sa reisne prent;
808 Od li s'en vet hastivement.
Al hafne vient a Toteneis,
En la nef entrent demaneis;
N'i ot humme si les suens nun
812 E s'amie Guilliadun.
Bon vent eurent e bon oré
E tut le tens aseüré.
Mes quant il durent ariver,

816 Une turmente eurent en mer,
     E un vent devant eus leva
     Que luin del hafne les geta;
     Lur verge brusa e fendi
820 E tut lur sigle desrumpi.
     Deu recleiment devotement,
     Seint Nicholas e Seint Clement
     E ma dame Seinte Marie
824 Que vers sun fiz lur querge aïe,
     Ke il les garisse de perir
     E al hafne puissent venir.
     Un' hure ariere, un' autre avant,
828 Issi alouent costeant;
     Mut esteient pres de turment.
     Un des escipres hautement
     S'est escrïez: 'Quei faimes nus?
832 Sire, ça einz avez od vus
     Cele par ki nus perissums.
     Jamés a tere ne vendrums!
     Femme leale espuse avez
836 E sur celë autre en menez
     Cuntre Deu e cuntre la lei,
     Cuntre dreiture e cuntre fei.
     Lessez la nus geter en mer,
840 Si poüm sempres ariver.'
     Elidus oï quei cil dist,
     Pur poi que d'ire ne mesprist.
     'Fiz a putain,' fet il, 'mauveis,
844 Fel traïtre, nel dire meis!
     Si m'amie leüst laissier,
     Jeol vus eüsse vendu cher.'
     Mes entre ses braz la teneit
848 E cunfortout ceo qu'il poeit
     Del mal quë ele aveit en mer
     E de ceo que ele oï numer
     Que femme espuse ot sis amis
852 Autre ke li en sun païs.
     Desur sun vis cheï paumee,
     Tute pale, desculuree.

178 d

En la paumeisun demurra,
856 Que el ne revient ne suspira.
Cil ki ensemble od lui l'en porte
Quidot pur veir ke ele fust morte.
Mut fet grant doel; sus est levez,
860 Vers l'esciprë est tost alez,
De l'avirun si l'ad feru
K'il l'abati tut estendu.
Par le pié l'en ad jeté fors;
864 Les undes en portent le cors.
Puis qu'il l'ot lancié en la mer,
A l'estiere vait governer.
Tant guverna la neif e tint,
868 Le hafne prist, a tere vint.
Quant il furent bien arivé,
Le pont mist jus, ancre ad geté.   *179 a*
Encor jut ele en paumeisun
872 Ne n'ot semblant si de mort nun.
Eliduc feseit mut grant doel;
Iloc fust mort od li, sun voil.
A ses cumpainuns demanda
876 Queil cunseil chescun li dura
U la pucele portera;
Kar de li ne [se] partira,
Si serat enfuïe e mise
880 Od grant honur, od bel servise
En cimiterie beneeit:
Fille ert a rei, si'n aveit dreit.
Cil en furent tut esgaré,
884 Ne li aveient rien loé.
Elidus prist a purpenser
Quel part il la purrat porter.
Sis recez fu pres de la mer,
888 Estre i peüst a sun digner.
Une forest aveit entur,
Trente liwes ot de lungur.
Un seinz hermites i maneit
892 E une chapele i aveit;
Quarante anz i aveit esté.

Meintefeiz ot od lui parlé;
A lui, ceo dist, la portera,
896   En sa chapele l'enfuira;
De sa tere tant i durra,
Une abeïe i fundera,
Si [i] mettra cuvent de moignes
900   U de nuneins u de chanoignes,
Que tuz jurs prïerunt pur li;
Deus li face bone merci!
Ses chevals ad fait amener,
904   Sis cumande tuz a munter.
Mes la fiaunce prent d'iceus
Quë il n'iert descuvert pur eus.
Devant lui sur sun palefrei
908   S'amie porte ensemble od sei.
     Le dreit chemin ad tant erré
Qu'il esteient al bois entré.
A la chapele sont venu,
912   Apelé i unt e batu:
N'i troverent kis respundist
Ne ki la porte lur ovrist.
Un des suens fist utre passer
916   La porte ovrir e desfermer.
Oit jurs esteit devant finiz
Li seinz hermites, li parfiz;
La tumbe novele trova.
920   Mut fu dolenz, mut s'esmaia.
Cil voleient la fosse faire—
Mes il les fist ariere traire—
U il deüst mettre s'amie.
924   Il lur ad dit: 'Ceo n'i ad mie;
Ainz en avrai mun cunseil pris
A la sage gent del païs
Cum purrai le liu eshaucier
928   U de abeïe u de mustier.
Devant l'auter la cucherum
E a Deu la cumanderum.'
Il ad fet aporter ses dras,
932   Un lit li funt ignelepas;

179 b

La meschine desus cuchierent
E cum pur morte la laissierent.
Mes quant ceo vient al departir,
936 Dunc quida il de doel murir.
Les oilz li baisë e la face.
'Bele,' fet il, 'ja Deu ne place
Que jamés puisse armes porter   *1796*
940 Ne al secle vivre ne durer!
Bele amie, mar me veïstes!
Duce chere, mar me siwistes!
Bele, ja fuissiez vus reïne,
944 Ne fust l'amur leale e fine
Dunt vus m'amastes lëaument.
Mut ai pur vus mun quor dolent.
Le jur que jeo vus enfuirai
948 Ordre de moigne recevrai;
Sur vostre tumbe chescun jur
Ferai refreindre ma dolur.'
Atant s'en part de la pucele,
952 Si ferme l'us de la chapele.
        A sun ostel ad enveé
Sun message, ki ad cunté
A sa femme quë il veneit,
956 Mes las e travaillé esteit.
Quant el l'oï, mut en fu lie,
Cuntre lui s'est apareillie;
Sun seignur receit bonement.
960 Mes poi de joie l'en atent,
Kar unques bel semblant ne fist
Ne bone parole ne dist.
Nul ne l'osa mettre a reisun.
964 Deus jurs esteit en la meisun;
La messe oeit bien par matin,
Puis se meteit su[l]s al chemin.
Al bois alot a la chapele
968 La u giseit la dameisele.
En la paumeisun la trovot:
Ne reveneit ne suspirot.
De ceo li semblot grant merveille

972   K'il la veeit blanche e vermeille;
        Unkes la colur ne perdi
        Fors un petit que ele enpali.   *179 d*
        Mut anguissusement plurot
976   E pur l'alme de li preiot.
        Quant aveit fete sa prïere,
        A sa meisun alot ariere.
           Un jur a l'eissir del muster
980   Le aveit sa femme fet gaiter
        Un suen vadlet; mut li premist:
        De luinz alast e si veïst
        Quel part sis sires turnereit;
984   Chevals e armes li durreit.
        Cil ad sun comandement fait.
        Al bois se met, aprés lui vait,
        Si qu'il ne l'ad aparceü.
988   Bien ad esgardé e veü
        Cument en la chapele entra;
        Le dol oï qu'il demena.
        Ainz que Eliduc s'en seit eissuz,
992   Est a sa dame revenuz.
        Tut li cunta quë il oï,
        La dolur, la noise e le cri
        Cum fet sis sire en l'ermitage.
996   Ele en mua tut sun curage.
        La dame dit: 'Sempres irums,
        Tut l'ermitage cerchirums.
        Mis sires deit, ceo quit, errer:
1000 A la curt vet al rei parler.
        Li hermites fu mort pieça;
        Jeo sai asez quë il l'ama,
        Mes ja pur lui ceo ne fereit,
1004 Ne tel dolur ne demerreit.'
        A cele feiz le lait issi.
           Cel jur memes aprés midi
        Vait Eliduc parler al rei.
1008 Ele prent le vadlet od sei;
        A l'ermitage l'ad mene[e].   *180 a*
        Quant en la chapele est entre[e]

E vit le lit a la pucele,
1012 Que resemblot rose nuvele,
Del covertur la descovri
E vit le cors tant eschevi,
Les braz lungs [e] blanches les meins
1016 E les deiz greilles, lungs e pleins,
Or seit ele la verité,
Pur quei sis sire ad duel mené.
Le vadlet avant apelat
1020 E la merveille li mustrat.
'Veiz tu,' fet ele, 'ceste femme,
Que de beuté resemble gemme?
Ceo est l'amie mun seignur,
1024 Pur quei il meine tel dolur.
Par fei, jeo ne me merveil mie,
Quant si bele femme est perie.
Tant par pité, tant par amur,
1028 Jamés n'avrai joie nul jur.'
Ele cumencet a plurer
E la meschine regreter.
Devant le lit s'asist plurant.
1032 Une musteile vint curant,
De suz l'auter esteit eissue,
E le vadlet l'aveit ferue
Pur ceo que sur le cors passa;
1036 De un bastun qu'il tint la tua.
En mi l'eire l'aveit getee.
Ne demura ke une loëe,
Quant sa cumpaine i acurrut,
1040 Si vit la place u ele jut;
Entur la teste li ala
E del pié suvent la marcha.
Quant ne la pot fere lever,
1044 Semblant feseit de doel mener.   *180 b*
De la chapele esteit eissue,
As herbes est al bois venue;
Od ses denz ad prise une flur,
1048 Tute de vermeille colur;
Hastivement reveit ariere;

Dedenz la buche en teu manere
A sa cumpaine l'aveit mise,
1052   Que li vadlez aveit ocise,
En es l'ure fu revescue.
La dame l'ad aparceüe;
Al vadlet crie: 'Retien la!
1056   Getez, franc humme, mar se ira!'
E il geta, si la feri,
Que la floret[e] li cheï.
La dame lieve, si la prent;
1060   Ariere va hastivement.
Dedenz la buche a la pucele
Meteit la flur que tant fu bele.
Un petitet i demurra,
1064   Cele revint e suspira;
Aprés parla, les oilz ovri.
'Deu,' fet ele, 'tant ai dormi!'
Quant la dame l'oï parler,
1068   Deu cumençat a mercïer.
Demande li ki ele esteit,
E la meschine li diseit:
'Dame, jo sui de Logres nee,
1072   Fille a un rei de la cuntree.
Mut ai amé un chevalier,
Eliduc le bon soudeer;
Ensemble od lui m'en amena.
1076   Peché ad fet k'il m'enginna:
Femme ot espuse; nel me dist
Në unques semblant ne m'en fist.
Quant de sa femme oï parler,
1080   De duel kë oi m'estuet paumer.
Vileinement descunseillee
M'ad en autre tere laissee;
Trahi[e] m'ad, ne sai quei deit.
1084   Mut est fole quë humme creit.'
'Bele,' la dame li respunt,
'N'ad rien vivant en tut le munt
Que joie li feïst aveir;
1088   Ceo vus peot hum dire pur veir.

1806

Il quide ke vus seez morte,
A merveille se descunforte.
Chescun jur vus ad regardee;
1092   Bien quid qu'il vus trova pasmee.
Jo sui sa spuse vereiment,
Mut ai pur lui mun quor dolent;
Pur la dolur quë il menot
1096   Saveir voleie u il alot:
Aprés lui vienc, si vus trovai.
Que vive estes grant joie en ai;
Ensemble od mei vus en merrai
1100   E a vostre ami vus rendrai.
Del tut le voil quite clamer,
E si ferai mun chef veler.'
Tant l'ad la dame confortee
1104   Que ensemble od li l'en ad menee.
    Sun vallet ad appareillé
E pur sun seignur enveié.
Tant errat cil qu'il le trova;
1108   Avenantment le salua,
L'aventure li dit e cunte.
Sur un cheval Eliduc munte,
Unc n'i atendi cumpainun.
1112   La nuit revint a sa meisun.
Quant vive ad trovee s'amie,
Ducement sa femme mercie.   *180 d*
Mut par est Eliduc haitiez,
1116   Unques nul jur ne fu si liez;
La pucele baise suvent
E ele lui mut ducement;
Ensemble funt joie mut grant.
1120   Quant la dame vit lur semblant,
Sun seignur ad a reisun mis;
Cungé li ad rové e quis
Que ele puisse de lui partir,
1124   Nunein volt estre, Deu servir;
De sa tere li doint partie,
U ele face une abeïe;
Cele prenge qu'il eime tant,

1128   Kar n'est pas bien në avenant
        De deus espuses meintenir,
        Ne la lei nel deit cunsentir.
        Eliduc li ad otrïé
1132   E bonement cungé doné:
        Tute sa volunté fera
        E de sa tere li durra.
        Pres del chastel einz el boscage
1136   A la chapele a l'hermitage
        La ad fet fere sun muster
        [E] ses meisuns edifïer;
        Grant tere i met e grant aveir:
1140   Bien i avrat sun estuveir.
        Quant tut ad fet bien aturner,
        La dame i fet sun chief veler,
        Trente nuneins ensemble od li;
1144   Sa vie e s'ordrë establi.
           Eliduc ad s'amie prise;
        A grant honur, od bel servise
        En fu la feste demenee
1148   Le jur qu'il l'aveit espusee.
        Ensemble vesquirent meint jur,   *181 a*
        Mut ot entre eus parfit' amur.
        Granz aumoines e granz biens firent,
1152   Tant quë a Deu se cunvertirent.
        Pres del chastel de l'autre part
        Par grant cunseil e par esgart
        Une eglise fist Elidus,
1156   De sa terë i mist le plus
        E tut sun or e sun argent.
        Hummes i mist e autre gent
        De mut bone religïun
1160   Pur tenir l'ordre e la meisun.
        Quant tut aveit appareillé,
        Nen ad puis gueres [a]targé:
        Ensemble od eus se dune e rent
1164   Pur servir Deu omnipotent.
        Ensemble od sa femme premere
        Mist sa femme que tant ot chere.

El la receut cum sa serur
1168   E mut li porta grant honur;
De Deu servir l'amonesta
E sun ordre li enseigna.
Deu priouent pur lur ami
1172   Qu'il li feïst bone merci;
E il pur eles repreiot,
Ses messages lur enveiot
Pur saveir cument lur esteit,
1176   Cum chescune se cunforteit.
Mut se pena chescun pur sei
Đe Deu amer par bone fei
E mut [par] firent bele fin,
1180   La merci Deu, le veir devin.
    De l'aventure de ces treis
Li auntïen Bretun curteis
Firent le lai pur remembrer,
1184   Que hum nel deüst pas oblïer.

REJECTED READINGS OF MS. *H*

The text reproduces MS. *H* without changes of any kind except those indicated below.

A. ORTHOGRAPHICAL

1. The addition of words or letters indicated in the text by the use of square brackets.

2. The introduction of diacritic signs and punctuation, of the distinction between *i* and *j*, *u* and *v*, the use of capitals and occasional regularization of erroneous word-division.

3. The scribe frequently wrote the final (elided) *e* before words beginning with a vowel or mute *h*. This has been left intact and the diaeresis employed to indicate cases of hiatus. Elision of other final vowels (written by the scribe, but not pronounced) is indicated by an apostrophe in the following instances:—*si* (for *se* 'if') (G. 403, 419, 436, 612, 615, 649, 804; Eq. 80, 82, 83, 94, 96, 143, 159; F. 283, 368, 385; B. 69, 256, 258; L. 25, 222, 245, 327; D. 79, 115; Y. 139, 413; M. 239; El. 515, 583, 601, 638, 722); *sa* (G. 418, 462, 752; F. 161; L. 165; El. 629); *jeo* or *jo* (G. 351; F. 471; B. 220; L. 615; Y. 3; Lc. 107; M. 193; El. 193); *ceo* (F. 408; B. 313; L. 346, 482, 523; Y. 338, 513; Cha. 225); *quei* (for *que*) (B. 84; L. 383; F. 176; Y. 321).

4. Elimination of the following scribal features:—

(*a*) Intercalated *e* between *v* and *r* (Pr. 11, 21, 25, 27; G. 120, 172, 193, 497, 523, 525, 555, 562, 600; Eq. 95, 168; F. 10, 120, 178, 259, 318, 322, 403, 409, 422; B. 76, 110, 114, 182, and *Bisclaueret* throughout; L. 142, 145, 164, 434, 455, 466, 541, 574, 624, 629; D. 30, 89, 90, 187; Y. 162, 205, 246, 328, 404; M. 134, 149, 214, 225; Chv. 42; El. 177, 258, 396, 517, 534, 682, 715, 735, 738, 788, 925, 948, 1013, 1028, 1065, 1140); *d* and *r* (G. 852; F. 262, 325); *t* and *r* (Lc. 133; Cha. 163).

(*b*) Scribal use of *ele* for *el* (G. 337, 426, 436, 442, 480, 569, 681, 686, 735; Eq. 158, 159, 180, 206 F. 222, 445; B. 26, 32, 119, 258; L. 314, 590; D. 130, 176; Y. 165, 236, 240, 307, 323, 353, 417, 541; M. 28, 117, 218; Cha. 17; Chv. 60; El. 311, 419, 503, 506, 582, 655, 856, 957, 1167); *ore* for *or* (G. 862; Eq. 61; L. 143, 506, 598; D. 320; Y. 134, 217, 224, 244, 305, 531; M. 149, 210, 276, 366, 518; Cha. 230; El. 394, 518, 598, 1017); *desore* for *desor* (Lc. 109); *uncore* for *uncor* (Eq. 93); *encore* for *encor* (El. 871); *unques* for *unc* (G. 654; B. 107); *humme* or *hume* for *hum* (Eq. 146; F. 19; B. 156, 232, 239, 292; L. 169. 279, 645; Y. 423, 510; M. 183, 308; Chv. 2; El. 92, 354, 1088); *pro-dume* for *produm* (F. 115; B. 281).

(*c*) Scribal *quil* or *kil* for *quë il* or *kë il* (G. 46, 66, 252, 591, 599; Eq. 141; F. 13; B. 206; L. 465; Y. 198, 550; M. 46, 177, 245, 286, 290, 523; Cha. 118, 210; Chv. 49; El. 231, 280, 395, 558, 713, 906, 955, 993, 1002, 1095).

(*d*) Scribal *cum* for *cume* (G. 488, Y. 48; Cha. 93; Chv. 69; El. 182, 197,

391); *unc* for *unques* (F. 126, 352, 486, 498; B. 180; L. 602, 621; Y. 129, 518, 521; Lc. 150; M. 93, 325, 331, 443; Cha. 132, 134; El. 249, 329, 341, 369, 393, 460, 507, 713, 961, 1078, 1116).

(*e*) Scribal *memes* for *meïsmes* (Eq. 64; F. 66, 72, 79, 227, 470, 494; B. 56, 293; L. 219; Y. 465; M. 307; El. 446, 720); *nent* for *nïent* (G. 314; Eq. 126; Y. 326, 349; El. 214, 468, 626); *pali* for *paile* (F. 293, 403, 421, 426, 446, 474); *palie* for *paile* (F. 208, 299, 413, 432; L. 492, 511; Y. 499).

(*f*) Suppression of pretonic *e* in hiatus (G. 303, 675, 709; Eq. 80, 159; F. 51, 185, 212, 382, 479; B. 236, 254, 310; L. 557; D. 151, 164; Y. 17, 81, 521; Lc. 18; M. 15, 228, 244, 259; Chv. 66; El. 766); *a* in hiatus (G. 600; Eq. 261; F. 328, 503; L. 605; M. 328, 402; El. 139, 189, 198, 224).

(*g*) Suppression of pronominal adverb *en* (G. 231, 314; Eq. 184, 200, 254; F. 86, 190, 292; B. 28; L. 625; D. 149; Y. 423; M. 32, 93, 152; Cha. 163; Chv. 10; El. 428, 456, 756).

(*h*) Scribal *li* for *lui* (after prep.) (G. 297, 522, 641, 752, 757, 785, 861; Eq. 55, 193, 205, 208, 266, 299; F. 26, 90, 291, 313, 316, 405; B. 38, 183, 188, 198, 199, 224, 244, 279, 290, 294, 296; L. 79, 381, 419, 478; D. 226; Y. 44, 220; Lc. 71, 156; M. 18, 275, 354, 371; El. 101, 269, 284, 328, 447, 788, 793, 894, 1003, 1094, 1123); *celi* for *celui* (G. 724); *autri* for *autrui* (F. 87); *lui* for *li* f. (after prep.) (L. 574, 608; D. 180, 210; Y. 167; Chv. 95; El. 1104).

B. TEXTUAL

(The rejected readings of *H* are unsupported, except where there is an indication to the contrary in the Notes.)

PROLOGUE

1 e.] en science — 15 puessent — 20 E plus — 28 comencerai — 32 I. se s. altres e. — 43 En le h. —

I. GUIGEMAR

7 il i ad — 48 dunez — 54 Angoue — 79 E al — 97 resorti — 104 esteit — 113 quiisse — 124 out — 126 quele — 132 ki le — 142 s.] sest — 144 Ki le; ki le — 146 v.] unt *with* uert *added above it* — 158 or] oi — 165 a. si d. — 171 p.] pecun — 178 dirrai — 187 esmerueilliez — 189 sa] a sa — 194 out] eurent — 202 si le — 218 ne] nel — 234 la] de — 241 le] les — 244 e. nient f. — 247 bailliez — 248 enseigniez — 258 f. il pas — 270 uoleit — 282 Arestuz ele si e. — 287 Or i] v — 299 Desuz; maine — 300 seine — 309 queile — 328 nef i ui — 353 ma] une; ma] une — 362 s'est] cest — 371 A] De — 384 suspira — 399 q. le] quei — 410 ki] kil — 420 la] le — 427 matinest — 463 b.]riens — 479 s'il] si ele — 480 e ses loinat — 481 s'e.] sa fierte — 489 j.] lo liuent — 496 e.] en noit — 515 Perme laliue del m. — 516 l. t.] lungeme — 517 cherier — 518 usee — 521 a] de — 523 si en — 528 s. nul r. — 536 Fui — 538 ki ne] lu — 539 roe] ioie — 563 Ele li — 568 couenent — 580 li out — 591 la] le — 604 c. il est — 607 Tant li — 629 ad] lad — 637 si] sil — 664 suffri — 673 n.] mettrai — 682 r.] chose — 685 b.] port — 691 sires — 697 f.] f. se — 698 ki] v ele — 703 la] une — 710 esteit — 717 ueste e — 723 nen] ne li — 724 kil auera — 732 depeceiz — 736 Par un — 738 tresche — 754 ameine — 776 Dunc — 780 changent — 827-8 *come after* 829-30 *in H* — 831 entrai — 839 c.] cunuie — 864 Si guereient — 874 au p.] apreuf —

II. EQUITAN

5 Les—9 V ent f.—10 ne] nai—16 m.] amot—30 grant—34 u.] muat—37 n'a.] nout—74 cume—78 afoleez—84 d.] damur—94 dreu—106 El chambre —117 Si de la d.—120 sui] sei—124 ne vus de—127 me auerez—135 Que- dereiez—143 Si aukun amez—151 fin] del tut—166 E de p.—169 m'o.] mustrei—170 mie] pas—209 plurt—247 sires; baignera—248 E od uus se dignera—275 buillante—276 deust—284 feu—286 deust—288 le] la—289 hair—292 entreacolez—294 Pensa sa—300 E il est—

III. LE FRESNE

3 aueient—5 Riches hummes—23 sires—26 Kar deiuste li—31 Si meit D.— 43 l'a] laueit—52 B. fu s.—78 sauerunt—119 cele—121 En une chine de— 123 une—126 n'o.] nerent—130 En chescun turn out—141 Parmie la forest— 148 E la—156 t. e les—163 Si ceo te—169 E q. fois e. r.—173 Desuz—180 s.] s. deu—191 nel laist—194 sires fu m.—229 La F.—250 r.] se r.—266 s.] serur—283 enceintez—284 curuciez—288 R.] Kar r.—295 La a.—296 c. il est—298 Suz le—300 li] le—317 gentile—332 Ad un pr. parle od nus—355 Le c.—357 M. dol enmenerent—366 sires—379 Entra la—385 s.] le s.—397 o.] fu—411 E ele—413 La palie—453 del p.—479 ai ici—485 sui ieo l.—502 il] ele—508 Par mie li—517 del] de la—

IV. BISCLAVRET

12 forest—25 le deperdeit—37 si] sil—40 ne me direz—45 q.] leuer—50 u uus c.—56 perdirai—73 jes] ieo les—89 d.] de lee—121 sires—174 e puiz— 188 chacez—227 f. le b.—254 qu'] u—263 p. ad la d. p.—279 les urent— 286 muet—299 Troua il d.—306 c. hors de—313 neies—314 E souienent e.—

V. LANVAL

32 ne] rien ne—58 Laciez—73 enueit—79 peist—124 Ja nosiriez r. c.—131 oï] loi—156 a la] al—191 unt—198 d.] sotaunt—214 nen ust—234 A. se sunt —235 reuient—240 La maisne Lanual c.—241 c.] choisi—246 sunt—252 Cil par les mains ni ert—254 l'] li—258 il nad—303 parte—310 pleinereit—331 enueit—333 o.] chastel—344 parlot—358 sun] a lur—370 uaillante—434 nuls —441-48 *Order in H:* 443-448, 442, 441—448 hum] bien—459 perde—467 reuait—477 esgardouent—494 Si e. od—495 v.] mut v.—505 Ni auerat nul— 537 ici—539 uiendrent—556 ad quens ne—570 si c.] sun cheual—584 ne seschaufast—586 ueneient—588 que le—604 b. venue—616 le ici—636 uenoent—

VI. DEUS AMANZ

3 De d. amanz que sentreamerent—26 m.] meisne—40 E par tut la c. seue —41 asuerent—46 l'] lur—59 fu] sui—61-62 *not in* H—64 sentreamerent—65 celereient—73 damiseus—86 m'i] me—89 peres—123 de diuers—128 p.] uet p.—132 tut] tant—134 ad chargie—139 t.] tele—140 l'] en—164 d. e mut— 165 E a m.—166 a] od; aler—184 alaissa—193 escrireent—229 kis] lur—234 Kar si—

VII. YONEC

5 En pris ai—8 il avint—17 trespensez—26 mut] tute—27 enserreie—61 La d. a p. e asueil—81 s. tut mi—83 g.] glut—84 a] de—87 deust—99 blamez —100 e.] eus—117 s.] sens—120 l'en] la—126 ceo] coe—132 p.] paleis—135 se] sa—138 ele] il—161 Le semblant—164 James de—177 dist uus sufferez— 186 E c. d. a.—187 retenu—188 E le—209 Nen en p.—215 tient—228 sires— 249 esteiez—252 si] sa—286 furchier—289 apparailliez—290 enfurchiez— 338 el] il—349 v.] aler—357-8 *not in H*—384 Vn c. i treue desus—386 terz— 388 puecon—390 Les cirges ne les chandeliers—398 Malauenturus s. se c.— 421 Lespee—448 feiz—456 garda—460 El nun ni osa humme t.—461 P. fu e beaus e v.—470 sires—473 i amenast—480 s.] mund—483 Li uallaz les i herla —495 unt—499 une—504 E de argent li—

VIII. LAÜSTIC

3 avis—5 r.] reisun—7 En] Vn—10 f.] forez—14 e] mut—29 sentreamer-ent—30 esgarderent—49 estreite—57 entreame—59 r.] reuerali—85 n'] nen —87 l'i] le—94 Que le—96 larcun—100 prise—123 Tuz ceus—124 e] e les ─129 suleie—142 d. li d.—144 E le—160 lapelent hum—

IX. MILUN

8 i.] ci—15 Mut] Amez—28 plust—30 Si en—43 a.] si—58 Sun pere e— 65 quei—70 e enseignee—74 Si en ad sufferte m. d.—109 les] ses—118 b. li baille e le sel—119 ele le sot—136 perdrai—155 g. d.] e—182 il] ele—185 Vne huchie de suz K.—200 uns granz e.—203 nul ni fu—219 li] le—228 debruse— 232 dire—276 remeint—293 Quant il—347 Que] Pur—360 qu'] u—409 s'i] se; ᴀcumpainier—419 Mes il ne—420 Ja laueit lui si f.—430 Deureit—441 cerche —448 ieo en—452 m'i] me—489 Les c.—493 Vn b.—498 n.] nul liu—508 f.] suef—518 sires—525 liez de sun beau fiz—

X. CHAITIVEL

5 cum il ot—22 cil le v.—35 *and* 36 *interchanged in H*—49 s.] prisens—56 fait —83 Al uespres—97 a] tut a—99 hair—124 p. de fors—125 perduz—162 poeit—197 namerai—198 perdrai—213 p.] peint—240 en] ne—

XI. CHIEVREFUEIL

11 Markes—25 e trespensis—50 r.] reine—55 De la—65 e.] atendre—71 il est si l.—73 poeient—76 ensemblement—90 que mut fu—114 breuement— 116 n. en f.—

XII. ELIDUC

12 sentreamerent—39 li] le—52 ne] pas ne—63 fieuz—65 t. a sun—70 E une—73 gardoent—94 Kar h.—97 A sun pere sil g.—100 Naueit el—118 A.] Quant—131 E a g. h. r.—202 Cil unt—205 demustre—209 e.] uenuz— 213 fierent—216 rut] rumpu—223 a grant e.—239 cumanda—261 Cheualers— 273 al] le—286 deust—324 esseura—334-6 *Order in H:* 335-6-4—335 apelee

—338 en mal espleit—359 Sil le—366 oi de li—422 c.] chamberlenc—423
Jeo le—446 Kieo—465 nauereit—468 uiter—476 T. cum il—498 sires—510
l'] li—554 e damagiez—559 ot—576 Jolifte—604 le departement—609 sires—
611 le] la—658 breuement—677 frei—689 k'] ki—697 ot] oi—733 sires—
750 queile—761 esteit—770 c.] cumand—772 Sen eissi de—782 esteit—789
ot—805 firent—828 acosteant—830 e.] deciples—837 e encuntre—842 A poi
dire ne m.—845 peust—846 v. mut c.—849 ot—882 si en—888 deigner—
902 Ke deus—933 courirent—954 ki] li—995 sires—999 Mis s. dit ceo
quide e.—1013 la] lad—1018 sires—1024 tele—1053 E memes lure—1145
E. samie ad p.—1167 cume—1176 E cum—

NOTES

PROLOGUE (HN)

THERE is no title in the MS. The Prologue was clearly composed after the lays—or at least after the bulk of them had been written, though, as the dedication and the last line show, it was meant to stand at the beginning. The obscurities which it presents contrast markedly with Marie's normally clear narrative style: it may have suffered in transmission, but in the main the nature of the subject-matter must be held accountable.[1] The following translation has been kept as literal as possible:—'Whom God has granted knowledge and fair eloquence of speech, he must not be mute and secretive; rather shall he readily reveal himself. When a thing of great virtue is heard by the many, then for the first time does it blossom forth, and when it is praised by the multitude, then has it burst into full bloom. It was the custom among the Ancients—so testifies Priscianus—in the books which they wrote in olden days to put their thoughts somewhat obscurely, so that those who were to come after them and who were to learn them, might construe their writing and add to it from their own ingenuity. The Philosophers knew this and understood of their own experience that the longer men live (i.e. with the passage of time), the more subtle of mind would they become and know better how to avoid the transgression of that (i.e. the teaching) which was contained therein. He who would defend himself against sin must study and strive and undertake grievous labour; thereby he can keep more aloof from it and spare himself great distress. Wherefore I began to bethink me of composing some good tale, translating it from Latin into the Romance tongue. But this would not have been of much profit to me: so many others have undertaken it. I thought of the lays I had heard; I doubted not, well did I know that those who first began them and sent them forth, composed them to record the adventures which they heard. Several of them have I heard tell, and wish not to neglect or forget them. I have rhymed them and made a poem of them; oft have I sat up into the night over them.

In your honour, noble king, who are so knightly and courtly, before whom all joy bows down (does homage) and from whose heart springs all that is good, I undertook to gather these lays, to put them to rhyme and retell them. . . .'

---

10 Priscianus, a Latin grammarian of the sixth century. Marie here refers to the beginning of his *Institutiones* (text in Keil *Grammatici Latini* II, 1).

---

[1]At the moment of going to press, the interesting article by L. Spitzer, 'The Prologue to the *Lais* of Marie de France and Medieval Poetics' *Mod. Philology* XLI (1943), 96-102, has come to hand. It makes out a strong case for attributing to the Prologue a more direct reference to Marie's own role as 'poeta philosophus et theologus' than has been supposed hitherto.

16 A reference to the activity of the Scholiasts, which was devoted very largely to the glossing and commenting of older texts.

17 The ancient philosophers, and by extension ancient writers in general.

19 This line is suspect, both the construction and the tense of *passerunt* being unusual. Warnke adopts the emendation suggested by R. Meissner and G. Cohn: *Cum plus trespassereit li tens.*

28-31 These lines indicate clearly that Marie had not at that time composed her translation (or rather transposition) of the *Purgatory of St. Patrick* (see Introd., p. vi), though she may well have had this project in mind, only to reject it on the ground that she could not expect much credit for a type of literature in which so many others were engaged (l. 32).

33-7 Note the very explicit reference to the existence of 'lais' (elsewhere attributed to the 'Bretuns'); cf. Introd., p. xiii.

41 This does not *necessarily* rule out the existence of versified 'lais' before Marie de France, any more than 'conter' (l. 39) *necessarily* implies a prose narrative.

43 For the identification of this king, see Introd., p. viii.

48 L. Foulet's interpretation 'en versifiant des contes' involves the suppression of any punctuation after *assembler*; it would seem to be motivated by that scholar's theory to the effect that Marie was not in fact basing herself upon actual Breton lays.

1. GUIGEMAR (HPSN)

The introduction (ll. 1-26) is the longest of all those standing at the head of the separate lays and the only one in which Marie discusses subjects foreign to the lay it introduces. Particularly noteworthy is her reference to envious rivals, which, taken together with what she says in the Epilogue to the *Fables*, gives point to the slighting remarks about her work by Denis Piramus (cf. Introd., p. vii).

It would therefore appear that we have here the original 'preface' or 'prologue' to the whole collection. The lays may well have appeared separately, each with its short preamble, and then, in the collected form, the poetess may have composed this further general preface to stand at the beginning of the first lay, taking the opportunity to name herself and establish a sort of 'copyright' to her work. Lines 19-22 show that, if she had not already composed several lays, she had at least projected a series of such tales. The Prologue proper may well have been composed subsequently and prefixed to the complete collection when it was dedicated and presented to the King.

Foulet argues that the introduction to *Guigemar* always existed as a sort of prologue and that *Guigemar* was the first lay composed by Marie. But it should be noted that SN lack lines 1-18, while P gives a garbled version of lines 1-12 and omits lines 13-18. On the other hand, there is the fact that *Guigemar* stands first in HSN. Hoepffner sees in *Guigemar* a more mature work than other lays such as *Lanval* and *Yonec*, and would therefore place it later ('Pour la chronologie des lais de Marie de France' *Romania* LX (1934), 45-66).

5-6 'People should praise him who causes himself to be well spoken of.'

19 *verrais* in the sense that they are authenticated by tradition. This gives all the more force to the following line with its explicit reference to *lais* composed by the Bretons (i.e. Celts)—whatever may have been the provenance of the narrative materials they exploited. The reference to a written source or model is reminiscent of the similar conventionalized invoking of 'gestes' and 'livres' by authors of epics and romances, but is not necessarily to be classed here as a mere conventional trick.

23. 'According to the writing and the text.' This interpretation, which is the natural one, implies that Marie followed—in part at least—written sources. It is worth noting that Levi is led, in the course of his researches into the history of the *lais*, to the conclusion that there probably existed written documents in the monastery of St. Aaron at Caerleon (Mon.) which may have been the immediate source of some of the lays. Cf. the *Lai de l'Espine*, which speaks of 'estoires qui encor sont a Carlion enz el mostier St. Aaron' as the source of the lay. See also *Yonec*, 467-8 and *Chv.* 5-7. For a different interpretation of this line, see G. Paris, in *Rom.* XIV, 605, n. 1.

Guigemar is a lay which combines certain fairy-tale elements with a 'roman d'amour' inspired to a considerable extent by such models as the *Roman d'Eneas* and the *Roman de Thebes*, the action being localized in Brittany and linked loosely with the reigning house of the province of the Léonnais.[1]

The pursuit of a white hind or roe, which turns out to be a fairy, recurs in many tales, notably in the anonymous lay of *Graëlent*.[2] In *Guigemar* the abduction of the hero is motivated by his indifference to the claims of love; but the mission of the fairy is not revealed too clearly and we are left free to imagine her (as Hoepffner does) metamorphosed in Marie's version into the 'mal mariée' with whom the hero falls in love, were it not that the fairy's own predictions give no hint of this and there is nothing supernatural about the lady (cf. 270-5), save that she is able to leave the castle despite bolts and bars (675).

The magic ship, too, is a commonplace of fairy-tales[3] and plays a very similar role in the romance of *Partonopeus of Blois*, where an empty ship is sent out by Melior, the heroine of the story. Cf. also Tristran's Voyage of Healing.

The tokens introduced by Marie to facilitate the re-union of the lovers are of a different order. The knot in Guigemar's garment is reminiscent of the Gordian knot, the Hercules knot and the knot taught to Odysseus by Circe (*Odyssey* VIII), while the girdle with which, at Guigemar's request, the lady encircles her waist is clearly inspired by the 'girdles of chastity' which existed in real life (cf. Schultz I, 595) and played their role in the romantic literature of the time.

---

[1] Ahlström's hypothesis of a fusion of Celtic and Eastern themes is hardly tenable (cf. E. Freymond, in *Vollmöllers Jahresbericht* III, ii, 164).

[2] In the anonymous lay of *Guingamor* it is a white boar, in Chrétien's *Erec* a white stag.

[3] Cf. Warnke (Köhler), p. ciii, note. For an Italian parallel, see F. Neri 'Appunti su Guigemar' *Annali dell' Istituto Sup. di Magistero del Piemonte* VII (Torino 1934).

27 *Hoilas* HS, *Artus* P, *Odels* N. Warnke, following a suggestion by G. Paris, reads *Hoëls* and identifies him with the Breton chief *Hoel*, who also appears in Wace's *Brut* as the nephew and faithful supporter of Arthur.

37 *Guigeimar* (elsewhere *Guigemar*)=Breton *Guihomar* (oldest form *Winhomarch*) (cf. H. Zimmer, in *Göttinger Gel. Anz.* 1890, p. 797 and *Zeitschrift für frz. Spr. u. Lit.* XIII, 7). The name was traditional among the 'viscounts' of Léon and it is quite possible that an adventure of the Guigemar type may have been at one time attached to one of the ancestors of that house. In Chrétien's *Erec* (ll. 1954-7) Guingomar appears as 'sire' of the island of Avalon and friend of 'Morgain la fee'.

42 *un*] *le* PS.

50 'He gave many presents before he departed.'

57-8 'So badly had Nature erred in his case that he never heeded any love.'

86 *berserez* as a subst. normally means 'hunting-dog'; and it is a fact that certain hunting-dogs were carried to the chase; but it appears from the examples cited by Tobler-Lommatzsch, *Altfrz. Wb.*, that it also denoted some part of the huntsman's equipment, most probably the quiver, as in the present instance.

93 'At the baying of the hound she (the hind) sprang forth; he draws his bow and shoots at her.'

97 'The arrow rebounds and strikes Guigemar in such fashion that, passing through his thigh into the horse, it forces him to dismount.' For *tut* 'quite' S reads *tost*, which also occurs in the altered reading of P.

115 'for love of thee.'

127-8 not in P.

145-6 not in PS.

160 *la* may be taken as an adverb: 'which there unfurls'; but it is possible to take it as the feminine pronoun referring to *veille*, and to interpret *ki* as generic: 'if one unfurls it' i.e. 'when unfurled'; cf. G. 733.

171-2 not in P.

172-4 'were made in the Solomon fashion, of cypress and of ivory all inlaid with gold.' Just as sententious sayings of divers provenance came to be attributed to Solomon, so costly fabrics, being often of Eastern design and manufacture, tended to be associated with the proverbial magnificence of Solomon. N. J. Abercrombie (in *Modern Lang. Rev.* XXX, 353) has called attention to the striking resemblances between Marie's description and that given in the Song of Songs (cap. III, vv. 9, 10, Vulgate) of the bed or litter (ferculum) constructed by Solomon. These extend to such details as *pecul, limun, ciprés, ivoure, covertur vols du purpre alexandrin*, and there can be no doubt that we have here at the very least reminiscences of the ancient text.

181-2 *Le covertur tut sabelin*, oblique for nominative; this mistake in declension is eliminated by Warnke's emendation *Li coverturs de sabelin*, which finds support in S (*de sebelin*), while P reads: *la couuerture sebelin*. In l. 182 *du* may be a scribal error for *d'un* (P) or for *de* (S). *Purpre* (m. or f.) was a silken fabric of special weave, originally of any colour, sometimes interwoven with gold, or striped or patterned; it was imported from the East—hence the stock epithet 'Alexandrian.'

195 'There was no question of his returning.'

203-4 not in P.

204 'On this day he has passed through (survived) the worst.'

215-8 'Such is the perversity of age that all old men are jealous; each sorely hates to be made cuckold. He guarded her in no jesting fashion.'

237-44 'How one should keep the observance of love and fulfil love's service loyally and well. The book of Ovid in which he teaches how one should dominate one's love she (Venus) was throwing into the flaming fire and excommunicating all those who ever might read that book or carry out its teaching.' The reference is to Ovid's *Remedia Amoris*. Lines 241-4 not in S.

253 *venist*, subjunctive indicating dependent (final) clause. The subject of *issist* is 'la dame'.

257 deleted by S, which shows a similar prudishness on one or two other occasions.

267 'on the rising tide.'

278-83 not in S.

322 *e si iura* P, *e si ora* S.

362 *el* HP, *du* S.

392=L 119.

416 *dolor* S, *doucors* P.

425-6 'If he suffers through love of her, she cannot derive satisfaction from that (sc. for she herself suffers in like manner).'

469 'for love of whom her heart does not desist (sc. from loving).'

477 *Sil=Cil.*

515-8 'A woman who is a coquette by profession must cause her favours to be sued for a long time in order to enhance her esteem, so that he (the suitor) may not think that she has already tasted of this pleasure.'

520 In sentences implying interrogation or doubt, *ne* has the value 'or' or 'and'.

524-5 'They will have done much to their profit (i.e. furthered their suit) before anyone knows or hears of it.'

533-4 'May they derive much pleasure from the rest of what others are wont to do (sc. on such occasions).'

540 'One she brings low, the other on high.' The image of Fortune's wheel as the symbol of the fickleness of fate is a favourite with medieval writers. Cf. *Beroul*, 40.

550 *vus* HS, *vis* P.

579-80 not in S.

595-6 *perche*, the cross-bar of the clothes-horse on which the clothes were hung upon retiring (cf. Schultz I, 104).

642 Or read *k'i*: 'because they have found him there.'

656 'whom Guigemar loved so'; *poeir* having passed through the meanings 'might,' 'might well' to a use which is virtually periphrastic. Cf. G. 720.

666 *n'oït* probably a scribal error for *n'i ot* (pret. 3 of *aveir*) which is the reading of P; S has: *Onques not*.

691 Alternatively read: *Li sires ki* (dat.), which finds support in *Li sires cui* S, *Li sire qui* P.

692 *Meriadu* is a Celtic name; Warnke calls attention to Meriaduec, hero of

the *Chevalier as deus espees*, Meriadoc, hero of the *Historia Meriadoci Regis Cambriae* (ed. Bruce, *PMLA* XV, 326 ff.), and Conan Meriadec, legendary founder of Brittany (G. Paris, *Hist. litt.*, XXX, 245). It is perhaps not irrelevant that the magic sword of the queen of Garadigan in the *Chevalier as deus espees* plays a role analogous to that of the knot and girdle, in that only he who can ungird the sword shall become the consort of the queen.

719-20 not in P.

738 The *bliant* (or *bliaut*) was a long tunic-like garment which was fastened by lacing (cf. Schultz I, 258).

747-8 *Molt i ot semons cheualiers Guimar i fu toz li premiers* S, *Molt a semons de ceualiers Gug' fu tous li premiers* P. The reading of H can be defended only if we assume that *retient* and *vient* are here not for *retint* and *vint* (cf. p.xxv), but that we have an abrupt and intentional change of tense in l. 747 and the use of the present (*vient*) as a virtual future 'he is coming': 'he is confident of his coming.'

749 *li* might be read *l'i*.

759-60 not in S.

769 *eus* for *els* (alternative form for *eles*; cf. *el* for *ele*).

799 *pucele*, the sister of Meriadu.

806 'He was as sad as he could be'; or, taking *il ne pot* as equivalent to *il n'en put plus*, 'He was sad; he could not but be so.' PS read: *ainz ne fu plus*.

827-30 Order of PSN as in the edition.

839 *Ci ai mamie c.* S, *Iai ci mamie c.* P.

853 *Il*=Guigemar.

855 *celui*=Meriadu.

858 *venuz* PS.

862 *quē*=*qui* (celui qui).

876 'He will not depart, save it (the city) be taken.'

885-6 not in S.

The concluding lines imply the existence of: 1. a narrative tale concerning Guigemar, 2. a musical composition inspired by the same theme, 3. Marie's own composition, which she equates with the original narrative tale. Cf. Introd., p. xii.

II. EQUITAN (HSN)

The intrigue of this lay is banal in popular medieval literature, even to the combination of the 'biter bitten' motif with the adultery theme.[1] It would rank as a mere fabliau if Marie had been content with bare narration. She is clearly preoccupied with analysing the feelings of two creatures gripped by a love which degenerates into a criminal passion and brings tragic consequences in its train; and in a lesser degree she is interested in the special 'question' posed by the fact that here the lover is a king and his mistress the wife of his vassal. Her didactic and moralizing intention was perhaps hardly as conscious and clear-cut as Hoepffner presents it (in *A Miscellany of Studies in Romance Languages and Literature presented to L. E. Kastner*, 1933, pp. 294-302), but her treatment implies a very considerable modification of, or re-

---

[1] For parallels see Warnke (Bolte), p. cvi, note 1.

action against, the Provençal theory of 'l'amour courtois,' in which the head (*raisun*) plays a much greater role, and morality is a very minor consideration. Bédier considered that lines 17-20 epitomize the theory of love of Marie de France and the theory of the Breton legends: 'Those take little thought for their life who show neither wisdom nor moderation in love. Yet such is the rule of love that none (of its votaries) is fated to heed reason.' We have here, I would say, a conception which comes much closer to 'la passion' of Racine than to the 'amour courtois' of the Troubadours.

---

25 'Never would the king—unless it were for the purpose of waging war—desist from hunting, pleasures, river-sport, because of any emergency which might arise for him.'

34 'Nature exerted itself (took pains) in fashioning her.'

36 S adds: *Les cheueus blons e reluisanz Cortoise fu e bien parlanz Sa face auoit color de rose Quen diroie ie autre chose.*

50 For *bien*, S reads *bon* 'wish,' 'desire.'

79 'Ill-fated would such a fair lady be if she loved not nor had a lover.'

100 'Long is the time since I laid me down last night.'

135 'You would think, meseemeth, to claim a seigneur's right to my love.'

154 'devote their care to an unworthy object.'

157 'provided that she sets a high price upon her love (lit. on herself as regards love) and is not fickle.'

181-3 replaced in S by: *Par lor aneaus sentrafierent.*

194 S (supported by N) adds: *De nuiz uenoit de nuiz aloit Veoir celi que il amoit.*

200 'Never would he hear talk of it.'

214-21 not in S.

246 ff. For the facts with regard to the taking of baths and medieval domestic arrangements in this respect, see Schultz I, 224 ff. The reader may also be referred to the same authority (I, ch. vii) on the question of the medieval code of morality.

263-4 'Hardly three months had passed when the king goes hunting in the land.'

273-4 not in S, which adds two lines after 275: *E en lune cuue ruer Leue boillant a fet ruer.*

306 *Li r. a. ele apres lui* S.

309-10=Fable 68 (Warnke), ll. 57-8.

III. LE FRESNE (HSN)

A much abbreviated Middle English version in 402 lines is preserved, under the title *Lay le Freine*, in the fourteenth-century Auchinleck MS. W 4, 1 of the Advocates' Library, Edinburgh. Text in Weber *Metrical Romances* Edinburgh 1810, I, 357 ff.; in *Anglia* III, 415 ff. (ed. H. Varnhagen), and more recently edited by M. Wattie *The Middle English Lai le Freine* (Northampton, Mass. 1929).

The story—the disowned and lost daughter who becomes the lover of a nobleman, finds herself apparently displaced by a rival, her own sister, accepts the position with charitable resignation, has her identity revealed in the nick of time, and receives the hand of her noble lover as a reward for her virtue and constancy—is certainly not the invention of Marie. There are a large number of ballads of very similar content (Scottish, Danish, Dutch, Icelandic, German, Swedish), notably the Scottish ballad of 'Fair Annie' (F. J. Child *English and Scottish Popular Ballads* (Boston 1882 ff.), II, 63-83). In these the heroine is usually carried off by a band of robbers when a child, and there are naturally other minor variations. The resemblance to the story of Griseldis, as told in Boccaccio's *Decameron* (1352) and in the Old French play of *Griselidis* (1395), has frequently been pointed out, but neither these nor the ballads would seem to be based upon Marie's lay. Marie probably got the story through Breton intermediaries, but there is nothing specifically Breton about the story, and the form in which she received it was merely one of a number which it took in various Western countries. The greatly expanded version which we have in Jean Renart's *Galeran de Bretagne* (ed. L. Foulet, *CFMA*), composed about 1230, can on the other hand be safely described as a derivative of Marie's lay.

Parallels and analogues are discussed in considerable detail by Warnke (Köhler), p. cviii, and Hertz *Spielmannsbuch*, pp. 401-2.

---

42 The idea of twins as a sign of adultery, though condemned by enlightened opinion, had wide currency in the Middle Ages and finds expression in various forms in popular literature. It was not unknown in Antiquity (Aristotle, Pliny, etc.) and still survives among certain primitive races (see Warnke-Köhler, pp. cxi-cxxi, and Hertz, *op. cit.*, pp. 403-4).

43 *lauoit regardee* S.

65-6 S repeats these two lines after 69.

76 *si*] *mi* S.

88-90 'He does not know what retribution awaits him; one may slander such an one as is more to be praised than oneself.'

98 *Denfant ocire* S.

106 *A li vint* S.

114 *le*, corr. *l'i*?

124 Or read *li* (= *le li*).

169 'It branched out into four forks.'

226 'how things were.'

228 For further examples of foundlings being named after the place where they are found, see Hertz *Spielmannsbuch*, pp. 404-5. We have here an unmistakable trait of popular legend.

229 *La* F. H, *Le* F. S.

234 S adds: *Quant ele auoit passe .vii. anz De son ae fu bele e granz Des quele pot raison entendre Labaesse la fet aprendre Car mult lamoit e chierissoit E mult richement la uestoit.*

242 *E m. ne la p.* S; S adds: *Li riche homme ueoir laloient A labaesse demandoient Sa bele niece lor mostrast E que soufist qua eus parlast.*

243 Dol, in Upper Brittany. The archbishop of Dol is mentioned (in l. 362) as one of the vassals of Gurun. On June 1st, 1199, the archbishopric

of Dol was abolished and was brought under Tours by Innocent III.   From this it has been argued that the lay must have been composed before 1199; but this must remain an argument of doubtful validity, assuming as it does that the author knew the latest developments in the organization of sees and cared particularly about historical accuracy in such incidental details.

265 *retur* in the technical sense of 'the right to seek refuge in the house of a vassal': 'He wishes to secure for himself the right of living there, a dwelling and abode; in order to be of their community he has made large gifts, but he has other aims than obtaining the remission of his sins!'

294 'That might yet prove to her liking (advantage).'

301-2 not in S.

303 Or read: *les gardat.*

338 Normally *La Codre*; but *codre* is of either gender in Old French.

349 *Le Fresne,* indirect object: 'The other was kept hidden from Le Fresne.'

367 'lest she cause ill-will between her daughter and her lord, if she could.'

372 *q.*] *dit* S.

378 'not even so much as to become angry.'

381-4 not in S.

385-8 'She thought and said that if she but knew the why and wherefore and what (who) she was, she (Le Fresne) would not suffer harm (loss) because of her daughter (La Codre), nor would she (the mother) take her lord from her.'

405-8 not in S.

407 The blessing of the nuptial bed was a universal custom in France in the Middle Ages (cf. Chrétien de Troyes, *Cligés*, 3330-1); so also in Germany and England (cf. Chaucer, l. 9694). See Hertz, pp. 405-6.

425 The subject of *sembla* is of course *le covertur* (l. 424).

429 Courtly etiquette demanded that Le Fresne (as a menial) should take off her cloak before addressing a lady of gentle birth. See Hertz, p. 406.

448 *ele m.*] *le Fresne* S.

460 'He had no part in this affair' (?). S reads: *Il ne sot noient de ce plet.*

470 *mesdit ai* S.

474 *uostre* S.

489 'Before our guilt were made greater (sc. by consummating this marriage).'

502 *Lui e cele espousera* S.

508 'He gives her one half of the heritage.'

510 S adds: Granz noces refont de rechief
                     A un riche homme seroit grief
                     Desligier ce quil despendirent
                     Au grant conuiue que il firent
                     Pur la ioie de la meschine
                     Que de biaute semble roine
                     Quil ont sifaitement trouee
                     Ont molt grant ioie demenee.

IV. BISCLAVRET (HSN)

The werwolf motif is here treated on similar lines to the fabliau theme of *Equitan*, the wife being portrayed as a Dalilah, but the denouement being presented less pointedly as the result of uncontrolled passion. The popular belief in lycanthropy was current in the Middle Ages (see Warnke, p. cxxiii, note 1, for the literature of the subject). Very similar treatments of the theme are to be found in the thirteenth-century *Lai de Melion* (ed. Grimes) and in the fourteenth-century *Roman de Renart le Contrefait* (ed. Raynaud et Lemaître, Paris 1914, II, pp. 235-9), where the hero is called Biclarel and the king is Arthur; both may be derived from Marie's lay or, alternatively, from her immediate source, an older version which must be postulated. A discussion of these and other analogues will be found in Kittredge, *Arthur and Gorlagon* (Studies and Notes in Philology, Boston, VIII, 1903, pp. 149-275), Warnke (Köhler), pp. cxxiii-cxxx, Grimes, *op. cit.*, pp. 30-9.

The form *bisclavret* (*bisclaret* S) derives from the Breton *bleiz lauaret* 'speaking wolf'; cf. H. Zimmer in *Gött. Gel. Anz.* 1890, p. 800 ff. and F. Lot in *Romania* XXIV, 515, n. 1.—*Garwalf, garual, garalf* are probably scribal misrepresentations of the normal *garolf, garou(s)*<Franconian **wari-wulf* (> O.E. *were-wulf*> *ver(e)wolf*) in which *wari*='man' (cf. Lat. *vir*).

1-232 not in S.
5-6 'In bygone days it used to be heard of and it was wont often to happen.'
24 *ert*, corr. *ot* (W)?
162 *li*, corr. *le* (W)?
178 Normal syntax would require the subjunctive (*ait*) after the negative.
252 Warnke restores the trisyllabic pronunciation of *suliez* by deleting *par* (which is only in H).
313-4 not in S.

V. LANVAL (HCPSN)

Two complete versions and three fragments of a Middle English translation of *Lanval* are extant. Upon this translation (and to a minor degree on the lay of *Graëlent*) was based the *Launfal Miles* of Thomas Chestre, a very free version composed in the first half of the fifteenth century. These English versions are of no use for the textual criticism of the lays of Marie: the reader will find full particulars of them in Warnke, pp. lxii-lxiii, Hertz, pp. 369-70, G. L. Kittredge in *American Journal of Philology* X (1889). A Middle High German version of part of Marie's lay (ll. 110-218) is preserved in Egenolf von Staufenberg's poem dealing with his ancestor (ll. 327-617), ed. E. Schröder *Zwei altdeutsche Ritterromane, Moritz von Craon und Peter von Staufenberg*, 1894; cf. C. W. Prettyman 'Peter v. Staufenberg and Marie de France' *Mod. Lang. Notes* XXI, 205 ff.

The anonymous French lay of *Graëlent* offers a close parallel with Marie's lay. It is an older version in which the Lanval story is not yet linked with Arthur and which takes at least its name from the half-mythical Breton hero Graelent-Mor of the fifth century. It is now generally accepted that both lays go back to a common source, held by Ahlström and Varnhagen to have been a written one. The latest edition of *Graëlent* is that of E. Margaret Grimes, *The Lays of Desiré, Graelent and Melion* New York (Inst. of French Studies), 1928.

Less close parallels are to be found in the *Lai del Desiré* and other French tales and legends, and in the Italian poem *Liombruno* of the fifteenth century. Extant parallels and imitations give but a partial idea of the exceptional popularity of the story of Lanval. For particulars see Warnke, pp. cxxxiv-cxl, Hertz, pp. 370-3.

The fairy-lore element is very prominent in this lay and Marie has very skilfully adapted the injunction to secrecy, which is a commonplace of fairy tales, to the contemporary theory of love, one of whose chief tenets was the obligation on the lover to observe the utmost discretion. She was no less happily inspired when she linked the Lanval story with King Arthur. While one may hesitate to go to the length of describing the lay as a 'premier roman arthurien' (Foulet), it has all the marks of a work standing under the influence of the earliest courtly romances (*Eneas* and *Thebes*) but not yet enslaved to the code of 'l'amour courtois'. According to Hoepffner, it is the first lay to have been composed by Marie, but the evidence for this is of limited value, and it should be noted that in the opening line she tells us that she is about to relate 'L'aventure d'un *autre* lai'. We have here, incidentally, a further indication that Marie distinguishes between a Breton (musical) *lai* and the story (*aventure*) which it commemorates, and that her own lay is to reproduce the latter (cf. note to G. 883-6). See also T. P. Cross 'The Celtic Elements in the Lais of Lanval and Graelent' *Mod. Phil.* XII (1914-5), 585-644; 'The Celtic Fée in Launfal' *Kittredge Anniversary Papers*, Boston 1913, 377-87; W. H. Schofield 'The Lays of Graëlent and Lanval, and the story of Wayland' *PMLA*, XV (1900), 121-80.

―――――――

1-154 not in N.

5 *Kardoel* (*Kardoyl* C, *Cardoeill* P, *Carduil* S), often mentioned as a seat of King Arthur, is the modern Carlisle (Cumberland); but it was often imagined to be on the borders of Wales—a reminiscence of the days when the Welsh Celts (Cumbrians) held the whole of Cumberland and nearly the whole of the western half of England to the Firth of Clyde. In later ballads also Carlisle appears as the favourite seat of Arthur. See Hertz *Spielmannsbuch*, pp. 373-4.

7 Arthur's wars with the Picts are related by Geoffrey of Monmouth, c. 148. Cf. H. Zimmer in *Zeitschrift für frz. Spr. u. Lit.* XIII, 94, and Faral II, 262 ff.

16 'There was no equal number of such knights in all the world.'

17 *terres* CPS.

19 Lanval is often named as one of the knights of the Round Table. The form of the name has not been satisfactorily explained (cf. Hertz, pp. 370-1).

32 *Ne L. ne lui d.* CP, *L. riens ne li d.* S.

50 *puis se c.* P, *si se c.* CS.

58 See note to G. 738.

61 *uns bacins* 'a pair of basins.' The custom of presenting two basins for ablutions is attested by the example from the Alexander romance given by

A. Schultz *Höfisches Leben*, 2nd ed., p. 229, n. 3, and cited by Warnke. Note also the plural in G. 369.

62 *D. f.*] *Dor esmerre* CPS.

82-6 '[Neither] the queen Semiramis, however much wealth and power and knowledge she had, nor the Emperor Octavian could have paid for the right flap (i.e. for one of the two flaps).' Octavian stands here for Augustus who is often pictured as possessing great wealth, the legend of Croesus being transferred to him (i.e. the administering of the draught of molten gold which ends his life). Similarly, Alexander's and Julius Caesar's wealth became proverbial.

117-20 replaced in P by: *Amors le poist ilnelement Qui son cuer alume e esprent.*

119=G. 392.

133 *cors* CH, *cuer* PS.

140 *assenez* CPS.

161-2 and 181-2 not in S.

212 S adds: *Lanual despendoit largement Lanual donnoit or e argent.*

226 In Geoffrey of Monmouth, too, Ywain and Walwain are cousins (cf. Brugger, p. 124).

235 *reuont* P, *reuint* C, *en uait* S.

246 *sunt* HC.

250 *funt* CPS.

251 It was not customary in the Middle Ages to offer one's arm to a lady; couples went hand in hand, the knight taking the lady by her left hand and clasping only the fingers, but ladies of high degree themselves taking the hand of their knight. Gentlemen similarly walked hand in hand. The modern custom seems to date from the sixteenth century.

257 The oblique form *autrui* used with the force of a genitive: 'Another's joy he values little.'

278 *tel deduit* CS, *ce deduit* P.

281-2 This charge was commonly levelled at men who repulse the advances of women (cf. *Roman d'Eneas*, 8567 ff.). The Celts were frequently accused of this vice by ancient writers. Cf. Schultz, I, 587; Hertz, p. 376.

281 *amez* CS.

286 'Truly, he loses God (salvation) thereby.'

294 *cele* with the force of a genitive: 'the lover of her who . . .'

305-12 not in S.

323 *t.*] *la* CPS.

352 *ci*] *i* CS.

357 *od*] *a* PS.

359-60 not in C.

371 'Lanval denies the accusation of having offended and shamed the king, word for word as he (the king) utters it, [to the effect] that he sought the queen's love; but he recognized the truth of that of which he had spoken, the love of which he had boasted.'

390 'but that he must find sureties [to the effect] that he will await his judgement and return to his presence: and the court will then be enlarged, for now there were none save the king's household.' That is to say, the

knights declare themselves incompetent and refer the case to a general court of all the vassals. See the general note below.

402 'I leave him to you on [the surety of] all that you hold from me, lands and fiefs, each [pledging] for himself.'

422 'to have him free without [the necessity of] a trial.'

424 'The king demands the verdict according to question (charge) and answer (rebuttal) (i.e. in due form). Now the responsibility devolves entirely upon the barons.'

432 *sun*] *lur* CPS.

433 *q.*] *dux* CPS.

434 'Nay, there shall be no default on our part; for, whoever may weep or whoever may sing, justice must take its course.'

440 *mesdit* CS.

441-8 Order of lines in edition is that of MSS. other than H.

445 ff. 'If one would speak the truth, there should be no need for a rebuttal [of the charge], were it not that one must honour one's lord in all things. An oath will bind him and the king will excuse us, and if he can find his proof and his mistress came forward . . .'

449 'An oath will bind him (Lanval)'; with obl. for nom. H reads: *Un s. len gagera*, which could be interpreted: 'he (Lanval) will pledge him (the king) an oath.'

457 ff. 'But if he cannot furnish proof, then we must inform him that he must lose (leave) the king's service and the king shall banish him from his presence.'

468 *Ki* refers to *Cil* (l. 467).

476 *char* HCS, *cars* P.

483-4 not in P.

490 S (supported by N) adds: *Cil diex qui fet cler e oscur Il saut e gart le roi Artur.*

491 *fai tes* might be read *faites*.

493 Corr. *puisse* (?) (as PC).

511-2 not in S.

517 *Walwains* P.

536 'for the purpose of lodging my lady.'

540 S adds: *Il fu assez qui garde em prist E qui es estables les mist.*

547 'They would have given judgement then, when (i.e. had not) . . .'

560 *chainse* CP.

561 According to the testimony of Robert de Blois, who censures it in his *Chastiement des Dames*, it was the fashion to allow the naked skin to show through the laced-up sides of the garment. Other poets describe the fabric itself as transparent.

561-2 not in S.

569-70 not in P.

574 S adds: *Un gent damoisel ladestroit Un cor diuoire o li portoit Mult uindrent bel parmi la rue Tant grant biaute ne fu ueue En Venus qui estoit roine Ne en Dido ne en Lauine.*

584 S adds: *Ni ot tant viel home en la cort Que uolentiers son oil ni tort E uolentiers ne la seruist Pur ce que soufrir le uousist.*

590 Dark complexion and black hair were considered ugly in the early Middle Ages (cf. G. Paris in *Rom.* XIX, 316). The Middle Ages took their ideas of beauty from the ruling (Germanic) classes, among whom the blond type predominated. A survival of this is to be seen in the use of the expression 'blue blood,' fair skin allowing the veins to show through with a bluish colour.

598 'Now I care little who (i.e. if anyone) kills me.' *Ore ne mest* CPS.

601 *pucele* CPS.

614 S adds: *Artur fet ele entent a moi E ces barons que ie ci voi.*

634 Stones with steps for mounting and dismounting stood at doors and by the side of roads, called *perrons* or *pierres avaloires.*

641 *Avalon,* the Celtic Isle of the Blessed. See F. Lot in *Rom.* XXIV, 329 ff., G. Paris in *Rom.* I, 463 and XXVII, 529 ff.

642 C substitutes for this line the following three lines: *Unc puis nel uirent li barun A tant fine la chauncun Ce nus dient li bretun.*

Thus Lanval, having been acquitted *in due form*, is also granted *poetic* justice and departs for the Isle of the Blessed in the train of his true suzerain.

E. Hoepffner (in *Romania* LIX, 351) considered the trial scene in *Lanval* to have been inspired by the trial of Daire le Roux in the *Roman de Thebes.* But Miss Francis, in her article 'The Trial of Lanval' (*Studies presented to Professor Mildred K. Pope,* Manchester, 1939, pp. 115-24), has shown conclusively that it is based upon contemporary procedure and even borrows the legal terminology cited by Maitland in descriptions of actual trials (Pollock and Maitland, *History of English Law*). I cannot do better than quote her conclusion, both for its own sake and as a striking illustration of the truth of the dictum that nothing is more likely to further the elucidation of medieval literary works than the ever closer study of the world in which their authors *lived*: 'Although Arthur vaguely threatens hanging and burning, he quite normally refers the case for judgement. The court made up of vassals in the household decide there is a case to be heard, but that it should be for the court with full attendance to give the "medial judgement." When this court meets, the opposing views current are not that the accused person has powerful kinsfolk (on the contrary as a "foreigner" and landless he lacks the normal sureties) but whether he is liable for judgement at all. Those who think there is a case are those who seek royal favour (presumably those earlier described as maliciously disposed from jealousy of his personal qualities). . . . The central problem, whether there is a case at all, is expounded in the Count (Duke) of Cornwall's statement: it turns upon the pronouncement that "Nus ne l'apele fors le roi" and that strictly speaking the case should lapse—except for the fact that a vassal should never take action which can reflect upon the prestige of his overlord. Lanval's claim of the great beauty of his mistress belittles the queen. The "law" assigned to the defendant is the "waging of an oath" to produce a "warrant." It is in effect to produce the fairy, as either "warranty" or "warrantor." When she does appear, it is not merely her presence, and appearance, which fulfils the task set to the defendant. She makes a formal statement, asserting that Lanval's "denial" is true. This seems to be exactly the function, in many actual instances, of an overlord. . . . It is an essential feature of the story, as Marie tells it, that Lanval is a foreigner at the court of Arthur, unrewarded and therefore dishonoured. It may be this very situation which brings about the visitation of the fairy and her gifts, by which Lanval comes under her protection. . . . The various moments of suspense in the trial are equally distributed between the question of Lanval's uncertain standing at the court, and the question of his power to carry out his appointed ordeal, for two reasons, one (known to himself only) that he has forfeited his claim to the fairy's protection, the other, which concerns the court—doubt of the existence of the fairy. When the fairy does in fact vindicate her existence, and Lanval's innocence, and her own power, it is in a manner to which the prosaic background of the court procedure adds as much fitness as the poetic magic of the ending.'

VI. LES DEUS AMANZ (HSN)

This is the most definitely localized of all the lays of Marie de France. Upon the Mont des Deux Amants, near Pitre (see note to l. 16), there are still to be seen the sparse remains of the Prieuré des Deux Amants, built in the twelfth century and one of the oldest Norman foundations. There was also a Prieuré des Deux Amants at Lyons, which owes its name to a church legend, the legend of the holy couple Injuriosus and Scholastica, of Auvergne, who died as monk and nun (conjuges virgines) and were called by the people 'les deux Amants.' The Norman priory was evidently dedicated to Injuriosus and Scholastica, the original legend forgotten, and our legend created to explain the name—a practice by no means uncommon in the Middle Ages. This legend was kept alive by the Normans independently of Marie's lay, and poems were inspired by it as late as the eighteenth century; but the modern legend has forgotten the poetic trait of the untouched potion.

Was this legend picked up by Marie herself in Normandy, as Foulet suggests? It is possible; but it is also possible that Marie is telling the truth (ll. 5 and 243-4), that Breton jongleurs got to know of it and appropriated it as part of their stock in trade, and that she owes it to them.

There is an interesting reference to a 'lai des deux Amanz' in the *Roman de Giron le Courtois*: 'Tenoit une harpe et harpoit et chantoit tant doulcement un lay qui avoit esté fait nouvellement et qui estoit appellé le lay des deux Amanz.' There is also a mention of a song with this title in the Provençal romance of *Jaufre*. But it is impossible to tell with certainty whether Marie's lay is meant, owing to the large number of versions and variants of the legend which existed in France, Germany and Italy, and of which many are still extant. See Hertz *Spielmannsbuch* (from which the above facts are taken); Warnke, pp. cxli-cxlv; O. M. Johnston 'Sources of the Lay of the Two Lovers' *Mod. Lang. Notes* XXI (1906), 34-39; Durdan *Lai des deux Amants* (commentaire et adaptation), Mâcon, Protat.

16 Pitre, a castle and town on the Seine, three miles above Rouen, opposite Pont de l'Arche. It lies at the foot of the Côte des Deux Amants. *Pistreis* (l. 14) would seem (at least in the mind of the scribe of H) to denote the region,

Pistreins (l. 15) the inhabitants; this applies also to S, except that it reads *De Pitrois* in l. 15.

22 S (supported by N) adds:

> Filz ne fille fors lui nauoit
> Forment lamoit e chierissoit
> De riches hommes fu requise
> Qui volentiers leussent prise
> Mes li rois ne la uolt donner
> Car ne sem pooit consirer
> Li rois nauoit autre retor
> Pres de li estoit nuit e ior.

25 The ground of their complaint being dynastic considerations, in that he kept his daughter by him and did not marry her off, rather than the motive suggested by Hoepffner (p. 127) and others (Warnke, p. cxli, n. 1). Cf. F. 314-27.

61-2 supplied from S (supported by N).

71 *li*, obl. tonic fem. of personal pronoun: 'Greatly was he distressed for love of her.'

89 *Mis peres auroit duel e ire* S.

95 The School of Salerno was famous from early times. Such women as the one here referred to (i.e. versed in the medicinal qualities of herbs) abounded at Salerno and many prescriptions have been preserved under the title 'mulieres Salernitanae'—particularly recipes for various cosmetics.

113-6 'that he will not give me to any man, however great the pains he may take, unless he could carry me up the hill in his arms without resting.'

116 S adds: *Si li otroie bonement Que il ne puet estre autrement.*

125-6 not in SN.

141-2 *le* in l. 141 refers to the *beivre* (l. 134); *ad* is not to be taken as a mere auxiliary: 'he has the potion in a phial.'

145 *la*] *sa* S.

155 *p.*] *mis* S.

160-244 not in S.

163-6 not in N.

179 This lack of 'mesure,' which is the cause of the tragic denouement, may be considered the theme of the whole lay. The conception of *desmesure* as a baneful though not unattractive defect of character was a favourite one with twelfth-century poets (cf. the treatment of it in *La Chanson de Roland*).

VII. YONEC (HPQSN)

This lay is notable for the use made of the transformation motif (cf. *Bisclavret*). Of the countless popular tales and legends of this type one of the closest parallels to our lay is offered by the *Oiseau Bleu* of the Duchesse d'Aulnoy (†1705). See Hertz, pp. 379-81; Warnke, pp. cxlviii-cxlix; O. M. Johnston 'Sources of the Lay of Yonec' *PMLA* XX, 322, and 'The Story of the Blue-Bird and the lay of Yonec' *Studi Medievali* II, 1 (1906); T. P. Cross 'The Celtic origin of the lay of Yonec' *Rev. Celtique* XXXI (1910), 413-71; U. T. Holmes 'O.F. Yonec' *Mod. Phil.* XXIX (1931), 225-9.

The description of Muldumarec as a ruler of some supernatural realm which is reached through a hill not far from Caerwent is in contradiction with the latter part of the story (346 ff.), where his domain is situated on the road from Caerwent to Caerleon. Hertz argues from this that we have here a fusion of two versions. But such contradictions (or rather loose ends) are common in fairy-tales. They might even be considered characteristic of fairy-tales and they are not to be arraigned at the bar of Reason, any more than the miraculous leap of the heroine through a window bristling with knife-like prongs and at a height of twenty feet from the ground (337-40).

1-395 not in P.

2 *par* (*por* S) used with the force of *pur*: 'It will not be left undone because of my fatigue (any trouble it will give me).'

5 'I intend and desire (lit. I have it in mind and in will).'

6 *Iwenec* (*Yuuenec* 9), contracted to *Yonec* (330, 459, 549), is the Breton diminutive of *Iwon* (Welsh *Owen*, Fr. *Yvon*, fem. *Yvonne*); derived from Old Celtic *Esugenus* 'descendant of Esus, the god of thunder.'

10 *Muldumarec* (*Nusdumaret* Q, *Murdimalet* S) was apparently replaced in P by *Eudemarec*, in this (the lost) portion as in the last line of P (see below); from the latter it would seem that the lay may at one time have been named after the principal figure—the father of Yonec.

13-16 Various attempts have been made to identify the scene of the lay. It would appear that, at least at one stage, the scene was laid in S. Wales and that *Carwent* may be identified with Caerwent (Mon.), the old Venta Silurum, which view would find support in the identification of *Karliun* with Caerleon (Mon.). *Düelas* may be the name formerly given to the stream on which Caerwent lies. *Carwent* to be pronounced *Carüent*; cf. *Cornwaille*.

23-4 not in S.

24 Q adds: *Pour quen feroie autre parole Nen ot sen per desca Nicole Ne tresquen Yllande de la Grant peschie fist qui li dona.*

63 Corr. *n'est?*

78 *eus*] *lui* Q.

85 Hertz (p. 381) calls attention to the modern Angevin proverb: *A longue corde tire Qui d'autrui mort désire.*

87-8 not in S.

94 *rehetoient* S, *rachoient* Q.

123-4 'Even if the secret remains obscure for you, be reassured.'

137 *Le chevaler*, ind. obj.

149-54 not in S.

162 Supernatural beings are commonly made to seek to prove themselves Christians by partaking of the sacrament. See Hertz, p. 382, where the *Lai del Desiré* is cited as an example.

175 not in Q.

201 *M. tel m. en e.* QS.

208 Corr. *seium* (?)

230 *il*, impersonal.

231-40 not in S.

286 'He had large iron prongs forged and sharply pointed at the top end.'

296 *Que apareillent li f.* S, *E la traison naparcoit li f.* Q. The reading of H would imply a mistake in declension on the part of the author; the reading of S is linguistically unexceptionable, the plural being implied in the context, notably in l. 287.

338 *el] il* HQ.

343 *decurot*, with *-ot* (for *-eit*) from *-er* verb imperfects; Warnke corrects to *decureit* and emends *alot* to *esteit* (S: *estoit*).

357-8 supplied from SQ (supported by N); *Dunc] dont* SQ.

387 and 397-8 not in S.

390 *e] ne* HS.

399 *respassee* Q; *Il la doucement confortee* S.

435-6 not in Q.

446 P adds: *Por lor seg qui se moroit Ele set bien que mors estoit.* Q: *Pur lur seignor qui deuòit Ele set bien que morz estoit.*

467-8 The Saints of Caerleon were the two native martyrs Aaron and Julius, who met their death in Diocletian's persecutions. Each had his church in Caerleon, that of Aaron serving as the Cathedral of the Archbishop and the metropolitan church of Wales. See also the note to G. 23, and Hertz, p. 382.

504 *E de argent tuit li e.* S.

506 *pur* for *par* (so QS).

519 *Carwent*; see note to l. 13.

533 'For all to hear she has revealed to him that this was his father, he his son.'

548 P adds: *Dales le cors de son ami Dix lor face bone merchi*; Q: *Delez le cors de sun ami Deus lur face bone merci.*

550-4 replaced in P by: *Ci faut li lais de Eudemarec.*

VIII. LAÜSTIC (HN)

The story of the *Laüstic* appears with a different denouement (the union of the lovers) and other variants in the thirteenth-century *Gesta Romanorum*, and French and English translations of this work, and also in the fourteenth-century *Renart le Contrefait* (see general note to *Bisclavret*). It was known to the author of the Middle English poem of *The Owl and the Nightingale* and to Alexander Neckam (*De naturis rerum*, Bk. I, ch. 51).

The poem *Ann Eostik*, which figures in Th. de la Villemarqué's collection *Barzaz-Breiz* (*Chants populaires de la Bretagne*, Paris 1839) has been shown to be a 'manufactured' folk-ballad. Brizeux's charming poem *L'Eostik ou le Rossignol* is based partly upon this poem, partly upon Marie's lay. See Warnke, pp. cl-clvi.

Laüstic=aüstic (=Breton *éostik*) with the agglutinated French definite article. Warnke, following up a suggestion made by H. Suchier and G. Cohn, corrects to *Aüstic* throughout and makes the emendations necessitated by this reading.

84-5 'There is no pleasure in this world if one does not hear the song of the nightingale.'

107 *englué*. W. corrects to *engignié*, presumably because of the rhyme *é : ié*.

IX. MILUN (HSN)

The folklore theme of the fight between father and son, unaware of each other's identity, is encountered in various forms from Greek antiquity onwards (see the references in Warnke, pp. clx-clxiii). There is much to be said for Hoepffner's suggestion that Marie's lay may have been inspired by *Gormont et Isembart*, where (in laisse 19) Isembart fights with and unhorses his father Bernard without recognizing him. This epic was certainly well known in England in the twelfth century (cf. the testimony of Wace); and it is perhaps not without significance that (as Hoepffner points out) in the same laisse 19 the first opponent of Isembart is a certain Miles le Gailart; the oblique case of *Miles* is *Milun*, which is the form used by Marie and which has nothing Celtic about it.

The thirteenth-century *Lai de Doon* corresponds very closely with the latter part of *Milun*, the tourney taking place at Saint Michel in both lays. The first part of *Milun* shows at most some resemblance to the early history of Tristan (secret birth and upbringing); but there is no parallel in medieval literature for the use of a swan as a messenger.

For the resemblances of theme and treatment between *Milun* and *Fresne*, see S. Foster Damon, 'Marie de France Psychologist of Courtly Love,' *PMLA* XLIX (1929), pp. 968-96.

---

1 *contes* S.

23-4 = D. 21-2.

36 *or tentremet* S.

38 *de* depends on *entremet*: 'See to it that I may speak to my mistress and [see to] the keeping of our secret.'

45-6 'He gives her the ring and tells her that he has fulfilled his mission (lit. that which he sought).'

60-3 Historical instances of such forms of punishment for adultery are cited by Schultz, I, 612, n. 1.

89-92 not in S.

113-4 not in SN, and suppressed by Warnke. It is true that *lëaus* represents a mistake in declension (for *lëal*) and the rhyme *eus : lëaus* is dialectal (cf. Pope, §§501, 1164).

185 Instead of adopting S's *En un pre*, G. Cohn suggested the emendation (based on H): *Enbuschiez*.

187 'in order to secure support and protection.'

221 = Y. 117.

232 *l.*] *dire* HS.

236 not in S.

264 *meuz* S.

269 *sun* S.

291 *sun*] *lor* S.

336-7 Both *sun païs* and *la tere* refer to the youth's native land, England.

379 i.e. he entertained lavishly.

392 *b. c.*] *hardiz e fiers* S.

462-5 and 481-2 not in S.

527 'They did not summon kinsmen (i.e. they were not joined together in the presence of kinsmen—as witnesses and consenting parties).'

X. CHAITIVEL (HN)

No source or parallel or imitation of this lay has been discovered. Marie herself tells us that the *lai* of which she proposes to tell the story is called *Chaitivel* but that some call it *Les Quatre Deuls* (1-8), the name given to it by the heroine when she was about to compose it (201-4). But the surviving lover claimed the right to have it named after him alone because his grief was unique, and he protested against those who might in the future give it the other name. To this lady agreed, but some of those who propagated the *lai* nevertheless call it *Quatre Dols*; but, says Marie, *Le Chaitivel* is the current designation (207-37).

It is quite improbable that Marie should have invented this double title for a lay of her own creation, but it is clear that she is intent upon establishing the superior claim of the title *Le Chaitivel*. The reason for this may lie in the interpretation she has given of the tale: in her hands it becomes, in a sense, a debate. Obscure as the introductory passage is (see below), there can be no doubt that she is concerned to deal in the first place with the problem of four lovers suing for the hand of the same lady. This was the situation presented by the original *lai*, and at that stage the title *Quatre Dols* was appropriate. But for Marie another question is raised in the sequel: Who is most to be pitied, the lovers who, having brought their suit in vain, die upon the field, or he who, having survived the ordeal, yet may not consummate his love? This problem apparently interested Marie particularly and her sympathies evidently lie with the surviving lover: she favours the title *Le Chaitivel* and refashions the conclusion (205 ff.) accordingly, inventing a discussion between the lady and the lover which could not have existed in the original *lai*. And it is not inconsistent with this interpretation that Marie should concede at the same time that either title is appropriate (235-6).

19-28 The general import of these lines would seem to be a defence of love and its service, which yields rewards or is its own reward. Even the unsuccessful suitor may regard his rejection as honourable, for it does not (or should not, ll. 25-8) involve contempt and ill-treatment at the hands of the loved one. One might therefore translate tentatively: 'It would be more fitting (profitable) to sue for the love of all the ladies of a land than to deprive a fool (half-wit) of his gleanings (lit. booty), for he is minded to strike straightway. The lady [on the other hand] shows favour towards him [who sues] under [the behests of] good-will. Yet, if she does not wish to heed them [who sue], she must not abuse them with her words. . . .' But it must be confessed that the testimony of the sole MS. (H) does not enable us to establish with certainty exactly what the author meant. None of the emendations discussed at considerable length by Warnke in the note to this passage can be said to carry conviction.

59-60 *nul nes=nuls ne s(e)*: 'the one did not know about the other (i.e. about the others' relations with the lady); but none could bring himself to leave (sc. abandon his suit).'

75 'To make the acquaintance of the four lovers men came from other lands.'

138 *detraherent* for *detraierent*, pret. 6 of *detraier*? Warnke corrects to *esrachierent*.

155 'I made them set their minds on loving me.'

204 *vus*, corrected by Warnke to *le*.

207-8 *faire novel* 'renew,' 'remake,' 'recompose.'

211-4 'The others have died some time ago, have lived their span of life (have consumed this earthly life) [and] the great anguish which they suffered for love of thee.'

XI. CHEVREFOIL (HSN)

The adventure of Tristan here recounted has not been transmitted elsewhere. Other episodic Tristan poems, some of them attributed to Tristan himself, have been preserved (see C. Voretzsch, *Einführung*, pp. 285-7, for full bibliography). There are a number of references to our lay in the twelfth and thirteenth centuries (see Sudre, in *Romania* XV, 551 ff.). The lyric *Lai del Chievrefeuil* (ed. Bartsch-Wiese, *Chrestomathie*, No. 40) has no connection with Marie's lay and is an example of a genre similar to the 'sequence' and the 'descort'; cf. E. Hoepffner 'Les deux lais du chèvrefeuille' *Mélanges Laumonier* 28.

Much has been written on the relation of Marie's lay to the Tristan legend and the romances as a whole. Bédier concluded that the source of Marie was a Breton *lai*, one of a number of episodic poems antedating the Estoire, but not incorporated in it. (A different view is taken by Miss Schoepperle, who discusses Marie's lay at some length, *Tristan and Isolt*, pp. 137-47). Levi is led to a similar conclusion, viz. that a 'lai de Tristan', probably composed in the twelfth century, was propagated by jongleurs, was known to Thomas and through him to Gottfried von Strassburg, and that there is a reminiscence of this not only in lines 77-78 of *Chevrefoil*, but also in *Eliduc*, l. 671; Marie undoubtedly knew this *lai*, whether through Thomas or through another independent text does not affect the issue. Foulet, disposing of the bilingual title as a 'procédé de style', argues that Marie, beginning with the idea of a message, invented the story of the *lai* and attached it to the Tristan legend, and thus inaugurated the tradition of Tristan as a composer of lays which is taken up by Thomas and later writers. It will be seen that this theory must fall to the ground if, as seems likely, the lays of Marie de France were composed after Thomas' *Tristan*.

The discussion of these conflicting views would take us far from the lay of Marie and is not likely to facilitate the understanding of the text as much as an unprejudiced examination of Marie's own statements. These are to the effect that she knew a *lai* of Tristan which circulated in England, now under its French title *Chevrefoil*, now under its English title *Gotelef*. She also knows the romance of Tristan, which she has both heard and read, and it is to it that she has recourse in order to establish the truth regarding the circumstances of composition. We may therefore take it that in one of the forms of the Tristan romance known to her the meeting of Tristan and Iseut was described. The *lai* to which Marie refers may have been composed and been in circulation before the constitution of the Estoire or it may have been composed subsequently under the inspiration of the description of the lovers' meeting. The position is therefore analogous to that which we find in *Le Chaitivel*. In both lays Marie is concerned to make clear the circumstances in which they are composed: *Le Chaitivel* by the heroine in commemoration of her grief, *Le Chevrefoil* by the hero in commemoration of his joy, with this important difference that in the case of the *Chevrefoil* Marie can refer us to an 'authority', the romance itself (ll. 5-10). She does *not* propose merely to reproduce the original *lai*; she will tell the *aventure*, i.e. the actual circumstances (*la verité*) which inspired the original *lai*, and in doing so she perforce repeats its content.

---

11 *Markes* H, *Mars* S.

27 *Cornwaille*. The metre demands the pronunciation *Cornüaille* or *Cornewaille*, as in Lanval, l. 433.

56-61 Order in S (supported by N): 56, 59, 60, 57, 58, 61. Various interpretations have been given of the message. Some critics have held that, at least in the original, the message itself was written on the piece of wood, and there would seem to be some support for this in S which, in line 62, reads: *Qui fu el baston que ie dit*, and in line 109: *Par le baston quil ot escrit*. But this is inherently impossible, or at least improbable, and Foulet's interpretation seems the right one: Tristan had first of all sent a written message to the queen warning her of his presence and reminding her of the signal which had already been used on former occasions (57-8); lines 63-78 give the content of the letter and lines 77-8 reproduce the conclusion; then, when the royal procession passes, Tristan uses the stick of hazel wood with his name carved upon it (l. 82), as had been agreed between them.

80 'along a slope (i.e. along an incline sloping away from the road?).' Warnke adopts S's reading: *un poi auant*.

90 *Berrengier qui molt ot b. f.* S.

93 Warnke reads: *Que plus amot* (so S).

107 'Because of the joy which he had had from seeing his mistress and because of what he had written (the message), as the queen had directed, [and] in order to preserve the memory of the words . . .' It is possible, as G. Cohn suggested, to take *roïne* (l. 110) as the indirect object, but it is worth noting that S reads *li ot*.

115 *Gotelef* (goatleaf) is not attested in Mid. Engl. It may be an *ad hoc* literal rendering of *chevrefoil* made by those who propagated the original *lai*. S reads: *Gotelef lapelent Engleis*; but *Gotelef* may well have been pronounced *Got'lef* and H may be correct.

XII. ELIDUC (H)

Levi is inclined to see in this lay a derivative of the Tristan story, Tristan himself being toned down to appear here in the more humanized figure of Eliduc, the first and second Iseut corresponding to Guildeluec and Guilliadun. But a certain parallelism is inevitable in any treatment of the theme of the 'husband with two wives.' The popularity of this legend and the various treatments of it have been traced by G. Paris, 'Le mari aux deux femmes,' *Revue Bleue*, 1887, p. 651 ff. (and in his *La poésie du moyen âge*, 2e Série, 1895, p. 109 ff.); see also Levi's introduction to his edition of *Eliduc* for a full discussion and bibliography.

The best known and closest parallel to our lay (specifically to the latter part) is furnished by the romance of *Ille et Galeron* by Gautier d'Arras, but even here the precise relationship is difficult to establish. The date ascribed to the romance was formerly 1167, and the later discovery of another MS. with an epilogue containing a dedication to Tiebaut de Blois as well as to the empress Beatrice (crowned 1167) suggests that it was completed somewhat later, ca. 1180. In any case, it seems doubtful whether *Ille et Galeron* is imitated from *Eliduc*, and the fact that we have in the former a more 'courtly' treatment does not necessarily imply that it was later in date: the spread and acceptance of courtly ideas was not uniform in regard to time, place or persons. It is much more likely that both go back to a common source (or parallel sources). Marie's good faith in giving as her source a Breton *lai* would seem to be borne out by the fact that the story survives in such a similar form in the Gaelic folk-story of 'Little Snow-White' (see A. Nutt, 'The lay of Eliduc and the Märchen of Little Snow-White,' *Folk-Lore* III (1892), pp. 26-48). It is not without significance that the alternative title of the lay (l. 22) conserves the Breton conjunction *ha*. The names of the protagonists are of doubtful origin, though Eliduc and Guildeluec are most probably Celtic, and Guilliadun therefore also, in spite of its external appearance of a French form of Germanic origin (cp. Levi, pp. lxiv-lxviii).

For full bibliographical indications, see Levi's edition. E. Hoepffner's more recent article 'Ille et Galeron et le lai d'Eliduc' (*Studies presented to Professor Mildred K. Pope*, pp. 125-44) restates and amplifies the case for regarding *Ille et Galeron* as based upon Marie's lay and for placing the composition of the latter before 1170; but it takes no account of the new evidence affecting the date of Gautier's romance and can certainly not be said to have disposed of the matter (see above, p. viii).

Fr. Wulff's article in the *Mélanges Wahlund*, pp. 305-14, suggests a number of emendations, in addition to those proposed by Warnke, Mussafia, G. Paris and Tobler.

---

5 *Bretaine* (*la Menur*)=Brittany.

22 *ha*=Breton *ha* or *hag* 'and' (=Lat. *ac*).

17 The name *Guilliadun* is apparently treated as a word of either three or four syllables.

36 'Therefore much advantage accrued to him.'

41 'Through envy of his fortune, as often happens in respect of others, he was embroiled with his lord . . .'

45 *Que* consecutive, or *que* for *qui* (rel. pron.).

46 'without formal accusation.'

49 'that he should hear his case (defence).'

62 *charïer* for *charuier* (so Warnke).

63 'The favour of the mighty is no stable thing (permanent possession, fief).' Warnke cites as a parallel the proverbial 'Amour de seinor n'est mie fié' from Zacher, 'Altfrz. Sprüchwörter,' *Zeitschrift für deutsches Altertum* XI, 116. See also Levi's interesting note on this line.

69 *Loengre* (*Logres* 1071), the old designation for the middle and southern part of Britain and for England as a whole (cf. H. Zimmer, in *Z. f. frz. Spr. u. Lit.* XIII, 98).

75 'He has adhered to this decision and has accoutred himself richly.'

83-4 'But he pledged himself to her that he will be faithful to her.'

88 Totnes is often named as a port in the literature of the time.

107 *li reis* for *le rei*, object of *aider* (l. 109).

128 'as they may wish to spend in the whole month.'

135 *chambre*, the best room of the house, therefore hung with tapestries (*cortines*).

166 Warnke corrects *i* to *il*.

169-72 'If we await them here, it may be that we shall have battle with them; but that achieves no purpose (is of no profit) if anyone knew of another plan.'

174 *ristei* is not attested elsewhere, but might be connected with Old High German *rista* 'flax-thread, hemp', which gave Prov. *risto* 'hemp', which, with the collective suffix *-ei*, may have given *ristei* 'field of flax' (?). Warnke, following E. Levi, corrects to *riflei*, which he equates with *ruflei* 'thicket of rushes', 'bed of reeds'. Other suggestions are *rosoi* and *fustei* (=futaie).

181 'Thus they expose themselves as though to death straightway (i.e. they court a speedy death).'

198-202 'If we can win something as booty, it will be reckoned to us as great fame to have damaged our enemies. They have accepted his assurance and have led him as far as the wood.'

209-10 'When they (the enemy) have entered the defile Eliduc has shouted at (challenged) them.'

288 *Cil* (=Eliduc), while in the following line *cil* refers to the chamberlain.

308 The direct object (*le*) is understood: 'But she did not wish to intercede with him lest he should scorn her for it (lit. interpret it as blame to her).'

319-21 'He considers himself badly used by fate that he has been so long in the land without having seen her.'

369-76 'I have never seen a knight who, whether he loved or hated [the sender], would require to be urged to accept gladly a present sent to him. Sorely would I hate that he should mock me. Yet by his manner we may learn something of his mind.' I take *li* to be the scribal use of *li* for *lui* (tonic dir. obj.) and *alquant* as adverbial 'somewhat'.

392 'I have set my mind upon a foolish thing.'

393 Warnke makes the plausible correction of *ne* to *n'i* 'to him.'

397 'Now everything is in the balance (it is completely at stake).'

432 'If that can be (i.e. that he did not receive my gift as a love-token), then I am betrayed.'

457-8 'She was very glad of his sojourn; she knew nothing of the distress in which he was since he saw her.'

486 *d'utre mer* 'from beyond the sea'; or 'who has been to the Crusades' (so Hertz).

509 'that she was very pleased thereat and that she had sent him the ring and the girdle likewise because she had granted him the possession of herself.'

534 'Before that time you will have arranged what is to become of me.'

559 'He had been ill-advised and had viewed him (Eliduc) with disfavour.'

567 Warnke corrects *l'aliance* to *la fiance*.

605 Corr. *ki kel(e)* ?.

631-2 'In order to [induce him to] remain he will do so much for him, for which he will forever praise him.'

671 Cf. Thomas, *Tristan* 1061-2: 'La bele raïne, s'amie, En cui est sa mort e sa vie.'

830 ff. These lines introduce an old popular belief that the presence of a guilty person on board inevitably brings disaster upon the ship. There are many literary instances: in the story of Jonah, the *Electra* of Euripides, Wieland's *Oberon*, and in many ballads (Danish, Norwegian, Swedish, etc.), particularly in the Scottish ballads of 'Bonnie Annie' and 'Brown Robyn's Confession' (see Warnke-Köhler, pp. clxx-clxxiv). This is not a specifically Celtic motif, but it is popular and current in Celtic countries and may therefore have come to Marie from the more primitive-popular 'lais bretons'. The same remark applies to the weasel episode (see note to l. 1065).

917-8 'The holy, sainted hermit had died eight days before.'

925-8 'First I must take counsel with the wise men of the land how I can glorify the place by means of an abbey or a monastery.'

996 'She quite changed her mind thereat' or 'Her whole heart was stirred by it' (?).

1056 'Throw, good fellow, do not let it escape (lit. in an evil hour will it escape).'

1065 For this weasel episode there are many parallels in antiquity and in popular legends: some animal revives its fellow creature or mate by means of some herb which it fetches and of which man obtains possession and with which he revives another person. Among Western nations (as in Apollodorus) it is usually a snake; but in one of the best-known instances, Chaucer's *Dream*, it is a bird. Only in *Eliduc* is it a weasel: weasels were commonly supposed to have magic properties and for that reason were called 'fairies' in Cornwall. The belief in herbs capable of reviving the dead was of wide currency among the Ancients, Eastern peoples, etc. See Hertz, pp. 409-12, and Warnke (Köhler), pp. clxxv-clxxix.

GLOSSARY

References are not exhaustive, except for a few forms which might lead to confusion by their abnormality. Cross-references are not regularly given for the variations indicated in the summary on p. xxiii ff. Verbal forms are normally listed under the infinitive, the latter form being followed immediately by a line-reference if it actually occurs in the text. An asterisk indicates an explanation or comment in the Notes.

a, *prep.* of (possession) Pr. 9, G. 365; in, among Eq. 54, 260, B. 216; at (distance) El. 799; with, in, according to (manner) G. 166, 172, 201, Y. 223; in the manner (or capacity) of Y. 464; with (instrument) B. 199, F. 127; of, with (material) G. 173; by (means) M. 396, Cha. 90; to, for (purpose) G. 246, L. 178.

abaier F. 145, *v.n.* bark.

abandun; *se metre en a. de* expose oneself to Chv. 19; *metre en a.* betray El. 231.

ꞅbaundoner, *v.refl.* expose oneself Cha. 119.

abes Y. 489, *nom. sg.* of abbé Y. 485, *sm.* abbot.

abevrer M. 252, *v.a.* slake, quench the thirst of.

acemé, *p.p. adj.* adorned, comely L. 522, Lc. 14.

acerer Y. 287, *v.a.* steel, sharpen.

acheisun, *sf.* occasion Eq. 110; cause, motive F. 269; guilt, accusation Y. 147.

acheisuner, *v.a.* accuse, charge L. 440.

acoler Y. 168, *v.a.* embrace G. 532.

acordement, *sm.* reconciliation Chv. 98.

acuinter El. 278, **aquointer** Cha. 75, **aquinter** El. 494, *v.a.refl.* make the acquaintance of, make friends with Cha. 75, M. 324.

acumparer M. 409, *v.refl.* compare oneself, match oneself.

acurcier, *v.a.* shorten M. 514.

acustumer, *adj.* accustomed G. 512.

adés, *adv.* ever, continuously Y. 334.

aduber, *v.a.* dub, equip with arms G. 47.

afeitïement, *adv.* politely, nicely El. 292, F. 380.

afeitier, *v.a.* educate, train F. 254, L. 281.

afere, *sm.* affair, matter B. 13; condition El. 616.

aferir, *v.imp.* be fitting Cha. 235; appertain F. 408; *qu'il i afiert* what appertains to it, what are the rights of the matter F. 37.

afermer, *v.a.* enclose, shut away F. 304.

affeitement, *sm.* breeding, education Eq. 32.

afïer, *v.a.* proclaim (in due form) G. 745; pledge G. 860.

afoler, *v.a.* destroy, lay low Eq. 78; *v.refl.* do oneself an injury L. 414.

afubler, *v.refl.* attire oneself Lc. 72.

agaitier Y. 255, *v.a.* lie in wait for.

aidier L. 292; *ind.pr. 6* aïent G. 363; *subj. pr. 3* aït F. 31: *v.* help B. 189, Cha. 109; *s'a. de* make use of, occupy oneself with L. 292, M. 184; *si m'aït Deus* so help me God F. 31.

aïe, *sf.* help G. 457, El. 824.

ainceis, *adv.* earlier, before L. 539.

aint; v. amer.

ainz Pr. 4, **einz** G. 427, *conj.* rather, but rather Pr. 4, G. 491; *adv.* before F. 244; *cum ainz pot* as much as he could Eq. 42, as quickly as pos-

189

sible M. 320; *prep.* before G. 205, 261, 427; **ainz ke,** *conj.* before G. 50.

aïr, *sm.* wrath, violence Eq. 289.

aise; *a a.* at one's ease, happy G. 530; *aveir a.* have leisure B. 302.

aisnee L. 533, **eisnee** L. 61, *adj.f.* eldest.

aït, aïent; v. **aidier.**

ajurnee, *sf.* daybreak G. 427.

alaitier, aleitier M. 111, *v.a.* suckle F. 201, 206; *pres.p.* **aleitant** being suckled, sucklimg F. 195.

alasser, *v.n.* grow tired, weak D. 184.

alegier D. 165, *v.n.* become light.

aler G. 76; *ind.pr. 1* **vois** B. 90, *3* **vait** G. 51, **veit** G. 584, **vet** Eq. 106, **vat** G. 193, **va** L. 260; *subj.pr. 3* **aut** G. 861, **voise** L. 354; *v.n.refl.* go, go away.

aleüre, *sf.* gait; *grant a.* at full speed G. 276.

alexandrin, *adj.* Alexandrine, of Alexandria; *purpre alexandrine* L. 102.

aliance, *sf.* promise, pledge of support El. 567.

allas! *interj.* alas! G. 399.

alosé, *p.p.adj.* renowned, famous M. 310, 350.

alquant, *pron.* some Cha. 234.

ambedeus D. 4, **amdeus** M. 529, **ambedui** Eq. 304, **amdui** G. 452, M. 416; *pron.* both.

amblant, *pres.p.adj.* ambling L. 473.

amender F. 93, *v.n.* become better, benefit Eq. 84; *v.a.* make good, atone for F. 93; improve the fortunes of F. 264; better D. 216.

amener; *subj.pr. 3* **ameint** G. 201; *fut. 3* **amerra** Y. 428: bring G. 201; take away F. 307, M. 152.

amer G. 44; *ind.pr.1* **aim** Eq. 71, **eim** B. 80; *subj.pr. 3* **aint** G. 575, **eimt** El. 469: *v.a.* love.

amisté, *sf.* friendship B. 83.

amonester, *v.a.* admonish M. 317.

ancele, *sf.* maid M. 138.

ancïenur, *adj.* ancient, of the Ancients G. 26.

anelet, *sm.* small ring Y. 415.

anguissier, *v.a.* harass, worry B. 87.

anguissusement, *adv.* dolefully G. 138; painfully, direfully G. 343; sorely El. 573.

ansac, *sm.* hanger, hunting-knife G. 86.

anste, *sf.* shaft (of lance) M. 418.

antif; antis Y. 12, **antive** G. 207, *adj.* old, ancient.

anuit, *adv.* this night El. 341.

aparcevance, *sf.* observation, discovery M. 93.

aparceveir G. 65, D. 66, *v.a.* detect, see D. 66; *v.refl.* notice, become aware F. 259.

apeler, *v.a.* cite, accuse L. 443.

apendre, *v.n.* pertain, appertain Eq. 144.

appareiller El. 125, **aparailler** F. 390, **appariller,** *v.a.* prepare El. 125; equip El. 767; *v.refl.* attire oneself B. 228; make preparations El. 749.

aprecier, *v.n.* approach El. 745.

aprimier, *v.n.* approach G. 599.

apuier, *v.refl.* lean, recline, support oneself G. 188, L. 238.

aquiter, *v.a.* free, release, ransom L. 210, El. 546; acquit L. 623.

ardeir, arder L. 328, *v.a.* burn G. 348.

areisuner El. 503, *v.a.* address G. 444; intercede with D. 56; summon (to answer a charge) El. 46.

arester Eq. 123; *pret. 3* **arestut** G. 282, *p.p.f.* **aresteüe** F. 158: *v.n.* remain D. 196; *v.refl.* halt, stand still G. 282; *s'a. a* remain, allow one's choice to fall on Eq. 123.

ariere, *prep.* behind F. 166; *adv.* back F. 175.

ariver El. 815, *v.n.* land, reach shore G. 164.

aruter, *v.n.* gather in pursuit G. 81, in a crowd El. 233.

as=a+les.

aseeir, *v.a.* place G. 448, seat G. 785, besiege G. 875; *v.refl.* sit down G. 439; *p.p.adj.* **asis** set, fashioned Eq. 36; settled, fixed El. 613.

aserir, *v.n.* become evening (night) F. 137.

asez G.377, **asés** B. 309, *adv.* enough G. 377; very Pr. 12; quite G. 21; much, many B. 309.

assaier, **asaier** G. 653, *v.a.n.* try, attempt D. 153, G. 653; *s'a. a* make a trial of, make an attempt at D.41.

assembler Eq. 187, *v.a.n.refl.* assemble, bring together M. 500, L. 507, M. 387; *inf.subst.* meeting Eq. 187.

asseürer El. 344, *v.a.* assure G. 462; reassure G. 275; pledge G. 557; *v.refl.* pledge each other their troth El. 537; *tens aseüré* settled weather El. 814.

atant, *adv.* therewith, thereupon, then G. 443.

atargier, *v.n.* delay El. 1162.

atur, *sm.* adornment L. 555.

aturner; *subj.pr. 3* **aturt** El. 474, **aturne** G. 759: *v.a.* direct, turn G. 131, 711; make ready, array Cha. 168; adorn, bedeck G. 717; attire, equip B. 192; *a. a mal* interpret unfavourably, make a reproach of F. 315, D. 25; *v.n., a. a deshonur a* fall out to the dishonour of El. 474; *v.refl.* attire oneself, prepare oneself G. 759, El. 377; *s'a. de* turn to, give one's mind to Eq. 164.

aukes, *adv.* somewhat G. 390.

aukun, *pron.adj.* someone, one, some G. 598, Eq. 143, F. 115.

aumoines, *s.pl.* alms El. 1151.

aumoniere, *sf.* wallet, bag M. 97.

auncïen M. 534, **auntïen** El. 93, *sm.* Ancients; *adj.* ancient El. 1.

aunte, *sf.* aunt F. 281.

aut; v. aler.

auter, *sm.* altar El. 929.

autresi, *adv.* in like manner G. 570; likewise, similarly, also G. 727, B. 250.

autreteu (before cons.), *adj.* like, similar Lc. 75.

aval, *adv.* down G. 100.

avant, avaunt, *adv.* forward, further, forth L. 646, G. 133, 759, El. 1019; *dire a.* proclaim Y. 6; *enveier a.* send forth, make public Pr. 38.

avanter, *v.refl.* boast, pride oneself G. 490.

aveir L. 150, **aver** G. 627; *ind.pr. 3* at G. 158, ad Pr. 1; *subj.pr. 1* **eie** G. 554; *pret. 1* **oi** F. 472, *3* **ot** L. 555, out G.38; *v.a.* have, possess; *v. auxil.* have; *i ad, ad* there is, there are F. 153, 177; *mut ad ke* it is a long time since Eq. 100; *tant ad de ci qu'a* it is a long time until Eq. 98; *inf. subst.* wealth, property G. 648.

avenant, *adj.* comely L. 474; fitting El. 1128.

avenantment B. 228, **avenaument** G. 508, *adv.* fittingly, in seemly fashion.

aventure, *sf.* adventure Pr. 36, G. 199; happening Lc. 134, 147; fate, fortune G. 822, D. 103; *se metre en a.* tempt one's fate, essay, expose oneself D. 160, El. 181; *estre en a.* be at stake, be in Fate's hands El. 397; *par a.* at a venture, at random G. 676.

avesprer, *v.n.* become evening El. 771; *inf.subst.* evening Cha. 117.

aviler L. 365, *v.a.* vilify L. 306.

avis (=a vis, q.v.); *estre a. a* be one's opinion, seem to one; *ceo m'est avis* methinks G. 75.

avüer, avouer, *v.a.* acknowledge, avow, recognize L. 525; *p.p.adj. subst.* acknowledged, acknowledged holder of a fief Y. 13.

bacheler, *sm.* young man, squire Lc. 17, M. 191.

bai, *sm.* bark, barking G. 93.

baillier L. 535, *v.a.* give, grant G. 247.

banir, *v.a.* summon by proclamation Chv. 38.

bargaine, *sf.* bargain, deal Eq. 152.

barge, *sf.* boat G. 709.

barun G. 29, *nom.sg.* **ber** G. 70, B 15, *sm.* baron; husband M. 126.

beivre D. 134; *subj.impf. 3* **beüst** L. 413: *v.* drink; *inf.subst.* potion D. 106.

bel, beal, *adj.; estre bel a* be pleasing to, please G. 616; *adv.* handsomely B. 190, L. 552.

bender, *v.a.* adorn with a bend Y. 500; bandage G. 140.

beneistre F. 407, *v.a.* bless; *p.p.adj.* **beneeit** blessed, holy El. 881.

ber; *v.* barun.

bernier, *sm.* kennel-boy, beater G. 78.

berserez, *sm.* hunting-dog(?), quiver (?) G. 86*.

berz, *sm.* cradle F. 195.

beus=beaus D. 74; **beuté=beauté** G. 296.

bien G. 2, **ben** F. 303, *adv.* well, much, very; *estre b. de* be on good terms with, be cherished by G. 40; *tenir b. a* favour L. 20.

bien, *sm.* good, good fortune L. 115; value Eq. 50; worth G. 9; *pl.* **biens** services, good deeds M. 344, El. 1151; *en b.* favourably G. 6.

bis, *adj.* dark-hued G. 659, L. 59, Lc. 38.

bisclavret, *sm.* were-wolf B. 63, 75.

bise, *sf.* hind G. 90.

blandir, *v.* flatter B. 60.

bliant G. 738*, *obl.pl.* **blians** L. 59, *sm.* long close-fitting tunic Y. 438.

blunt, *adj.* fair L. 568.

bofu, *sm.* dress-material F. 399.

brachet, *sm.* hound G. 93.

bretan; *en bretan* B. 3, *en bretans* L. 4 in the Breton language.

bretun, *adj.* Breton El. 1.

brief, *sm.* letter D. 129.

briefment, *adv.* briefly El. 658.

broche, *sf.* prong Y. 286.

bruil, *sm.* copse, woodland Lc. 59.

brusdé Lc. 136, **brosdé** El. 797, *p.p.adj.* embroidered.

bruser, *v.a.* break M. 228, El. 819.

burc, *sm.* town L. 575.

burgeis, *sm.* citizen, tradesman Eq. 152, El. 133.

busuin, busoin, *sm.* need G. 228, El. 636; emergency G. 751.

buter, *v.* knock Eq. 288.

ça, *adv.* here, hither F. 109; *ça enz* Y. 179, *ça einz* El. 832 in here.

caver, *va.* hollow out B. 94.

ceile; *v.* celer.

ceindre; *ind.pr.3* **ceint** G. 571; *pret. 1* **ceins** G. 819, *3* **ceint** El. 410, 427: *v.a.* gird G. 819; *v.refl.* G. 571.

cel G. 27, G. 80, **cil** G. 137, Pr. 37, **ceus** Pr. 13, **cele** G. 91, G. 114, **cel** (neut.) El. 170, **celui** G. 5: *dem.pron.adj.* that, he, she, it; *peot cel estre* perhaps El. 170, 432.

celeement, *adv.* secretly M. 452.

celer, Pr. 3; *impve. 2* **ceile** F. 449; *subj.impf. 3* **celisum** M. 141: *v.n. refl.* hide, be secretive F. 449, D. 65

cendal, *sm.* taffeta L. 475.

ceo Pr. 10, G. 64, **ço** Y. 251, **c'** F. 408, Cha. 225, *dem.pron.neut.* this, that; *ceo qu'il poeit* as much as he could El. 848; *ceo n'i ad mie* that is not the case G. 311.

cerchier M. 401; *fut. 4* **cerchirum** El. 998: *v.a.* seek out M. 378, seek through, search M. 401.

cest G. 22, 510, **cist** F. 432, B. 284, **ces** Cha. 149, El. 1181, **ceste** G. 332, *dem.pron.adj.* this, he, she, it D. 94.

chacier Eq. 44, **chacer** Eq. 242, *v.n.* hunt; *inf.subst.* hunting, chase Eq. 27; *v.a.* drive forth B. 306.

chainse, *sm.* linen undergarment Lc. 118.

chainsil L. 560, **cheisil** G. 371, **chesil** F. 121, *sm.* linen.

chaïr G. 686, **chaeir** L. 605; *ind.pr. 3* **chiet** G. 101, **cheit** F. 452; *pret. 1* **chaï** M. 444, *3* **chaï** G. 96, **cheï** F. 457, *6* **cheïrent** Cha. 100;. *p.p.* **cheüz** M. 424, **chaüe** G. 768, **cheï'** El. 338: *v.n.* fall, escape (from one's grasp) El. 1058.

chamberlenc G. 579, **chamberlein** G. 700, *sm.* chamberlain.

chans, *obl.pl.* of **champ**. Cha. 128.

chanu, *adj.* white, grey (of hair) G. 180.

chargier, *v.a.* commit, entrust Lc. 139; burden D. 136.

chariër, *sm.* ploughman El. 62*.

charriere, *sf.* cart-road El. 175.

chascun, **chescun**, *pron.adj.* each one, each G. 216, F. 8, Eq. 274.

chaser, *v.a.* endow with a fief B. 188.

chastïer, *v.a.* admonish L. 143.

cheisif, **chesil**; v. **chainsil**.

cheitif, *adj.subst.* wretched Cha. 216, G. 402.

chere, *sf.* face El. 290, 942.

cherir G. 517, *v.a.* cherish F. 102; heighten the value of, make dear G. 517.

chestun, *sm.* setting (of ring) F. 130.

chevauchier; *ind.impf. 3* **chevachot** L. 551: *v.a.n.* ride L. 512, Chv. 79.

chevel L. 570, *obl.pl.* **chevoz** M. 423, **chevoiz** Cha. 138, *sm.* hair.

chevrefoil, *sm.* honeysuckle Chv. 69, 76.

chief G. 22, **chef** L. 568, *sm.* head G. 179; top, end, prow G. 185; tip Y. 287; beginning G. 22; heading M. 229; lappet F. 121; capital city G. 208; *de c. en c.* from end to end D. 130; *venir a c. de* accomplish G. 740; *traire a c.* bring to a successful conclusion, succeed D. 154; *al c. de piece* after a time B. 295.

chierté, *sf.* worth, value; *tenir en c.* treat with consideration G. 374;

tenir a grant c. hold very dear B. 169, take care of Y. 215.

chiés=**chez** El. 133.

choisir Y. 302, *v.a.* distinguish, catch sight of G. 152.

choser, *v.a.* scold Eq. 64.

ci G. 122, **ici** G. 349, *adv.* here; *de ci la ke* until G. 252; *de ci que (a)* until El. 289, G. 744, Eq. 98; *d'ici qu'a* up to, as many as L. 221. Cf. **si**.

cimiterie, *sm.* cemetery El. 881.

cirge, *sm.* taper G. 186.

cisne M. 174, **cigne** M. 176, *sm.* swan.

clamer El. 1101, *v.a.* call, proclaim Y. 14; *v.refl.* complain aloud L. 314.

clamur, *sf.* accusation, plea Eq. 196.

clef G. 256, **cleif** G. 675, *sf.* key.

cleim, *sm.* charge L. 425.

clos, *sm.* enclosure, wall G. 220.

closture, *sf.* deck-rail G. 156.

coart G. 13, **cuarz** L. 283, *adj.subst.* craven, coward.

codre, *s.* hazel-tree Lc. 98, Chv. 75, 51, 70.

coilte, *sf.* quilt G. 176.

cointise, *sf.* sense, understanding Eq. 58.

communalment B. 128, **comune-ment** L. 387, *adv.* commonly, all together.

converser, *v.n.* dwell, live B. 12, D. 53.

corpus domini, the Host Y. 186.

cors, *sm.* body, person El. 344.

cortine, *sf.* curtain, tapestry Y. 264.

costeer, *v.n.* coast, sail along the coast El. 828.

cous, *sm.* cuckold G. 216.

coveitus, *adj.* covetous, desirous M. 262.

covenable, *adj.* fitting, seemly G. 451.

covenir; *subj.pr.3* **coVienge** G. 533: *v. impers.* suit, please, behoove El. 54.

covertur, *sm.* bed-covering, cover-let G. 181, F. 398.

covrir Eq. 294, *v.a.* cover up, hide M. 92; *v.refl.* be secretive Lc. 30.

creance, *sf.* belief, faith Y. 163.

creire G. 814, **crere** F. 285; *fut. 6* **crerrunt** F. 77; *subj.impf. 3* **creïst** El. 50; *p.p.* **creüz** G. 258: *v.* believe, trust G. 258.

creistre, crestre F. 262; *pret. 6* **crurent** G. 877; *subj.impf. 3* **creüst** Eq. 26; *p.p.* **creüz** grown, grown up Y. 425, F. 16: *v.n.* grow, increase in number G. 877; arise, befall Eq. 26; *v.a.* increase, enlarge F. 262.

cresp, *adj.* curly L. 568.

cri, *sm.* cry of acclamation M. 408.

criembre; *ind.pr. 1* **creim** B. 35, D. 178, *3* **crient** Y. 71; *impf. 3* **cremeit** El. 230: *v.* fear.

cruose, *adj.f.* hollow B. 93.

cuinte L. 321, **quointes** L. 244, *adj.* refined, cultured.

cum F. 345, **cume** G. 488, **come** F. 302, *conj.* as, how F. 345, M.438, 464; as, in the manner of B. 233; **cume de** as though to Cha. 93; *si cume* like G. 488; *cum plus . . . e plus* the more . . . the more L. 142; *cum ainz pot* Eq. 42, *cum plus tost pot* Y. 185 as quickly as possible; *si cum il pot* as best he could M. 178.

cumfaitement, *adv.* how G. 308.

cumpaignun, *sm.* companion G.135; opponent (in a joust) Cha. 98.

cumpain, *sm.* companion L. 589.

cumperer, *v.a.* pay for a thing, pay the price of Cha. 120.

cunduit, *sm.* safe-conduct El.117; escort El. 129.

cungeer L. 460; *p.p.* **cungïé** Chv. 100: *v.a.* dismiss L. 460; exile Chv. 13.

cunreer Cha. 166, **cunreier,** *v.a.* fit out, furnish L. 174; prepare (for burial) Cha. 166; *v.refl.* equip oneself G. 870.

cunrei, *sm.* accoutrement L. 510; *prendre c. de* take care of, make provision for M. 172.

cunseil Y. 253, **conseil** F. 32, *sm.* counsel B. 261; thought, notion F. 32; information G. 338; council, meeting Y. 253; *a c.* secretly El. 404; *par grant c.* with great deliberation D. 12, El. 1154.

cunseillier, *v.a.* advise, help F. 499, G. 334; provide for F. 288; *p.p. adj.* advised, resolved Eq. 120.

cunsentir El. 1130, *v.a.* allow, sanction.

cunte D. 50, *nom.sg.* **quens** L. 114, **quoens** L. 433, *sm.* count.

cuntenement, *sm.* demeanour El. 291.

cuntenir M. 411, *v.n.refl.* behave M. 411, B. 18.

cuntre, *prep.* towards, in the face of, to meet G. 769, L. 68; against (as a remedy) Eq. 265; *adv.* Cha. 91.

cuntredit, *sm.* contradiction, refusal B. 114.

cunuistre, conustre El. 376; *ind.pr 3* **cunust** D. 100; *pret. 3* **conut** G. 637, **cunut** L. 526, **cunuit** M. 432(?); *subj.impf. 3* **coneüst** F. 84: *v.a.* know, recognize; know (carnally) F. 84; reveal, make known Y. 533.

cunveer Y. 300, **conveer,** *v.a.* escort, conduct L. 407.

curage, *sm.* heart, spirit G. 274.

cure, *sf.* care; *avoir c. de* have a care for, take heed of, have a mind to B. 182; *prendre c. de* take care of, make provision for G. 200.

cureçus, *adj.* angry Lc. 112.

curucier D. 92, *v.a.* anger F. 284; *v.refl.* become angry F. 378.

curuz, *sm.* anger, spite B. 35, 249.

cuveiter, coveiter, *v.a.* covet, desire Eq. 41, Y. 266, Cha. 150.

cuvenant, *sm.* covenant, agreement, D. 112.

cuvent, covent, *sm.* agreement, undertaking G. 568; convent El. 899.

damage, *sm.* loss, damage G. 474.
damager G. 696, *v.a.* harm, injure.
damaisel G. 84, **damisel** G. 634, **damiseus** D. 143, **dameiseaus** L. 644, *sm.* youth, squire.
damaisele G. 36, **dameisele** F. 400, **damesele** F. 335, **damisele** D. 84, *sf.* young lady.
dancel L. 176, **danzeus** D. 73, *sm.* squire, youth.
danger, *sm.* the master's right or prerogative Eq. 136.
de, *prep.* concerning, as regards, in respect of G. 704, 722, Eq. 166, El. 228; with, because of Eq. 82, 124, 140; with, by (instrument or agent) B. 311, F. 260, G. 44; of, by (measure) G. 57, El. 890; *de ceo ke* because Y. 25.
debatre L. 348, *v.n.* struggle.
deboneire, *adj.* of good breeding G. 464; gentle B. 179.
decirer, *v.a.* tear, dismember B. 144.
decurre; *ind.impf.* *3* **decurot** Y. 343*: *v.n.* flow down.
dedenz G. 154, **dedeinz** G. 831, *adv.* within B. 94; *prep.* G. 345.
deduire Eq. 111; *pret. 6* **deduistrent** Eq. 282: *v.n.refl.* amuse oneself, pass one's time L. 282, El. 70, Eq. 278, 282; *inf.subst.* pleasure, sport Eq. 28.
deduit, *sm.* pleasure, sport G. 80.
defendre, *v.a.* deny L. 371.
defors G. 154, Cha. 89, *adv.* without, outside, out.
degré, *sm.* step, stair G. 699.
dei, *sm.* finger El. 409.
deis, *sm.* table, high table F. 21; dais(?) L. 487.
dejuste, *prep.* beside Eq. 280; from beside Lc. 71.
delaier, *v.a.* delay, put off L. 502.
delez G. 102, B. 89, *prep.* beside.

delit, *sm.* delight, pleasure L. 258.
delitier, *v.a.* rejoice, please Lc. 89; *se d. en* (*a*) delight in M. 148, 536.
delitus, *adj.* delightful, pleasurable G. 537.
delivre, *adj.* free L. 422, M. 144.
delivrement, *adv.* quickly G. 193.
delivrer D. 30, L. 491; *fut. 1* **deliverai** F. 110, *3* **deliverat** F. 372; *cond. 3* **delivereit** L. 588: *v.a.* free, deliver F. 110; declare free L. 624; make free, make available L. 491; empty M. 225; vacate F. 409; give birth to a child F. 10; *se d. de* deliver oneself from, disengage oneself from D. 30, F. 372.
demain; *a d., al d., el d.* on the morrow Y. 487, 213, G. 869.
demander D. 48, *v.a.* ask in marriage.
demaneis, *adv.* straightway G. 588.
demeine, *adj.* princely B. 298.
demeintenant, *adv.* straightway Eq. 303.
demener; *ind.pr.3* **demeine** D. 233; *cond. 3* **demerreit** El. 1004: *v.a.* lead, perform; *d. dol* show grief; *d.* (*une feste*) celebrate El. 1147.
dementer El. 386, **desmenter,** *v. refl.* show violent grief, lament bitterly Y. 66, F. 72.
demurer L. 614, *v.n.* last, take Eq. 263; remain L. 614; tarry Y. 333.
dent; denz El. 1047, *sm.* tooth; *entre ses denz* inaudibly G. 417.
departir L. 471, *v.a.* distribute El. 259; separate F. 501; decide, give (a verdict) L. 471; *v.n.* disperse B. 212; *v.refl.* depart, take leave L. 630, D. 240; *inf.subst.* departure El. 82.
depescier, depescer G. 650, *v.a.* break, break in pieces G. 574; break open G. 589; tear in pieces B. 238.
derei, *sm.* fight M. 386.
descengler, *v.a.* loosen the saddle-girth L. 47.

descovrir, *v.a.* reveal G. 500; uncover El. 1013; *v.refl.* reveal one's secret L. 145.

descunforter, *v.refl.* be disconsolate El. 1090.

descunseillé, *p.p.adj.* bereft of counsel, forlorn G. 402, L. 36.

descunuistre, *v.a.* fail to recognize El. 237.

descupler, *v.a.* unleash G. 82.

deservir, *v.a.* deserve, earn Eq.168.

desevrer B. 182, *v.a.* separate F. 504; *v.n.* leave, part company B. 182; *inf.subst.* separation Chv. 103.

desfermer El. 916, **defermer,** *v.a.* unlock, undo Y. 183, 371.

desferrer, *v.a.* free from the iron (prongs) Y. 314.

desfubler, *v.refl.* undress, divest oneself of one's cloak F. 392, 429.

deshaitié, *p.p.adj.* joyless Eq. 105.

deslacier, *v.a.* unlace, undo Cha. 137.

desmesure G. 213, **demesure** G. 708, *sf.* excess; *a d.* immoderately, excessively.

desore G. 530, **desor** Lc. 109, *adv.* from that moment, then, thenceforth.

despendre El. 128, *v.a.* spend L. 30; *v.n.* spend, distribute largess L. 138, M. 323; *pres.p.adj.* liberal Y. 462.

despensier, *sm.* steward, housekeeper M. 269.

despleier G. 649, **despleer** G. 562, **depleier,** *v.* undo G. 562, unfurl G. 160.

despuille B. 124, **despoille** B. 268, *sf.* clothing (discarded) B. 275.

despuillier, despoiler F. 412, *v.a.* unclothe Eq. 296; *v.refl.* undress B. 69.

desqu'a, desk'a, *prep.* until, as far as, to G. 99, 685; *desque a un an* until a year from now El. 451; **desque,** *conj.* when, from the moment when F. 78, Y. 221.

desrainier, *v.a.* justify, defend successfully L. 628.

desrumpre, *v.a.* tear up El. 820.

destinee, *sf.* fate, prognostication G. 326, 607.

destre, *adj.* right-hand, right G. 731; *sur d.* on the right F. 144.

destreindre; ind.pr. 3 destreint G. 430; *pret. 3* destreint (for destreinst) D. 164: *v.a.* torture, afflict G. 420; *v.refl.* mortify oneself, fast D. 164; *p.p.adj.* destreiz afflicted, harassed G. 849, D. 71.

destreit, *sm.* distress, trouble G. 802; *en d.* in custody F. 63, Y. 420; *metre en d.* put to the question(?) B. 255; defile El. 167.

destresce, *sf.* distress B. 265; confinement B. 264.

desturber D. 195, *v.a.* incommode, hinder G. 144.

desure, desur, *prep.* on, upon G. 299, 365; **desure,** *adv.* above, on top G. 540.

desus, *adv.* on, thereon G. 176; *prep.* on F. 298.

desuz, *adv.* beneath, below G. 149; *prep.* beneath, below, under G. 207.

detraherent, *pret. 6* of detraier, *v.a.* tear Cha. 138*.

detraire L. 348, *v.refl.* tear oneself.

detriers, *prep.* behind L. 639.

deus G. 34, *nom.m.* dui, *num.* two El. 794.

deveir; pret. 3 dut Y. 87, **duit** Eq. 206; *subj.pr. 3* deive El. 678, *5* deiez G. 850: *v.* owe, be obliged to, ought; portend, signify Y. 235.

devenir; ind.pr. 1 devienc B. 63; *v.n.* become; *u deveneit* what became of him B. 27.

devers, *prep.* towards, near Y. 365.

devïer, *v.n.* die Y. 539.

devin, *adj.subst.* divine El. 1180.

devise, *sf.* arrangement Eq. 273; *a d.* as arranged Eq. 273; division, dividing wall Lc. 37.

deviser, *v.a.* arrange, order, plan El. 206, 790.

difeis, *sm.* hedge, enclosure Y. 366.

digner El. 888, *v.n.* dine Y. 495; *inf. subst.* El. 888.

ditié, *sm.* composition, poem Pr. 41.

diva, *interj.* go to! El. 419.

divers, *adj.* different M. 1.

diversement, *adv.* differently, variably M. 2.

doel D. 89, **deol** Eq. 209, **dol** F. 108, **dols** Y. 326, *sm.* grief, pain; *a d.* painfully, dolefully; *faire d.* show grief, make lament Eq. 209.

doleir, *v.n.* give pain, hurt G. 189.

dolent, *adj.* mournful, sad G. 196; suffering G. 598.

doluser F. 104, *v.n.* be pained, lament.

doner, duner; *ind.pr. 1* **doins** G. 560; *fut. 3* **dura** F. 263, **durat** D. 105, **durrat** D. 113; *subj.pr. 3* **doinst** L. 138, **duinst** Y. 224, **doint** El. 1125, **doinse** G. 348: *v.a.* give, grant.

dormir, *v.refl.* sleep, fall asleep G. 203.

dortur, *sm.* dormitory Y. 491.

dossal, *sm.* curtain forming a canopy over head of bed G. 366.

douneer El. 577, *v.n.* court.

drap G. 175, **dras** Y. 172, *sm.* clothing garments Y. 172; bed-clothes Y. 316.

dreit, *adj.* right, true, proper Eq. 110, Lc. 6; *adv.* directly, straightway L. 65, 383.

dreiture, *sf.* right, justice El. 838; *a d.* truly, outright El. 182.

dru, *sm.* lover Eq. 80.

drue, *sf.* mistress G. 836.

drüerie, *sf.* love G. 505; love-token Cha. 57, 68.

dui; *v.* deus.

dunt, *adv.* and *rel.pron.* (in senses corresponding to *de*) whence G. 776; whence, of whom (*dunt fu nez*) G. 603.

durat, durrat; *v.* doner and durer.

durement, *adv.* very, extremely Eq. 31.

durer Chv. 73; *pret. 3* **durrat** Eq. 185: *v.n.* last Eq. 185; endure, survive Chv. 73.

duter B. 82, *v.a.* doubt, fear B. 82, M. 132; *se d. de* be uneasy about Eq. 145, fear Eq. 204.

eage, *sm.* age D. 151; adult years G. 46; old age G. 217.

ebenus, *sm.* ebony G. 157.

eé F. 235, **eez** Y. 463, *sm.* age F. 235; *en eez* of age Y. 463; *de sun eé* in one's lifetime Y. 142.

effreer; *v.* esfreer; **effrei;** *v.* esfrei.

eim, eimt; *v.* amer.

einz; *v.* ainz, enz, and ça.

eire, *sf.* floor, paved space El. 1037.

eire, *sm.* journey El. 658; *an eire* straightway Cha. 22.

eire, eirent; *v.* errer.

eirseir, *adv.* last night Eq. 100.

eise; *v.* aise.

eisnee; *v.* aisnee.

eissil, *sm.* exile El. 564.

eissillier; *p.p.* **eisselez** G. 310: *v.a.* exile.

eissir G. 226; *ind.pr. 3* **ist** F. 136, **eist** F. 212, *6* **eissent** G. 871; *pret. 1* **eissi** G. 327, *3* **eissi** F. 143, **issi** G. 633, *6* **eisserent** Cha. 86; *fut.1* **istrai** Y. 70; *subj.pr. 1* **ise** G. 351; *p.p.* **eissuz** L. 43: *v.n.refl.* go forth; *inf.subst.* El. 979.

eissue, *sf.* exit, way out Y. 443.

el, *pron.neut.* else, anything else B. 88, L. 405.

el=en+le G. 162.

el=ele G. 337.

em; l'em (=l'on) Y. 92; *v.* humme.

empeirier El. 184, **empeirer** M.354, *v.a.* worsen, injure, harm Eq. 128; libel, slander El. 44.

empereür El. 362, *nom.sg.* **emperere** L. 85, *sm.* emperor.

en; l'en (=l'on) M. 326; *v.* humme.

en G. 836, **ent** F. 279, **'n** (*jeo'n* M. 448, *si'n* G. 523, El. 882), *adv.*

and *pers.pron.* (in senses corresponding to *de*).

en, *prep.* in G. 7; on G. 92, 885; by means of, with G. 636; according to F. 329.

enbracier B. 300, *v.a.* embrace.

enceintier, *v.n.* become pregnant F. 9; *v.a.* make pregnant F. 283.

encensier, *sm.* censer Y. 504.

enchargier, *v.a.* commit M. 168.

encliner, *v.refl.* bow down Pr. 45.

enclos El. 99, *p.p.* of **enclore,** *v.a.* enclose, shut in.

encor; v. uncore.

encumbrement, *sm.* hindrance, obstacle El. 196.

encumbrer L. 431, *v.a.* damn, ruin L. 431; harm El. 168; discomfit El. 108.

encuntre, *prep.* towards, to meet, to welcome G. 757; *adv.* forward (to meet) L. 249.

encurtiner L. 492, *v.a.* hang with curtains.

encusement. *sm.* accusation; *par e.* as the result of an accusation Chv. 101.

encuser, *v.a.* accuse L. 356.

endreit, *prep.* regarding; *e. nus* so far as we are concerned L. 434.

endreit, *sm.* manner, respect B. 100.

enferté, *sf.* infirmity G. 481.

enfuïr, *v.a.* bury G. 288, D. 239, El. 896, 947, Cha. 171.

enfurchier, *v.a.* dispose in fork-like fashion Y. 290.

engagier L. 558, *v.a.* pledge L. 558; bind (by an oath) L. 449.

engin, *sm.* trick, deceit, stratagem Eq. 75, Y. 284.

enginner Y. 256, *v.a.* trick, trap Y. 256; deceive El. 1076.

engluer, *v.a.* snare with birdlime Lc. 107.

engresté, *sf.* temper, anger Lc. 114.

enke, *sf.* ink M. 256.

ennoier, *v.a.* vex G. 514.

enpalir, *v.n.* grow pale El. 974.

enparler, *sm.* go-between, intermediary M. 282.

enprés, *adv.* afterwards Eq. 90.

enquere; *pret. 3* enquist Eq. 210; *p.p.* enquis G. 602: *v.* enquire.

ensample, *sm.* example, model, lesson Eq. 308.

enseeler Lc. 155, *v.a.* seal M. 258; seal up Lc. 155.

enseigne, *sf.* token, sign M. 273.

enseignement, *sm.* upbringing L. 302; instruction G. 244.

enseigner El. 488, **enseiner** F. 407, *v.a.* instruct, teach El. 488; show, indicate F. 394; bless, make the sign of the cross over F. 407; *p.p. adj.* instructed, well-mannered G. 248, L. 67.

ensemblement od, together with Y. 453.

ensement, *adv.* likewise Chv. 76.

ent; v. en.

entaillier, *v.a.* cut out in stone L. 237.

entargier, *v.refl.* delay, tarry, El. 288.

entendre Pr. 24, *v.* understand Pr.18; give heed, strive Pr. 24; hear D. 94; *e. a* give heed to, give in to Eq. 61; be intent upon Lc. 64.

entente, *sf.* understanding B. 157; attention Y. 26; intention El. 581; *metre s'e.* set one's mind, direct one's intention El. 392.

entr'acoler, *v.* embrace each other Eq. 292.

entr'amer, *v.refl.* love each other Eq. 183.

entre . . . e, both . . . and, together M. 280.

entrebaisier, *v.refl.* kiss each other El. 702.

entrechangier Lc. 43, *v.a.* interchange, exchange.

entreferir, *v.refl.* strike each other Cha. 84.

entrelaissier, *v.a.* neglect, abandon Eq. 127.

entremés, *sm.* entremet L. 185.

entremetre, *v.* take pains M. 36; *s'e. de* undertake Pr. 47; concern oneself with, engage upon Pr. 32.

entreplevir, *v.refl.* pledge each other's troth Eq. 182.

entrepris, *p.p.adj.* in a difficulty, in a bad plight, overcome L. 33, 430.

entrer; *fut. 3* **enterra** Y. 179: *v.n.* enter.

entresaisir, *v.refl.* pledge each other, give reciprocal possession of Eq. 181.

entreveeir, *v.refl.* see one another Lc. 56.

entur, *adv.* round about G. 233, Y. 361; *prep.* about F. 379.

enui, *sm.* vexation, torture D. 78.

enurer Cha. 27, *v.a.* honour L. 609.

enveier, *v.* send Pr. 38; send for L. 382; *e. pur* send for Eq. 193.

enveisier, *v.n.* amuse oneself, play Eq. 282; *p.p.adj.* cheerful Eq. 53.

enviz; *a e.* unwillingly El. 311.

envoluper, *v.a.* envelop, wrap up Lc. 137, F. 122.

enz, einz, *adv.* in G. 619, Cha. 123; cf. **ça.**

eos; v. **oés.**

erceveke, *sm.* archbishop F. 361, 406, 495.

errer Y. 258; *ind.pr. 3* **eire** D. 202, *6* **eirent** M. 509: *v.n.* go abroad, wander Y. 258; act, behave El. 608; *errer mal* err El. 585.

es=en+les Pr. 11.

es vus, behold! F. 20.

es, *adv.;* *er es l'ure* at that very moment, at once El. 1053.

esbaïr, *v.a.* astonish, dismay G. 674, L. 199; *p.p.adj.* agape, foolish Y.73.

esbaniement, *sm.* merry-making F. 374.

esbanier G. 264, **esbaneer** L. 42, **esbainier** L. 245, *v.n.refl.* amuse oneself, play Eq. 43, G. 264.

escauder, *v.a.* scald Eq. 257; *v.n.* be scalded Eq. 298.

eschaufer, *v.a.* make warm F. 202; *v.n.* become warm L. 584.

eschec, *sm.* booty El. 177.

escheker, *sm.* chess-board El. 487.

eschés El. 485, **eschiés** M. 200, *sm. pl.* set of chess M. 200; *as e.* at chess El. 485.

eschevi, *adi.* slight, slender El. 1014.

escïence, *sf.* knowledge Pr. 1.

escïent; *mun (mien) e.* to my knowledge, methinks, forsooth G. 421, B. 216; *mun e. que* methinks that B. 51; *a e.* knowingly Cha. 130; cf. **scïent.**

escipre, *sm.* sailor El. 860.

esclot, *sm.* hoof G. 95.

escrïer, *v.a.* shout at El. 210; utter Cha. 70.

escrit, *p.p.adj.* covered with writing Lc. 136.

escumengier, *v.a.* excommunicate G. 242.

escundire, *v.a.* repel, deny, dismiss G. 506; refuse (someone) G. 646, D. 149.

escundist, *sm.* defence (legal); *prendre e. de* hear the defence of El. 49.

esdrescier, *v. refl.* justify oneself, defend oneself El. 725.

esforcible, *adj.* powerful M. 128.

esforcier, *v.a.* reinforce, enlarge L. 393; strengthen D. 133.

esforz, *sm.* reinforcement El. 640.

esfreer, effreer, *v.a.* frighten F. 455; *v.refl.* become frightened G. 594.

esfrei, effrei, *sm.* fear L. 509, Eq. 92.

esgarder, esguarder, *v.a.* regard, observe, heed G. 295, 788, F. 303; decree L. 380; *v.n.* take heed G. 282; consider, decide F. 330.

esgarer, esguarer; *p.p.adj.* bewildered, forlorn F. 257, L. 398.

esgart, *sm.* decision, judgement L. 505, 629; attention El. 1154.

eshaucier El. 927, *v.a.* glorify.

esjoïr, *v.refl.* become joyful F. 491.

eslais L. 640, **esleis** B. 198; *sm.* abandon, rush; *de plain e* at full

speed B. 198; **at a single bound** L. 640.

esligier, eslegier L. 557, *v.a.* pay for L. 86.

esloignier; *pret. 3* **esluina** Chv. 91: *v.a.* dismiss, reject G. 480.

esmaier, *v.refl.* be dismayed, become dismayed G. 197.

esmeré, *adj.* purified, pure Y. 388.

esmoveir; *ind.pr. 3* **esmeot** El. 482: *v.refl.* bestir oneself, move.

esnasé, *adj.* noseless B. 314.

espanneis, *adj.* Spanish L. 512.

espeir, *sm.* hope, expectation El.581; *a mun e.* according to my expectation, methinks Eq. 135.

espeise, *sf.* thicket, thick part G. 89.

espelun, *sm.* spur; *a e.* at full speed Cha. 97.

espesser, *v.impers.* become dense, crowded Cha. 112.

espine, *sf.* thorn, hawthorn L. 106.

espleit, *sm.* profit, advantage El. 171; *a (en) grant e.* in great haste F. 147, Y. 352; *a e.* quickly El. 223.

espleiter G. 794, *v.* succeed, achieve Cha. 48, G. 794; *v.refl.* hurry B. 158.

esprendre; *p.p.* **espris** G. 186: *v.a.* ignite, kindle G. 392, L. 119.

espuse Eq. 29, **spuse** El. 1093, *adj. sf.* wedded, spouse.

esquïer, *sm.* squire M. 167.

esrachier, *v.a.* tear out, tear away B. 235.

essuer, *v.a.* wipe, dry L. 179.

essuigne, *sf.* hindrance M. 522.

estable, *adj.* stable, constant G. 452.

estencele, *sf.* spark L. 118.

ester F. 45; *ind.pr. 3* **estait** Lc. 126, **esteit** B. 91; *impf. 3* **estot** G. 697, *pret. 3* **estut** Lc. 40: *v.n. refl.* stand G. 684; *lessez e.* let be F. 45; *en estant* standing G. 362; *mal m'estait* things stand badly for me, woe is me! Lc. 126, El. 337.

estiere, *sf.* rudder, helm El. 866.

estoire, *sf.* story Pr. 29.

estraier, *adj.* masterless, riderless Cha. 102.

estrange, *adj.* foreign G. 478; *sm.* stranger G. 68.

estre; *ind.impf. 3* **ert** G. 104, **iert** G. 632; *impf. 5* **esteiez** Y. 405, *6* **ierent** L. 57, **esteent** El. 537; *pret. 1* **fui** G. 315; *fut. 1* **ierc** G. 350, **erc** Y. 245, *3* **iert** Eq. 77, F. 38, **ert** M. 67; *impve. 5* **seez** B.111; *subj.impf. 1* **feusse** B. 74, *5* **fuissiez** El. 943, **feussez** G. 452, F. 283; *6* **fuissent** Y. 20, **feussent** Lc. 31: *v.* be, remain.

estre, *sm.* mind, condition, case D. 132, M. 91, 463.

estreindre Eq. 207; *subj.pr. 3* **estreine** G. 240: *v.a.* tighten G. 572; clasp, embrace Eq. 207; constrain, dominate, control G. 240.

estreit, *adj.adv.* close, closely Lc. 49.

estreitement, *adv.* tightly, closely G. 139.

estrié, *sm.* stirrup B. 147.

estrif, *sm.* strife G. 52; contention L. 508; distress G. 380.

estur, *sm.* joust M. 325.

estuveir M. 313; *ind.pr. 3* **estuet** G. 100, **estoet** G. 409, **esteot** G. 498, El. 594, **estut** Eq. 61; *impf. 3* **estuveit** Y. 274; *pret. 3* **estut** Eq. 290, **esteut** D. 46, **estuit** B. 132; *fut. 3* **estuvrat** M. 149; *subj.pr. 3* **estuce** Y. 210: *v.impers.* be necessary; *inf.subst.* necessity, what is needful M. 313, El. 1140; *par e.* of necessity El. 600.

ewe, *sf.* water, stream G. 149.

faile, *sf.* default L. 434; *sanz f.* without fail L. 63.

faillir D. 70; *ind.pr. 3* **faut** G. 862; *fut. 1* **faudrai** F. 287: *v.n.* fail, be false G. 751; *p.p.adj.* faithless L. 283.

faire G. 196, **fere** G. 463; *ind.pr. 1* **faz** El. 394, *4* **faimes** El. 831, **feimes** L. 229; *pret. 5* **feïstes**

G. 734; *subj.impf. 3* feïst G. 742,
6 feïssent L. 421; *impve. 2* fai
G. 135: *v.* do, make, act; *f. que
vileins* behave like a villain, behave
vilely Lc.116; *le f. a qqn.* have inter-
course with F. 42; (verb.vic.) Eq.
74, L. 324, 532; *fait, fet* says Eq.
65; *ne feseit mie a refuser* it was not
to be refused L. 182; *ne fet mie a
ublïer* it is not to be forgotten Eq.
10; *fet a loër* is (fit) to be praised
F. 90.

faiture, *sf.* form Eq. 33.

faleise, *sf.* cliff, steep bank G. 148.

fame, *sf.* reputation F. 48.

fameillus, *adj.* famished M. 261.

fave, *adj.* fawn, tawny L. 590.

fei, *sf.* faith, troth, loyalty G. 860;
par fei forsooth, truly B. 42.

feiee Eq. 119, fïee Y. 448, *sf.* occa-
sion, time.

feindre, *v.refl.* be faint-hearted Lc.
131, feign Cha. 157; *p.p.adj.* feint,
false, deceitful F. 27.

feiz D. 72, fiez Pr. 42, G. 350, *sf.*
time, occasion; cf. meintefeiz,
suvent.

felun G. 13, *nom.sg.* fel El. 844, *adj.
subst.* felonous, felon.

felunie, *sf.* wickedness B. 246.

fes, *sm.* burden, chief burden Cha.88.

feu G. 391, fu G. 241, *sm.* fire; *ma
feu* hell-fire G. 348.

fiance, fiaunce, *sf.* pledge, truth
Eq. 182; promise B. 118; fealty
El. 269.

fïee; v. feiee.

fieu, *sm.* fief, holding Eq. 153, L. 404.

fiez; v. feiz.

fiez, *nom.sg.* of fié, *sm.* fief El. 63*.

fin, *sf.* end, death El. 1179; *en fin*
finally G. 504.

finer; *impve. 4* finum G. 526; *v.a.*
finish, end G. 526; *v.n.* desist
G. 469; die Eq. 184, 313.

finir, *v.a.* finish G. 868; *v.n.* end Cha.
238; die El. 917.

fiolete, *sf.* small phial D. 175.

fiufé, *adj.* fiefed, landed F. 314.

fiz, *m.nom.sg.* of fi, *adj.* certain, sure
G. 398.

flum, *sm.* river Y. 88.

flurir, *v.n.* flower, bloom Lc. 60;
p.p.adj. hoary G. 255.

folie, *sf.* madness G. 777; unreason-
able conduct G. 491.

force, *sf.* strength, force Eq. 290;
strong protection M. 187.

force, *sf.* shears G. 566, 733.

forein, *adj.; gent foreine* strangers,
people from outside the court or
town D. 234.

forfaire, *v.* do wrong B. 84.

forgier Y. 286, forgeer Lc. 149, *v.a.*
forge, manufacture.

forment, *adv.* much, sorely, intently
G. 80, 123, F. 222.

fors, *obl.pl.* of forc, *sm.* fork F. 169.

fors G. 147, for G. 280, *adv.* out,
forth G. 147; except G. 223; *f.sul*
except only Eq. 159; *fors de*
forth from G. 254; *prep.* outside
D. 36; *fors tant que (cum)* except
that G. 787, El. 461.

foün, *sm.* fawn G. 90.

franc, *adj.* noble G. 212.

franchise, *sf.* nobility F. 311.

freis, *adj.* Phrygian L. 511; cf. or-
freis.

freisne, *sm.* ash tree F. 167.

fu; v. feu.

fuer, *sm.* price; *a nul f.* at any price,
in any way D. 190.

fuie, *sf.* flight G. 270.

gaain, *sm.* gain, booty El. 224.

gaaignier M. 402, gaainier El. 198,
v.a. gain, win M. 328, El. 189.

gab B. 58, gas L. 579, *sm.* jest, light
matter F. 98; *a gas* in light-hearted
fashion G. 218; *en gas* jestingly
El. 437; *tenir en gab* treat as a jest
B. 58.

gabeis, *sm.* jest; *tenir a g.* consider a
jesting matter, take lightly G. 487.

gaber, *v.n.* mock Y. 456; *v.a.* make a mock of Eq. 165.

gaiter El. 980, *v.a.* watch, spy on Y. 204.

gangleür, *sm.* mocker, spiteful critic G. 16.

garant L. 457, **guarant** L. 451, *sm.* proof, justifying evidence.

garçun, *sm.* serving lad F. 356.

garde, *sf.* care; *se doner g. de* pay attention to Eq. 297; *se prendre g. de* give one's mind to Y. 174.

gardein, *sm.* guardian, keeper M. 145; warden El. 270.

garder G. 168, *v.a.* keep, watch over G. 168; preserve Y. 424; prevent Lc. 54; *v.n.* look Eq. 293; have a care Y. 124; *se g. (de)* beware of, guard against, take care Pr. 21, El. 598.

garentir L. 464, *v.a.* warrant, protect L. 464.

garir M. 238, **guarir** G. 127; *subj. impf. 3* guaresist G. 132, 615; *v.a.* heal; *v.n.* recover Cha. 162.

garisun G. 112, **guarisun** G. 206, *sf.* healing, cure, salvation.

garnir, *v.a.* furnish, equip F. 152.

garual B. 7*, **garualf** B. 9*, *sm.* were-wolf.

gaster, *v.a.* lay waste El. 98.

gaudine, *sf.* wood, forest B. 65.

geï, *pret. 3* of ge(h)ir confess M. 91.

gelus, *adj.* jealous G. 213.

gemele, *adj.f.* twin F. 348.

gent Eq. 186, **genz** D. 238, *sf.* people.

gent, *adj.* nice, handsome Eq. 33.

gentil, *adj.* nice F. 122; *gentiz hummes* noblemen Cha. 40.

genuillun, *sm.; en genuilluns* on one's knees, kneeling D. 208.

geter, getter, jeter, *v.a.* throw G. 241, F. 398; cast out, deliver Y. 150.

gez, *obl.pl.* of giet, *sm.* thong, strap Y. 110.

giers, *adv.* then G. 614.

girun, *sm.* wedge-shaped piece, wall of tent L. 90.

gisir B. 102; *ind.pr. 6* gisent G. 531; *pret. 3* jut Eq. 90, just G. 544; *p.p.* geü Eq. 283: *v.n.refl.* lie Y. 248, Eq. 90.

glu, *sm.* bird-lime Lc. 99.

graanter, *v.a.* grant Eq. 261; arrange F. 503.

gre, *sm.* will, wish, favour; *a gre* to one's satisfaction Cha. 28; *saveir (bon) gre a* be thankful to Eq. 230, M. 368; *faire gre a* oblige Cha. 23.

greille, *adj.* slender El. 1016.

greinur, *adj.* greater G. 712.

grever, *v.* afflict, harm, injure El. 107, 553, D. 203.

grevos, *adj.* grievous, burdensome Pr. 25.

gruscier, *v.n.* grumble El. 40.

gueredun, *sm.* reward F. 120; *par g.* in return for a reward G. 749.

gueres; *m'en est g.* it matters little to me L. 598.

guerpir B. 164, *v.a.* abandon.

guerreier; *ind.impf. 3* guerriot El. 97; *subj.pr. 3* guerreit El. 610: *v.a.* wage war against G. 693, 746.

gumfanon, *sm.* standard Cha. 69.

ha; v. Guildelüec.

hafne, *sm.* harbour, haven G. 150.

haïr El. 441; *ind.pr. 3* hiet G. 216 heit B. 257, 6 heent M. 147; *pret. 3* haï F. 61, B. 218; *cond. 1* harreie El. 374; *subj.impf. 3* haïst El. 371: *v.* hate.

hait, *sm.* joy, pleasure Lc. 125.

haitier, *v.refl.* be joyful Chv. 44; *p.p. adj.* joyful F. 486, Y. 214.

hardement, *sm.* boldness G. 499.

harper Chv. 112, *v.n.* play the harp.

haster, *v.a.* hasten, press L. 469; *v.n.* make haste D. 70; *v.refl.* make haste M. 518.

hastif G. 497, **hastis** G. 510, *adj.* speedy G. 497; hasty G. 510; impatient Y. 284.

herbergement, *sm.* lodging, shelter Chv. 34.

herbergier, herberger El. 126, *v.a.* lodge, shelter Y. 483; *v.n.refl.* find shelter, take lodging El. 126, Eq. 47, B. 226.

herité, *sf.* heritage El. 629.

hermine, *sm.* ermine L. 101.

herneis, *sm.* armour El. 223.

hoge, *sf.* height, hill Y. 346.

hui G. 204, **ui** G. 316, *adv.* to-day, that day.

huisser, *sm.* door-keeper Y. 42.

humme G. 8, 661, **hume** G. 521, **hummes** G. 167, **hum** G. 155, Eq. 138; *indef.pron.* **hom** G. 55, **hum** F. 230, **hume** B. 5, **l'un** Y. 255, **l'um** F. 89, **l'em** Y. 92, **l'en** M. 326.

hunir, *v.a.* disgrace L. 365.

hure Y. 270, **ures** L. 342, *sf.* hour, time; *d'ures en altres* from time to time L. 342; *un' hure . . . un' autre* now . . . then El. 827.

hus G. 674, **us** G. 589, *sm.* gate, door Y. 56.

ici; v. **ci.**

idunc, *adv.* then F. 417.

ier=hier El. 393.

ierc, iert, ierent; v. **estre.**

ignelepas, *adv.* quickly, straightway El. 932.

iluec G. 88, **ileoc** G. 855, **iloc** F. 146, **ilec** Y. 550, *adv.* there, thither.

ire, *sf.* anger G. 591.

irié Chv. 12, **irez** L. 381, *adj.* angry.

ise, ist, istrai, issi; v. **eissir.**

issi=ici G. 823.

issi, *adv.* such G. 116; thus F. 46.

itant, *adv.* so much Pr. 32, so M. 114; *a i.* then L. 547 (cf. **tant**).

itel G. 105, **iteu** (before cons.) G. 447, 729, *pron.adj.* such, such a one.

ivoure (=**ivoire**), *sm.* ivory G. 174.

ja, *adv.* already G. 192, ever Y. 70, Eq. 99, 194; (with temporal meaning weakened): well, truly G. 380,

indeed B. 200, 238; assuredly F. 110.

jagunce, *sf.* ruby F. 130.

jel=je+le; jes=je+les.

jeofne, *adj.* young D. 151.

jeol=jeo+le; jol=jo+le.

joiant, *adj.* joyful F. 12.

jolif; jolis El. 422, **jolive** G. 515, *adj.* fickle, flippant.

joliver, *v.n.* seek flighty amusement, philander G. 489.

joliveté, *sf.* fickleness El. 576.

jostise, *sm.* judge, magistrate Eq. 12.

jugeür, *sm.* judge L. 467, 581.

jugier, *v.a.* decide, decree L. 625, 627; condemn F. 79.

jugleür, *sm.* juggler, jongleur L.211.

juindre Cha. 94, *v.n.* join in, join battle.

jur, *sm.* day, light of day L. 570; day (appointed for trial) L. 389 (hence 'trial' or 'judgement' ? L. 544); (a) *tuz jurz* always, ever Pr. 53, G. 52; *ne . . . (a) nul jur* never G. 647.

jurer, *v.* swear Eq. 172.

jus, *adv.* down D. 198.

just, jut; v. **gisir.**

juste, *prep.* beside F. 26; cf. **dejuste.**

juste, *sf.* joust M. 400.

juster M. 410, *v.a.* join; *j un parlement* keep a rendez-vous M. 51; *j. a* joust with M. 353; *v.n.* joust M. 410; join battle El. 170; *inf.subst.* M. 445.

justise, *sf.* justice; *grant j.* stern justice M. 60; *tenir en j.* keep in the right path Y. 32.

justiser, *v.a.* administer the laws in Eq. 24.

juvente, *sf.* youth G. 298.

kar (expletive, reinforcing imperative) L. 266; *conj.* for G. 80.

karnel, *adj.* carnal El. 94.

ke; v. **que** and **qui; kes=ke+les.**

ki; v. **qui; kil=ki+le; kis=ki+les.**

l'=li (dat.) G. 580, Eq. 76, etc.

la, *adv.* there G. 52; thither F. 157; *teres de la* lands beyond the sea (France) M. 332; *ceus de la* the enemy El. 247; *la einz* in there G. 604; *la fors* out there F. 200; *la sus* up there, upon it D. 10; *la u conj.* when F. 132, while L. 53; *adv.* (there) where B. 138.

lacier, *v.refl.* entwine itself Chv. 71.

laçun, *sm.* snare, fowler's net Lc. 96.

lai, lais, *sm.* lay Pr. 33, 47, G. 20, 884, Eq. 7, 312, F. 1, 517, B. 1, 317, L. 1, D. 5, 244, Y. 1, 552, Lc. 159, M. 8, 534, Cha. 2, 203, 207, 225, 231, Chv. 2, 113, 118, El. 1, 21, 26, 1183.

laidier El. 184, leidier M. 354, *v.a.* insult M. 354; injure El. 184.

laidir, leidir Cha. 26, *v.a.* insult L. 319.

laisser Pr. 40, laissier El. 845, leissier G. 15, laier; *ind.pr. 1* les L. 402, *3* lait M. 43, leit Y. 212, laist M. 260, lest El. 740; *fut. 1* larrai Eq. 224; *cond. 1* lerreie Eq. 228; *subj.pr. 3* laist G. 386, lait G. 856; *impve. 2* lais G. 122: *v.a.* leave F. 500; leave alone G. 387; (+ inf.) let, allow G. 122; *l. ester* let be F. 45; desist, refrain from Eq. 228, F. 323.

lait, *adj.* ugly, unpleasant; *u eus seit bel u eus seit l.* whether they like it or no L. 386.

larecin, *sm.* theft F. 186.

large, *adj.* liberal L. 231.

largement, *adv.* freely, liberally L. 138.

largesce, *sf.* liberality L. 21; largess M. 340.

las El. 956, lasse Eq. 218, lase G. 106, *adj.* wretched G. 106; weary El. 956.

laüstic, *sm.* nightingale Lc. 85, 94, 101, 107, 123, 133, 144, 154.

laz, *sm.* lace G. 738; string, ribbon F. 127; snare Lc. 99.

lé F. 167, lee B. 93, *adj.* wide.

leal, *adj.* loyal G. 493; legal El. 835.

lëalment G. 238, lëaument D. 64, *adv.* loyally.

lëauté, *sf.* loyalty Eq. 142.

lecherie, *sf.* concupiscence, loose conduct G. 492.

legerement, *adv.* easily G. 811.

legier, *adj.* light, easy Eq. 235.

lei, *sf.* religion, religious observance El. 837.

leid, *sm.* injury, harm B. 200.

lendengier L. 366, *v.a.* vilify.

lerme, *sf.* tear Y. 46.

lettré, *p.p.adj.* inscribed F. 131.

lettuaire, *sm.* electuary D. 105.

leüst, *subj.impf. 3* of leisir, *v.impers.* be permitted El. 845.

lever; *ind.pr. 3* lieve G. 673: *v.n.* rise, get up G. 593; *v.a.* lift over the baptismal font, stand godfather to F. 17; *v.refl.* G. 837.

lez, *prep.* beside G. 544.

li, *tonic obl. fem.* (after prep.) G. 94, etc., (dir.obj.) G. 416, 425, B. 23, Y. 32, etc.; *atonic dat.* (with dir. obj. pron. *le, la, les,* implied) G. 479, 563, 798, F. 252, 295, 300, L. 384, D. 81, 147, M. 260, El. 311.

lié, liez G. 421, leéz B. 111, lez G. 304, *fem.* lie Pr. 53, lee El. 457, *adj.* glad, joyful.

lige, *adj.*; *hummes liges* liege man G. 843.

lignage, *sm.* lineage, house B. 312.

limun, *sm.* side-piece of bed G. 171.

lincel, *sm.* linen cloth M. 100.

lit, *p.p.* of lire, *v.a.* read D. 130, El. 622.

liu, *sm.* place Eq. 154; occasion, opportunity M. 194, 290.

livreisun, *sf.* gift El. 144.

livrer, *v.a.* hand over, commit Cha. 174.

liwe, *sf.* league Y. 444.

loëe, *sf.* (short) space of time El. 1038, Y. 324.

loër G. 426, *v.a.* praise Pr. 7; allocate El. 261; advise El. 884; *se l. de* congratulate oneself on, be glad of G. 426.

losenge, *sf.* slander, deceitful flattery El. 50.

losengier, *v.a.* flatter deceitfully B. 60.

losengier, *sm.* deceitful flatterer, slanderer G. 16.

luinz L. 112, **luin** L. 254, **loinz** F. 144, **loin** El. 635, *adv.* far, afar.

lunc, *prep.* beside L. 261.

lungement, *adv.* for a long time G. 670.

lunges, *adv.* for a long time G. 485.

luseit, *ind.impf. 3* of luire Lc. 69.

maaimier, *v.a.* maim, wound G. 600.

madle, *adj.* male El. 94.

maintenir, *v.a.* maintain, govern G. 209.

mais Pr. 53, **mes** G. 163, *adv.* more, further, henceforth, ever; *a tuz jurz mais, a tutdis mais* forever Pr. 53, B. 318; *ne ... mais* no longer G. 195; *ne ... unkes mais* never G. 163; *ne ... mais que* no more, than, only El. 794; *conj.* but Pr. 31, G. 273; yet Cha. 60.

maisnie Eq. 54, **mesnee** L. 26, *sf.* household, retinue.

mal, *sm.* evil, affliction G. 670; disease Eq. 265; pain G. 383; misfortune, damage Eq. 299; *adj.* evil El. 559 (cf. feu); *adv.* Eq. 71; *mal veisié* crafty, deceitful G. 579.

malbaillir, *v.* serve badly Y. 254; *p.p. adj.* **maubailli** discomfited F. 256.

malëeit, *adj.* accursed Y. 81.

malement, *adv.* badly, ill, unfavourably El. 560.

malmetre; *p.p.* maumis B. 144: *v.a.* reduce to a sorry pass Eq. 255.

maltalent G. 726, **maltalant** L. 362, *sm.* anger, spite; *par m.* angrily G. 726.

manacier, *v.a.* threaten B. 202.

manaie, *sf.* power, possession G. 610.

manant, *pres.p.adj.* wealthy F. 5.

mance, *sf.* sleeve (as favour) Cha. 69.

mandement, *sm.* state room Y. 364; message M. 373.

mander M. 160, *v.* summon, send G. 757; announce F. 14; send word to, inform G. 749.

maneir, *v.n.* dwell Eq. 45.

manere, *sf.*; *a sa m.* to one's liking G. 521.

mangier M. 270, *v.* eat; *inf.subst.* manger meal F. 26.

manïer, *v.a.* feel, finger M. 219.

mar, *adv.* in an evil hour, ill-fated G. 298; ill-fatedly G. 668.

marchier, *v.a.* prod El. 1042.

marïer El. 95; *subj.pr. 3* marit F. 371: *v.a.* marry, give in marriage.

marine, *sf.* beach G. 266.

marir, *v.refl.* be vexed L. 454.

martire, *sm.* suffering D. 90.

mat, maz, *adj.* sad, downcast G. 644.

matin, *sm.* morning G. 79; *par. m.* in the morning G. 694; *adv.* in the morning, early Y. 53.

matinet; *par m.* in the morning, early G. 427.

matire Cha. 236, **mateire** G. 1, *sf.* matter, content.

maugré, *sm.* ill-will El. 60.

maupas, *sm.* ambush El. 167.

mauveisté, *sf.* wickedness G. 492.

me=mei G. 458, L. 623.

medlee Cha. 105, **mellee** El. 102, *sf.* melee.

medler, meller Cha. 114, *v.* embroil El. 562; mingle, join in general combat Cha. 114; *estre medlez a* be embroiled with, be brought into disfavour with El. 43.

meie; v. mun.

meintefeiz, *adv.* ofttimes F. 396.

meintenement, *sm.* support, protection M. 187.

206 MARIE DE FRANCE

meïsme G. 261, **meïsmes** Eq. 64, **memes** F. 448, El. 1006, *adj.adv.* same, very; -self D. 26; **meïsmes l'an** that very year L. 219.

mellee; v. **medlee; meller;** v. **medler.**

membrer; *fut. 3* **membera** Y. 418: *v.impers.* recur to one's mind.

mener B. 289; *ind. pr.3* **meine** G. 364; *fut. 1* **merrai** El. 1099; *subj.pr. 3* **meint** G. 760: *v.a.* lead; lead away, take away El. 699; *m. joie* evince pleasure Eq. 206; *m. doel* lament Y. 446; *m. sun chant* sing Y. 52.

mentir, *v.* lie F. 87; *m. sa fei* betray one's faith, play false L. 272.

menuement, *adv.* finely, in small stitches El. 797.

menur, meinur, *adj.* lesser, minor; v. **Bretaigne.**

meorc, meort; v. **murir.**

merci, *sf.; vostre m.* by your leave G. 334; *sue m.* by his leave G. 842.

mercïer Cha. 28, *v.* thank G. 360, Eq. 229.

merveille, *sf.* wonder El. 971; *a m.* wondrously G. 39; *adv.* **merveille,** B. 16, **merveilles** D. 9, wondrously.

merveillier, *v.refl.* wonder, marvel G. 187.

mes, *sm.* target, opportunity for shot G. 87.

mesaeisé, *adj.* poor El. 139.

mesaise, *sf.* discomfort, misfortune L. 51.

mesavenir, *v.impers.* turn out badly F. 345; *pres.p.adj.* **mesavenant** displeasing, unbecoming El. 302.

meschin, *sm.* lad, young man G.544, Y. 477.

meschine, *sf.* maid, maiden G. 265.

mescine, *sf.* medicine, philtre D. 99, 200.

mescreance, *sf.* suspicion, distrust Y. 231.

mescreire; *pret. 3* **mescreï** F. 62: *v.a.* disbelieve, suspect.

meserrer. *v.n.* err, do wrong F. 470, B. 52.

mesparler, *v.n.* speak ill, slander F. 65, G. 18.

mesprendre, *v.n.* make a mistake G. 57; misbehave El. 723.

mesprisun, *sf.* fault, misdemeanour M. 132; *turner a m.* interpret as a fault, blame for El. 308, 605.

message, *sm.* message F. 22; messenger M. 34.

mestier F. 408, **mester** M. 183, *sm.* calling, vocation, office F. 408, L. 291, M. 183; *de m.* by profession, by trade G. 515; *n'i ad m.* it is of no service, there is nothing to be done Eq. 58; *aveir m. de* have need of L. 206, El. 242.

mestre, *adj.* main, chief M. 180.

mesurablement, *adv.* moderately El. 647.

mesure, *sf.* measure Eq. 19; *en teu m.* in such fashion L. 613, in such degree Y. 47; moderation, care Eq. 18, Y. 201.

metre, mettre Pr. 16; *pret. 6* **mistrent** F. 229; *subj.impf. 3* **meïst** Eq. 8: *v.a.* apply, employ G. 566; portray, represent G. 235; *m. a nun* call F. 229; *se m. de* betake oneself away from Chv. 26.

meudre, *nom.sg.* of **meillur** Y. 513.

meuz, *adv.* better F. 90; *sm.* better fortune, advantage El. 36.

mi; en mi in, in the middle of G. 170, halfway up D. 44; *par mi* amid, round the middle of G. 572, across the middle Y. 500, in half Chv. 51, by halves F. 508; *par mi tut ceo ke* although M. 413.

nire, *sm.* physician G. 111.

mis, mi; v. **mun.**

moigne, *sm.* monk El. 948, 899.

moillier, *sf.* wife G. 34.

mors, *sm.* biting, bite Y. 152.

mostrer; v. **mustrer.**

moveir; *p.p.* meüz Chv. 47: *v.n.* change one's habitat.

mu, *adj.* mute L. 360.

mue, *sf.* moulting Y. 111.

müer; *subj.pr. 3* mut B. 286: *v.a.* change.

mul, *sm.* mule L. 512.

mult G. 196, mut F. 383, *adv.* very G. 304; much F. 383; *mut de* much of G. 525; muz, *adj.m.pl.* many M. 20, El. 252.

mun Pr. 49, (for mien) G. 421; *nom. sg.m.* mis G. 352, 502, 547, mi G. 782; *tonic fem.* meie M. 40, El. 186: *poss.pron. and adj.* my, mine.

mund G. 489, 661, B. 80, munde L. 16, *sm.* world.

munt D. 9, munz D. 242, muns D. 215, *sm.* hill.

muntaigne, *sf.* steep bank G. 148.

munter; *que ceo munte* what that betokens B. 287; *pres.p.adj.* muntant mounted, mountinghorses El. 155.

murail, *sm.* wall G. 254.

murdrir F. 92, *v.a.* murder.

murir G. 128; *ind.pr.1* meorc G.501, *3* meort Eq. 114: *v.n.* die.

muscier, *v.a.* hide M. 166.

musteile, *sf.* weasel El. 1032.

mustier F. 113, muster G. 437, *sm.* church G. 437; convent F. 113.

mustrer Pr. 4, mostrer; *fut. 1* musterai M. 6, 465, mosterai G. 24: *v.a.* make known G. 24, D. 75; *v.n.* tell, reveal the truth G. 655, (with *de*) G. 722: *v.refl.* reveal one's mind Pr. 4.

'n; v. en.

nafrer, *v.a.* wound G. 103.

ne, n', *conj.* nor G. 53; or G. 60, 162, 520*, Eq. 153; *ne . . . ne ne* neither . . . nor Eq. 63, Y. 420.

nef El. 810, neif G. 267, nes Y. 16, nefs Y. 369, *sf.* ship, vessel.

neier G. 680, neer G. 830, *v.n.* drown G. 616; *v.refl.* G. 673.

neif, *sf.* snow L. 564.

neïs, *adv.* even D. 138.

neis, *sm.* nose Eq. 36, B. 235, L. 566

nel=ne+le.

nen (before vowel)=ne G. 38.

nepurec, *adv.* nevertheless M. 193.

nepurquant, *adv.* nevertheless G. 396.

nequedent G. 813, nekedent El. 385, *adv.* nevertheless.

nes=ne+les Pr. 40. Cf. nef.

nïent G. 314, Eq. 439, neent B. 58, L. 340, nient G. 195, Eq. 87, nent Chv. 67, El. 458 *adv.* nothing G. 195, 314, Y. 383; in no wise G. 484, B. 58.

nihtegale, s. nightingale Lc. 6.

noise, *sf.* noise F. 148.

note, *sf.* tune, melody G. 886.

novelier, *adj.* fickle Eq. 158, 163.

nul, *pron.adj.* no, none, any, anyone G. 58, 65, 524; *obl.* (accented form) nului M. 203, 498.

numer El. 850, *v.* proclaim, say.

nun, *sm.* name F. 18, D. 15; *aveir a nun* be called Y. 10.

nuncure, *sf.* indifference, neglect; *metre en n.* be indifferent to Eq. 17.

nunein El. 1124, noneins F. 153, *sf.* nun.

nuntïer, *v.a.* announce L. 462.

nurrir, nurir F. 116, *v.a.* bring up, rear F. 116; retain in one's service G. 634.

oblïer; v. ublïer.

ocire G. 592, oscire; *ind. pr. 3* ocit L. 346; *pret. 3* ocist Y. 338; *subj.pr. 3* ocie L. 598; *p.p.* ocis G. 880: *v.a.* kill.

od, *prep.* with G. 136, 845; *ensemble od* together with G. 74; *od tut, prep.* with F. 142, D. 175.

oés L. 536, eos El. 260, *sm.* need, purpose, use.

officines, *sf.pl.* offices, rooms Y.496.

offrendre, *sf.* offering Cha. 170.

oï G. 106, oi L. 351, *interj.* ah!

oïl, *affirm. part.* yes F. 442.

oil F. 88, **oilz** G. 415, *sm.* eye.

oïr G. 886; *ind.pr. 1* **oi** Eq. 9, *3* **ot**
G. 124; *impf. 3* **oieit** Eq. 196, *6*
oïeent Eq. 5; *pret. 3* **oït** G. 666, **oï**
G. 765, *6* **oïrent** Pr. 36; *fut. 3* **orra**
L. 170, *6* **orrunt** F. 78; *impve. 5* **oëz**
Pr. 56, **oiez** B. 234; *subj.pr. 3* **oie**
G. 524; *subj.impf. 1* **oïsse** M. 142;
p.p. **oï** Pr. 33: *v.* hear; *oiant tuz*
F. 449, *oianz tuz* Y. 533, all hear-
ing, in the hearing of all.

oiselet, *sm.* small bird Lc. 61.

oit, *num.* eight El. 734, 917.

ordre, *sf.* religious order El. 1144.

ore Pr. 56, **or** G. 287, *adv.* now.

oreisun, *sf.* prayer F. 161.

oré M. 508, El. 813, **orét** G.194, *sm.*
wind.

orfreis, *sm.* gold-embroidered mater-
ial Y. 500.

orine, *sf.* origin, birth F. 100.

os, *adj.* daring, bold G. 350, Eq. 192.

os, *ind.pr. 1* of **oser** Pr. 55.

oscur, *adj.* obscure, hidden Y. 123.

oscurement, *adv.* obscurely Pr. 12.

ostel F. 192, **osteus** M. 379, **ostelz**
G. 870, *sm.* lodging, hostel.

oster El. 468, *v.a.* remove G. 372;
take off G. 277; ban, exile B. 305;
v.refl. avoid, refrain from El.468.

ostïer Eq. 25, *v.n.* wage war.

ostur, *sm.* hawk Y. 110.

otreier, otrïer G. 511: *ind.pr. 1* **otrei**
G. 795, B. 113, **otri** B. 113: *v.a.*
grant; *v.refl.* surrender oneself
Eq. 169.

ovre; *a l'ovre Salemun* made in the
'Solomon' fashion G. 172*.

ovreine, *sf.* work Eq. 168.

ovrir G. 739, **uvrir**; *fut. 3* **uverra**
G. 724: *v.a.* open, undo.

paile F. 123, **palie** F. 208, *sm.* silken
cloth, brocade L. 492; silken gar-
ment L. 511.

paistre, pestre M. 252; *ind.impf. 3*
pesseit L. 79, **peisseit** M. 286;
p.p. **peüz** B. 174: *v.a.* feed.

paliz, *sm.* hedge El. 801.

pan, *sm.* skirt (of shirt) G. 559, (of
cloak) L. 49, (of halberk) M. 472;
flap (of tent) L. 86; rag(?) Cha. 21.

par, *intensive particle; tant par* G. 60;
trop par L. 368.

par, *prep.* by, near Y. 430; through-
out, everywhere in G. 870; by
reason of, for the sake of Eq. 3, 4;
with (accompanying circumstance)
L. 486; *par sei* by himself, by her-
self Y. 34, Cha. 150; *par tut* on all
hands L. 18, in all things L. 448.

parage, *sm.* degree, birth G. 710.

parastre, *sm.* stepfather Y. 542.

parceveir, *v.a.* perceive Y. 205.

parduner, pardoner; *fut. 3* **pardura**
L. 450: *v.a.* forgive F. 463, 465.

pareir; *ind.pr. 3* **pert** L. 95, **piert** G.
484; *impf. 6* **pareient** L. 561; *v.n.*
appear, show.

parenté, *sm.* kith and kin F. 76.

parer, *v.a.* pare Chv. 53.

parfit, *adj.* perfect El. 918, 1150.

parlement, *sm.* meeting, interview
L. 252.

parler G. 163; *ind.pr. 2* **paroles** El.
437; *subj.pr. 1* **paroge** E!. 444, *3*
parolt L. 344, **parot** M. 485: *v.n.*
speak.

part, *sf.*; *cele p.* in that direction G.
276; *queil p.* in which direction
G. 335; **de part**=*de la part de* El.
417.

partement, *sm.* parting, separation
El. 604.

partie, *sf.* allocation, gift Cha. 170.

partir G. 41, 550, *v.a.* separate, send
away G. 41; divide, sever G. 574;
share out F. 508; apportion Eq.
131; *v.n.* share Eq. 88; *en p.* depart,
escape G. 550; *se p. de* depart from
G. 49, separate from, abandon
Eq. 216.

pas, *sm.* step; *meins que le pas* with
slow step, slowly L.580; *trestut le
pas* quite slowly El. 776.

paske, *sf.* Easter M. 384.

passer M. 319, *v.n.* cross (the sea) M. 319; *v.refl.* make one's way Y. 385.

paumeisun, paumesun, *sf.* faint, fainting F. 453, Y. 449; *en paumeisuns* in a faint D. 207.

paumer, pasmer Y. 399, *v.n.refl.* faint F. 452, D. 232; *inf.subst.* Y. 399.

paveillun, *sm.* tent, pavilion L. 76.

paviment, *sm.* paved entrance Y. 377.

pecul, *sm.* bedpost, leg of bed G. 171, Y. 388.

peier, *v.a.* pitch, caulk G. 154.

peine; *a p.* with difficulty G. 363.

peissun, *sm.* pole L. 89.

peiur F. 352, *nom.* **pire** G. 184, *neut.* **pis** G. 456, *adj.* worse; *venir a pis* have a bad issue, turn out badly G. 456; *sur mei en est turné le pis* the worst has now befallen me, I now pay the price F. 86.

pendant, *sm.* slope; *tut un p.* along a slope(?) Chv. 80*.

pendre; *qu'a l'oil li pent* what retribution awaits him F. 88.

pener, *v.refl.* exert oneself Cha. 42.

pensé Y. 5, **pensez** G. 780, *sm.* thought.

penser L. 164, *v.a.* think of, conceive.

per, *adj.subst.* equal G. 56, Eq. 37; peer Lc. 18, El. 97.

perche, *sf.* rod G. 595*; perches, antlers G. 92.

perdre; *ind.pr.* *1* **perc** G. 547: *v.n.* suffer loss F. 387; *v.a.* destroy, doom B. 56.

peri, *p.p.adj.* lost G. 67.

perneit, pernent; v. prendre.

pert; v. pareir.

peser Eq. 86; *ind.pr.3* **peise** G. 2: *v. impers.* be a matter for regret, grieve G. 615.

petit; *pur un p. (que) ne* almost, all but G. 736, D. 198; *adv.* little L. 257.

petitet; *un p.* a little G. 772.

phisike, *sf.* physic D. 98.

piece F. 232, **pice** F. 127, *sf.* piece F. 127; *grant p.* a long time F. 232; *pieça* (=piece+a), *adv.* some time ago Cha. 211, El. 1001.

pis; v. peiur.

piz, *sm.* breast G. 299.

plaindre, pleindre F. 104; *subj.impf. 3* **pleinsist** L. 26: *v.n.* lament; *v.a.* pity, condole with L. 26.

plaire; *ind.pr.* *3* **plest** G. 80; *pret. 3* **plot** F. 290; *fut. 3* **plerra** Y. 199, **plarra** El. 726; *subj. pr. 3* **place** El. 938; *impf. 3* **pleüst** Cha. 66: *v.* please.

plaisir, *sm.*; *venir a p.* please F. 163.

plait G. 526, **pleit** L. 422, **plaiz** Eq. 196, *sm.* affair, matter, undertaking L. 364, G. 526; condition, state El. 338; suit (jur.) Eq. 196; trial L. 422; *tenir p. de* have a care for, pay attention to L. 78.

plegge, *sm.* pledge, surety, hostage L. 390.

pleier, *v.a.* knot G. 731.

plein, plain, *adj.* smooth, even El. 1016; full B. 198.

pleisible, *adj.* pleasing, agreeable M. 4.

pleit G. 734, **plait** G. 559, **plet** G. 564, *sm.* knot.

plenté, *sf.* plenty M. 489.

plevir El. 757, *v.a.* pledge, stand bail for L. 400, El. 186.

plus; *le p.* the greater part Lc. 76.

plusur, plusurs, *adj.pron.* several Pr. 7; many Eq. 6; *li plusur* the majority B. 204.

pociun, *s.* potion G. 111.

poeir, poër El. 618; *ind.pr.* *1* **puis** B. 48, **pois** F. 441, *3* **poet** G. 410, **peot** G. 426, *4* **poüm** El. 198, *5* **poëz** G. 447, *6* **poënt** Lc. 47; *impf. 6* **poeient** D. 45; *pret. 3* **pout** G. 41, **pot** G. 656, *6* **purent** D. 154, **porent** B. 131; *cond. 5* **purïez** G. 808, **purriez** L. 149; *subj.impf. 3* **puïst** F. 320, **poïst** F. 368, L. 157, *5* **pussez** G. 356, *6* **peüssent**

Pr. 15, **puïssent** L. 606, **pussent** G. 164: *v.* can, be able; (periphrastic) G. 656*, 720, F. 294.

poeir, *inf.subst.* power; *a sun p.* to the best of one's ability G. 201, Eq. 239; *tut lur p.* their utmost L. 421.

poësté, *sf.* power Y. 103.

poëstis, *nom.sg.* of **poëstif** powerful El. 92.

poi, *adv.* little G. 407; *pur poi ne, pur poi que . . . ne* almost, all but G. 418, El. 842.

poin, *sm.* fist, wrist L. 573.

poindre; *v.* puindre.

pont, *sm.* landing-bridge, gangway El. 870.

porter; *p. avant* spread abroad, propagate Cha. 233; *p. le pris* carry off the prize M. 333.

porteüre, *sf.* child-bearing, birth F. 40.

postiz, *sm.* gate G. 256.

poür, *sf.* fear G. 556.

praerie, *sf.* meadow D. 170.

preceines; *v.* prochain.

preere; *v.* prïere.

preier Cha. 61; *ind.pr. 1* **pri** G. 841, *v.* pray.

preisier Cha. 14, **preiser** M. 308; *ind.pr. 3* **prise** L. 257, *impf. 3* **presot** D. 60; *p.p.* **preisez** G. 643: *v.a.* prize, value, esteem G.643; estimate, evaluate Y. 389.

premetre, *v.a.* promise F. 273, El. 463.

prendre Eq. 308; *ind.pr. 1* **preng** El. 673, *6* **pernent** M. 505; *impf. 3* **perneit** Chv. 34; *subj.pr. 1* **preigne** Lc. 132, *3* **prenge** Y. 174; *impf. 3* **preïst** El. 49, **preisist** G. 645: *v.a.* take, seize, occupy; *p. un jur (terme)* fix a day (term) F. 359, D. 155; *p. hafne* make port El. 868; *se p. a* cling to Chv. 71; *(se) p. a* (+ inf.) begin to M. 159, Cha. 186; *talent li prist* the desire came over him G. 76.

pres, *adv.* near B. 163; *prep.* near M. 384.

present, *sm.* presence; *en sun p.* in his presence L. 392; *metre en p.* place before, present G. 640; *estre en p. a* be present before L. 167.

prïere G. 403, **preere** L. 236, *sf.* prayer, entreaty.

primer, premer, *adj.* first Eq. 119, B. 216; *adv.* first Y. 120.

primes, *adv.* first G. 631; in the lead G. 872; *a p.* first, for the first time Pr. 6.

pris, *sm.* worth, renown, fame Pr. 31, G. 728; price L. 88; *se metre en greinur p.* enhance one's fame M. 311.

prise; *v.* preisier.

prisun, *sm.* prisoner L. 210; *sf.* prison, constraint El. 466.

privé L. 213, **privez** B. 19, **priveiz** G. 587, *adj.subst.* privy, in the confidence of G. 32, El. 275; intimate L. 213.

priveement, *adv.* privately, quietly Eq. 43.

priveté, *sf.* intimacy, love Y. 194.

prochain F. 7, *f.pl.* **preceines** Lc. 35, *adj.* related F. 7; near, adjoining Lc. 35.

produme F. 346, *nom.sg.* **produm** Eq. 277, *sm.* worthy man.

pru, pruz, *sm.* profit, benefit G. 474; advantage G. 525.

pruz G. 33, *fem.* **pruz** F. 482, L. 72, M. 70, and **prode** F. 61, *adj.* worthy, brave, good Pr. 44, Eq. 137.

puindre Cha. 93, **poindre,** *v.a.* prick L. 118; *v.n.* spur on, gallop Cha. 93.

puis B. 310, **pois** G. 121, **pus** Y. 278, *adv.* since, afterwards, then F. 54, Y. 278; *prep.* after, since M. 10; **puis que, puis ke,** *conj.* since, after G. 388, Y. 545; since (causal) D. 24.

pur, *prep.* on account of, through, by G. 849, Eq. 59, El. 906; be-

GLOSSARY 211

cause of, for L. 432, G. 310, Eq.
174, 284, Y. 226; for the sake of
G. 781; in place of F. 337; *pur ceo*
therefore, for that reason G. 15;
pur ceo que *conj.* because G. 486,
F. 228, (with subj.) provided that
Eq. 236, in order that Cha. 66;
pur tant cume in so far as El. 197;
pur quei (with subj.) if only, pro-
vided Eq. 157, D. 192.

purchacier Eq. 235, *v.* seek to ob-
tain El. 779; sue for F. 341; strive
Eq. 233; achieve Eq. 235; seek
Eq. 309.

purpens, *sm.* thought, idea G. 408;
intention G. 519; *metre en p.* reflect
upon Cha. 50.

purpenser G. 125, *v.n.* reflect, con-
sider El. 885; *v.refl.* reflect, con-
sider G. 125; *se p. de* remember
G. 682.

purporter, *v.a.* imply G. 214.

purpre, *sm.* G. 182*; *sf.* L. 102,
silken fabric (not necessarily of
purple or crimson colour). See
Schultz I, 346.

purpre, *adj.* scarlet L. 475.

purquant, *conj.* yet, however Cha.
25.

quanque L. 380, **quanke** F. 376,
indef.pron. whatever.

quant, *conj.* when G. 41; whenever
G. 7; since L. 456.

quarré F. 169, **quarreie** Chv. 52,
p.p.adj. divided into four F. 169;
four-sided Chv. 52.

que, ke, qu', k', *conj.* (final) Pr. 15;
(consecutive) Eq. 186; *que . . . ne*
without Eq. 198, B. 26, D. 42, 48,
El. 162, 856, (with subj.) Eq. 158,
M. 245, 326, Y. 210, Chv. 46;
(causal) L. 233; *rel.adv.* that, when
G. 46, Eq. 100, F. 236, El. 613.

quei, *rel. and interr. pron.,* (referring
to substl. antecedent) Eq. 109,
Lc. 108, El. 482, 1024; (=*ce que*)
G. 419, 467, F. 117.

quel=que+le L. 588.

quel G. 399, **queil** G. 335, *interr.
pron.* which?, what?; *quel le ferai?*
what shall I do? G. 399.

quens; v. cunte.

quer D. 189, **quoer** Pr. 46, **queor**
G. 358, **quor** G. 300, **qor** F. 384,
sm. heart.

quere G. 51; *ind.pr. 1* queor L. 129,
3 quert F. 459; *pret. 3* quist F. 274;
fut. 3 querra El. 473; *subj.pr. 3*
querge El. 824; *impf.3* quesist
D. 31; *p.p.* quis El. 779: *v* seek,
ask F. 459; strive El. 779.

qui, ki, que, ke, qu', k', *rel. and
interr. pron.* (cf. p. xxv): **ki** (dat.)
Pr. 1, Y. 509, El. 605; **ki** (gen.)
Pr. 46, G. 469; **ki** (after prep.) Pr.
45; **ki** (=*quiconque, si l'on*) G. 160*,
493, L. 598, Chv. 74, El. 172, **que**
G. 733; **que** (=*ce que*) G. 3, 395,
F. 88, 176; **que** (exclam.) why!
oh that! Y. 295; *faire que* (+ adj.)
act in the manner of one who is
. . . Lc. 116.

quidier, quider; *ind.pr. 1* quid G.
320, quit G. 665, qui F. 280, 426,
Y. 243, El. 610; *subj.pr. 3* quit
G. 517: *v.* think, opine.

quisse, *sf.* thigh G. 99, 113.

quite, *adj.* free, quit, acquitted El.
1101.

quoens; v. cunte.

quointe; v. cuinte.

raciner, *v.n.* take root, grow Pr. 46.

rainablement, *adv.* reasonably, intel-
ligibly M. 3.

raler Y. 196; *ind.pr. 1* revois Y. 413,
3 reva El. 415, *6* revunt L. 235:
v.n. go again, go back.

ramu, *adj.* branched, with many
branches F. 168.

rasuagement, *sm.* comfort, consola-
tion G. 422.

rasur, *sm.* razor Y. 288.

raveir, *v.* have in one's turn M. 420.

ravine, *sf.* plunder B. 66.

ravir, *v.a.* carry off L. 644; *s'en r.* betake oneself off quickly G. 330.

rëal; rëaus M. 215, *adj.* royal.

rëaulme G. 38, **rëaume** Eq. 37, *sm.* kingdom.

reburs; *a r.* contrary to one's wishes, unhappily G. 498.

recét; recez El. 887, *sm.* dwelling.

rechater, *v.a.* redeem, restore Y. 94.

recleiment. *ind.pr. 6* of **reclamer,** *v.a.* invoke, call upon El. 821.

recorder, *v.a.* recall, remember G. 413; relate F. 50.

recort, *sm.* findings, verdict L. 424.

recuilt, *ind.pr. 3* of **recuillir,** *v.a.* receive, assume D. 6(?).

recunter M. 536, **reconter** Pr. 48, *v.a.* relate, tell again Pr. 48, L. 642; *inf.subst.* M. 536.

recuvrer, recovrer; *fut. 5* **recoverez** G. 551: *v.a.* obtain again, recover G. 551.

redire, *v.a.* say or tell in one's turn El. 518.

refaire, *v.a.* do in one's turn G. 118.

refeitur, *sm.* refectory Y. 492.

refreindre El. 950, *v.n.* sound, resound.

regarder, reguarder, *v.refl.* look about, pay heed G. 638, F. 166.

regart Lc. 68, **regard** F. 187; *sm.* look Lc. 68; *avoir r. de* have regard to, give heed to F. 187.

regné, *sm.* kingdom G. 208.

regne, *sm.* kingdom Y. 460.

regreter El. 1030, *v.a.* mourn over, lament, El. 1030; recall with regret Cha. 146.

rehaitier; *pret. 3* **reheita** M. 274: *v.refl.* become joyful, rejoice.

reis, *sf.* net Lc. 96.

reisne, *sf.* rein M. 425.

reisun, *sf.* reason, reasonableness Eq. 20, B. 208; argument, content (of a lai) El. 2; case (legal) L. 396; *metre a r.* address F. 276; *r. entendre* be sensible Eq. 307.

relevee, *sf.* afternoon G. 261.

remander; *subj. pr. 3* **remant** M. 276: *v.n.* send a return message M. 241; *v.a.* send in one's turn M. 276.

remaneir D. 158, El. 529, **remaner** El. 106; *ind.pr. 3* **remaint** G. 137; *pret. 3* **remist** G. 743; *fut. 1* **remeindrai** G. 552; *p.p.* **remis** G. 393; *v.* remain, rest G. 576, 743; remain undone, be neglected El. 523.

remembrance Eq. 7, **remambrance** Pr. 35, *sf.* remembrance.

remembrer Cha. 1, *v.a.* remember Cha. 194; recall, commemorate Cha. 1, El. 1183; *v.impers.* recur to one's mind F. 417.

removeir; *pret. 3* **remut** Y. 117, M. 221; *subj.impf. 3* **remeüst** G. 88: *v.n.refl.* stir, remove.

remüer, *v.a.* alter El. 24.

renc M. 415, **rens** M. 401, *sm.* rank.

reneer, *v.a.* renounce, disown M.467.

renoveler, *v.a.* renew, revive the memory of Y. 431.

renveer, *v.a.* send back M. 242.

repaire G. 195, **repere** Lc. 34, *sm.* return G. 195; resort F. 266; dwelling Lc. 34.

repairier, repeirier Chv. 18, **repeirer** Eq. 104, *v.n.* return, repair El. 280; *v.refl.* B. 225; *inf.subst.* Eq. 104.

repoeir; *ind.pr. 3* **repeot** G. 627: *v.* be able again.

reposer, resposer D. 116, *v.n.refl.* rest Eq. 63, G. 189.

repreier, *v.n.* pray in one's turn El. 1173.

reproece, *sf.* reproach L. 166.

reprover, *sm.* proverb; *par. r.* by way of proverb El. 61.

requere G. 850; *ind.pr. 1* **requer** G. 841, **requeor** G. 505, *3* **requiert** Cha. 236; *pret. 3* **requist** G. 834, *6* **requistrent** G. 63; *subj. impf. 3* **requeïst** G. 61; *p.p.* **requis** Y. 133: *v.* require, demand, request

Cha. 236, El. 48, D. 110; sue for the love of, woo G. 63; seek a favour of G. 477; *r. qqn. de qqch.* ask someone for something G. 61, 505.

requidier, *v.* believe in one's turn Eq. 146.

reschauffer, *v.a.* heat, warm (on the other hand) G. 390.

rescusse, *sf.* liberation, relief Cha. 105.

resfreschir, *v.a.* re-invigorate D.137.

resortir, *v.n.* rebound G. 97.

respit, *sm.* delay B. 113, period of grace Eq. 118; *metre en r.* consider Cha. 50.

resposer; *v.* reposer.

respundre, *v.a.* answer, make answer to Y. 242, El. 913; *inf.subst.* L. 288.

respuns, *sm.* answer M. 33; response, reply (in rebuttal) L. 425.

rester; *pret. 6* resturent Cha. 103: *v.refl.* take one's stand, stand.

restre, *v.n.* be (in one's turn, on the other hand) El. 19.

retenir L. 631; *subj.impf. 3* retenist G. 62: *v.a.* keep, accept as a lover G. 62, 606; retain in one's service, engage G. 747, M. 329.

retraire M. 142, *v.a.* relate F. 59; *r. a mal* interpret unfavourably L. 384.

retter; *ind.pr. 1* ret El. 727: *v.a.* accuse L. 439.

retur, *sm.* return; *aveir r. vers (a)* have recourse to G. 555, find refuge in F. 265*; *aveir r.* have recourse, help oneself Lc. 51.

reva; *v.* raler.

revertir, *v.n.* turn back upon, turn out Eq. 214, 299.

revestir, *v.a.* done again B. 285.

revois, revunt; *v.* raler.

riche, *adj.* powerful, wealthy G. 341.

richement, *adv.* in rich array, sumptuously G. 753.

rien, riens, *sf.* thing G. 279, property El. 436; anything G. 794; (negative complement) F. 107; *pur r.* for anything, at any price D. 86.

rime, *sf.; par r. faire* rhyme, compose in verse Pr. 48*; *par r. cunter* Y. 4.

ristei, *sm.* (?) El. 174*.

riveier, *inf.subst.* river-sport, hawking by the river Eq. 28.

roé, *adj.* striped, embroidered in wheel-like patterns F. 123, Y. 499.

romaunz; *en. r.* in the Romance vernacular, in French Pr. 30.

rote, *sf.* string instrument G. 885.

roünt; *fem.* roünde L. 15, *adj.* round.

rover, *v.a.* ask, bid G. 787; demand El. 1122.

rut, *p.p.* of rumpre, *v.a.* break, disperse El. 216.

rute, *sf.* assembly, suite, rout Chv.50.

s'; *v.* se and si.

sabelin, *adj.* sable, made of or lined with sable G. 181.

saete G. 318, **seete** G. 97, *sf.* arrow.

saillir, *v.n.* leap, leap forth G. 93.

saisir, seisir, *v.a.* endow, place in possession El. 512; *estre saisi de* have legal possession of Y. 423.

saive, *adj.* learned, versed D. 99.

samit, *sm.* samite Lc. 135.

saner, *v.a.* heal, cure G. 320.

sanz ceo que, *conj.* without El. 46.

sap, *sm.* fir G. 595.

sarcu, *sm.* coffin D. 236.

saveir, G. 467, **saver** Y. 266; *ind.pr. 3* set G. 129, seit G. 196, *6* seivent Y. 476; *pret. 1* soi M. 139, *3* sot B. 227, sout B. 28, *4* seümes B. 254; *impve. 2* sachez L. 619, *5* sacez Eq. 225; *subj.impf. 3* seüst G. 419; *p.p.* seü Eq. 93, sceü Y. 546: *v.a.* know, be able; ascertain M. 193; *inf.subst.* knowledge, wisdom; *Turt a folie u a saveir* whether it turn out well or ill Eq. 240, L. 126.

scïent; *a s.* of a surety, surely F. 209; cf. **escïent.**

se, si, s', *conj.* if Pr. 51, G. 2, 61, Eq. 96; even if, although G. 425; *si . . . nun* if not, except, unless G. 324, 724; whether G. 468, Eq. 94. Cf. si.

secle, *sm.* earthly life Cha. 212; world Cha. 217, El. 940.

seel, *sm.* seal M.118, 364.

seeler, *v.a.* seal M. 163.

seer G. 787; *ind.pr. 3* siet Y. 15; *pret. 3* sist F. 26; *impf. 3* seeit L. 488, *6* seïent M.199: *v.n.* sit; be situated Y. 15.

seete; v. saete.

segrei, *sm.* secret Y. 123; *adj.* secret Y. 249.

seignier, seiner Eq. 265, *v.a.* bleed; *v.refl.* have one's blood let Eq. 247.

seignurie, *sf.* rank of seigneur, baronial jurisdiction; *par s.* in virtue of his position as seigneur Eq. 148.

sein, *sm.* bell F. 183.

seisine, *sf.* legal possession L. 150.

sejur; *v.* surjur.

selebrot=celebrot Y. 468.

semblance, *sf.* appearance B. 286, Y. 161.

semblant, *sm.* appearance, look G. 414; *bel s.* friendly mien M. 47); *faire s.* pretend Y. 181; *faire un s.* put on an air B. 205; *faire s. de* give a sign of, shew F. 377.

sempres, *adv.* straightway, promptly Y. 403.

sen, *sm.* sense, understanding Pr. 16, B. 157, Eq. 18.

sené, *adj.* wise, prudent M. 70.

senglement, *adv.* alone, only L. 99, 476.

sens, *sm.* sense, understanding Pr.20.

seofre; v. suffrir.

serement, *sm.* oath; *metre par s.* bind by an oath B. 119.

sermun, *sm.* talk, discourse M. 6.

serreies=serrées Y. 292.

serur Y. 29, sorur G. 72, *sf.* sister.

servant, *sm.* servitor Eq. 175.

servise Deu, *sm.* divine worship, mass G. 259.

seür, *adj.* sure; *metre a s.* place in safety G. 230; *estre a s.* be in safety Y. 124, be sure F. 275.

seürté, *sf.* pledge, surety El. 201.

si; v. sun and se.

si, se Lc. 118, *adv. and conj.* so (degree) M. 3; so (manner) G. 411; so (as indicated) Eq. 237; thus (as follows) G. 546; and so (that being so) B. 132, El. 98; and (doing so) G. 329; and G. 94, 104; and yet Cha. 220; then G. 42, F. 342; until (after future) G. 876, El. 879; (particle strengthening impve.) Eq. 246; *si que* so that El. 987; *si que . . . ne* without D. 38; *de si que (a, en), prep.* up to, as far as D. 181, El. 202, 689, *conj.* until Y. 273, 346, M. 384, El. 444, 527, 716. Cf. ci.

sifaitement, *adv.* in like manner M. 277.

sigle, *sm.* sail El. 820.

sigler, *v.n.* sail G. 268.

sil=si+le G. 202, Eq. 293.

sil=cil G. 477, El. 64.

sis=si+les G. 597.

sis; v. sun.

sivre; *ind.pr. 3* siut Y. 336; *pret. 5* siwistes El. 942; *pres. p.* siwant B. 162; *p.p.* seü G. 548: *v.* follow.

sortir; *p.p.* sortit D. 35: *v.* decree, decide.

sorur; v. serur.

soudeer, *sm.* paid soldier El. 1074.

soudeür, *sm.* paid soldier El. 246.

soudees El. 14, sudees M. 124, *sf.pl.* paid service (military).

spuse; v. espuse.

succurre, *v.a.* succour Cha. 104.

sucurs, *sm.* succour G. 497.

sudees; v. soudees.

sue; v. sun.

süef, *adj.* gentle G. 194; *adv.* gently L. 552.

suen; v. sun.

suffrir D. 69; *ind.pr. 3* **seofre** G. 664; *pret. 3* **suffri** G. 117; *fut. 3* **suffera** G. 115; *cond. 3* **suffereient** El. 602, *6* **suffereient** F. 97; *p.p.* **suffert** L. 285: *v.* suffer, bear, undergo G. 199; allow F. 97; *Or vus suffrez* now contain yourself Y. 177.

suinant, *sf.* concubine F. 323.

sujur; v. surjur.

sujurner; v. surjurner.

suleir; *ind.pr. 1* **suil** Lc. 129; *impf. 5* **suliez** B. 252: *v.n.* be wont G. 596.

sulunc, *prep.* according to G. 23.

sum, *sm.* top; *en sum le munt* on the top of the hill D. 83.

sumer, *sm.* pack-horse D. 124.

summe, *sf.* import, summary L. 146, Chv. 61.

sumundre; *ind.pr. 3* **somunt** G. 77; *impf. 3* **sumuneit** El. 566; *p.p.* **sumuns** El. 212: *v.a.* summon.

sumunse, *sf.* summons El. 162.

sun G. 4; *nom.sg.m.* **sis** G. 469, Y. 541, **si** F. 76, Y. 536; *nom.pl.m.* **si** G. 68, 642; tonic forms: **suen,** **soen** G. 143, Eq. 258, F. 426, **sun** G. 29, 657; *fem.* **sue** G. 842: *poss. adj. and pron.* his, her, its; *le suen* his property M. 223; *les suens* his men G. 143.

sur, *prep.* in the name of, for the sake of, by B. 171; on the surety of, by L. 403; in addition to, over and above El. 836.

surjur L. 206, **sujur** El. 457, **sejur** F. 266, *sm.* lodging, sustenance L. 206; sojourn F. 266; *estre a s.* sojourn L. 224.

surjurner D. 127, **sujurner, sojurner;** *ind.pr. 1* **sujur** Eq. 243: *v.n.* sojourn G. 74; *v.a.* shelter, lodge G. 357.

surquidié, *adj.* presumptuous Pr. 54.

sus, *adv.* on, thereon G. 179; up G. 166; *la sus* up there D. 10.

suspeis, *sm.* anxiety, worry El. 238.

suspesçun, *sf.* suspicion Y. 148.

sutil, *adj.* subtle, clever Pr. 20.

sutivement, *adv.* secretly El. 717.

suvent G. 63, **sovent** G. 10, *adv.* often; *s. . . . s.* sometimes . . . sometimes G. 28; *suventes fiez, suventefeiz, soventefez* oft-times Pr. 42, B. 59, Eq. 39.

suz, *prep.* under G. 59; *de suz* subject to(?), Cha. 24*.

suzprendre, susprendre, *v.a.* afflict, harry, oppress G. 848, Eq. 59, B. 87, Y. 157.

taillier, *v.a.* cut, carve, inlay G. 173.

taisir Pr. 3, *v.refl.* be silent; *taisanz* silent L. 360.

talent, *sm.* desire, wish, will G. 64; *a sun t.* according to his desire, to his satisfaction G. 48.

tant, taunt, *adj.* so much, so many L. 115, G. 877, 117; *de t.* by so much, to such an extent G. 57; *pur t.* for that, therefore El. 36, in spite of that, nevertheless El. 441; *fors t. que* except that G. 787; *adv.* so, so much L. 16, Pr. 44, G. 760; so long El. 1066; *t. cum (que)* as long as B. 10, while El. 401, until Eq. 101, G. 356; *t. . . . e* both . . . and B. 265; *t. . . . t.* partly . . . partly Lc. 27-28.

targier, *v.n.* delay G. 291; *v.refl.* tarry, dally G. 84.

tart, *adv.* late Y. 222; *estre t. a* be a matter for impatience to, be impatient to G. 142.

teissu, *p.p.* of **tistre,** *v.a.* weave G. 175.

temprer, *v.a.* warm Eq. 251.

tenaunt, *pres.p.subst.* tenant, dependent, vassal Eq. 134.

tencer, *v.a.* defend L. 464; *t. a* chide, admonish El. 62.

tenir G. 237; *ind.pr.1* **tienc** El. 423; *pret. 6* **tindrent** Eq. 201, **tiendrent** Eq. 183; *fut. 3* **tendra** F. 224; *subj.pr. 3* **tienge** Eq. 157: *v.* hold, keep; have (as one's lot) Cha. 224; keep (as lover) Cha. 71; keep, observe (a custom) M. 64; persist, continue G. 485; *t. a* take for, consider as Pr. 54; *t. de* depend on, be a vassal of F. 362; *se t. a* keep to, observe M. 87.

tens, *sm.* time Pr. 19; *par t.* early F. 181.

testimoinier, *v.a.* testify Pr. 10.

teu=tel (before cons.) G. 564.

toldre, tolir Cha. 21; *pret. 3* toli B. 268; *subj.pr. 3* toille Eq. 147; *impf. 3* tolist G. 423; *p.p.* tolu Y. 542, toleit Lc. 125: *v.a.* take away, remove; deprive Cha. 21.

traïr Y. 256, trahir, *v.a.* betray B.125.

traire G. 87, *v.a.* draw B. 38; translate Pr. 30; shoot G. 87; *v.refl.* move, withdraw G. 772; *t. a chief* bring to a (successful) conclusion D. 154; *t. ariere* withdraw El. 922.

trait, *sm.* shot El. 799.

traitier M. 1, *v.a.* treat, treat of (literary).

traïtur El. 561, *nom.sg.* traïtre El. 844, *sm.* traitor.

trametre, *v.a.* transmit, send F. 17.

travail, *sm.* anguish, distress G. 687.

travaillier, *v.a.* fatigue, afflict D. 135; *v.n.* suffer distress G. 412.

travers; *le t. de* across, through G. 145.

traverse; *a t. feruz* transfixed, pierced Cha. 125.

tref G. 152, tres Y. 370, *sm.* sail G. 152; tent L. 93.

treskë a, *prep.* to, up to L. 80.

trespas, *sm.* perversity G. 217; passage (for ships) Y. 16.

trespasser Chv. 46, *v.a.* traverse Pr. 19; undergo, survive G. 204, 882; exceed Y. 270; excel L. 96; transgress Pr. 22; violate El. 739; *v.n.* pass, pass by Y. 200, M. 179, Chv. 46; *trespassez en eage* advanced in years Y. 17; *trespassee* (for *respassee?*) recovered Y. 399.

trespensé, *adj.* thoughtful, worried M. 428.

trestut, *adj.pron.* all, quite all El. 345; *adv.* entirely L. 426.

triers, *prep.* behind G. 366.

triffure (=trifoire), *sf.* inlaid work G. 173.

tristur, *sf.* sadness Y. 45.

troveüre, *sf.* treasure-trove G. 707.

truver G. 55, trover G. 155; *ind.pr 1* truis G. 290, *3* treve G. 521, *6* truevent B. 299, trevent G. 619; *subj.pr. 3* truisse L. 390, M. 290; *impf. 5* troveissez Eq. 192: *v.a.* find; invent, conceive, compose G. 884, F. 517.

tuaille L. 179, tuaile L. 64, *sf.* towel.

tuen L. 615, *fem.* tue G. 108, 115, *poss.pron. and adj.* (tonic), thy, thine.

tüer Cha. 18, *v.a.* kill El. 1036; crush(?) Cha. 18.

tuit; v. tut.

turment, *sm.* (death's) torment, shipwreck El. 829.

turmente, *sf.* storm El. 816.

turneiement, *sm.* tournament F.249.

turneier G. 858, turneer M. 410, *v.n.* joust Lc. 21.

turneiz, *sm.* tourney Cha. 114, M. 385.

turner G. 270; *subj.pr. 3* turt Eq.240: *v.a.* turn G. 539; *t. a mal* put an evil interpretation on, make a grievance of G. 17; *v.n.* turn away, depart G. 270; turn out G. 474, Eq. 240; *t. a mal a* turn out badly for L. 618; *en t., s'en t.* depart, leave G. 876, 50.

tut Eq. 69, tuz G. 44, *nom.pl.m.* tuit L. 401, Chv. 41, tut (for tuit; cf. p. xxv) G.119, 642, L.23, etc., tute Y. 163: *adj. and pron.* all, whole, every G. 285, Y. 163, G. 44, B. 150; any, every L. 116; everything Eq. 261; *del tut* entirely G. 610; along Chv. 80*; (used adverbially) quite, entirely Eq. 60, G. 91, L. 486; (before superlative) very, quite L. 299, 23; (with subj.) although Y. 80.

tutdis, *adv.* ever; *a t. mais* for evermore B. 318.

tutejur, *adv.* all day B. 141.

uan, *adv.* this year M. 476.

ubliance, *sf.* oblivion, forgetfulness Eq. 8.

ublïer Eq. 10, **oblïer** Pr. 40, *v.a.* forget, neglect G. 382, Eq. 10; *v.refl.* be unmindful of one's duty, be neglectful G. 4, 466, 538.

üel, *adv.* evenly, equally Eq. 131.

ui; v. hui.

uns, *pl.* (partitive) L. 61, M. 200.

unc G. 58, **unke** G. 130, **unkes** G. 117, **unques** G. 586, *adv.* ever; *ne . . . u.* never F. 340.

uncore G. 395, **uncor** Eq. 93, **encor** El. 871, *adv.* yet.

unke, unkes, unques; v. **unc.**

unt, *adv.* whence; *par unt* by which way, whence F. 179.

ure; v. **hure.**

urlé, *p.p.adj.* hemmed M. 104.

us; v. **hus.**

us, *sm.* use; *aveir en us* be wont to do G. 534; *en us* in common use Cha. 237.

user, *v.a.* practice G. 518, D. 98.

uvrer, *v.n.* work, take pains Eq. 34.

uvrir; v. **ovrir.**

vadlet G. 43, **vatlet** Lc. 138, **vallet** G. 133, *sm.* squire, youth.

vaillant, *adj.* valuable M. 102; valiant G. 33.

vair, *adj.* bright; *oilz vairs* G. 415.

vantance, *sf.* boast, boasting L. 622.

vasselet, *sm.* small vessel Lc. 149.

vausist, *subj.impf. 3* of valeir be worth L. 531.

vedve, *sf.* widow F. 193.

veeir G. 818, **veer** G. 71; *pret. 1* **vi** Y. 192, *5* **veïmes** L. 504; *subj. impf. 3* **veïst** B. 206: *v.a.* see; observe B. 243.

veir, *adj.* true F. 174; *sm.* truth L. 63; *de v., pur v.* truly Eq. 126, El. 1088.

veire, *sf.* truth; *a v.* as the truth L. 200.

veirement, *adv.* truly El. 686.

veisïe G. 579, **veizïez** El. 763, **Y.** 228, **vedzïez** El. 64, *adj.* sly, cunning.

veler El. 1102, *v.a.* veil; *v. sun chief* assume the habit of a nun, become a nun El. 1102.

veneür, *sm.* huntsman B. 142.

venir Pr. 13; *pret. 1* **vienc** Y. 126, *6* **vindrent** Y. 497, **viendrent** Y. 479; *subj.pr. 3* **vienge** G. 759; *impf. 3* **venist** G. 752, *6* **venissent** Lc. 55: *v.n.* come; *v. meuz* be more fitting, be more reasonable Cha.20; *s'en v.* come away F. 279, 286.

ventaille, *sf.* visor M. 422.

veoil; v. **voil.**

verai, verrai, *adj.* true G. 19, B. 316.

vereiement F. 133, **vereiment** L. 523, *adv.* truly.

verge, *sf.* band (of ring) F. 131.

vergunder F. 94, *v.a.* shame.

vers, *prep.* towards, against L. 437.

verseiller Y. 60, *v.n.* recite verses (psalms).

vertu, *sf.* strength D. 108.

vertuus, *adj.* strong D. 87.

vespré, *sm.* evening G. 205, Cha. 83.

vespree, *sf.* evening L. 156.

vessel D. 142, **veissel** D. 214, *sm.* phial.

vestir Y. 439, *v.a.* clothe G. 717; don, put on Y. 439.

veüe, *sf.* view, sight; *sanz v.* without seeing her Eq. 41.

viande, *sf.* food M. 212.

vieil, veil G. 215, **vielz** G. 255, **viels** G. 347, **velz** G. 210, **veuz** M. 146, *adj.* old.

vielz (=**viez**), *adj.f.* old B. 91.

vient=**vint** G. 605, 831, etc.

vif G. 290, *nom.sg.* **vis** El. 695, Lc. 102, *adj.* alive; *al vif* mortally G. 379.

vilain, vilein, *adj.* ill-mannered, common, boorish G. 488, L. 177; *subst.* peasant El. 61.

vileinement, *adv.* basely El. 1081.

vileinie, *sf.* vile accusation, slander G. 10; shame Eq. 294; uncourtly action El. 576.

villart, *sm.* greybeard Y. 530.

vilté, *sf.* malice L. 456.

vis; v. vif.

vis, *sm.* face, visage G. 545; *ceo m'est vis* methinks Lc. 3, El. 7; cf. avis.

vivre M. 143; *ind.pr. 1* vif B. 66; *pret. 6* vesquirent M. 532: *v.n.* live.

voil M. 331, veoil L. 358; *sun v.* by his will, willingly, if he had his way L. 358, M. 331, El. 874.

vois, voise; v. aler.

voleir L. 266, voler El. 617; *ind.pr 1* voil Lc. 89, vuil L. 618, *3* volt Pr. 23, vot Y. 299, veolt Cha. 25, veut F. 214, *6* volent G. 11, veulent L. 431; *pret. 1* voil Cha. 156, *3* volt G. 128, 830, vout B. 203, vot Chv. 86?; *fut. 3* vudra L. 136, vodra M. 467; *subj.pr. 3* veulle L. 349; *impf. 3* volsist G. 66, vousist Eq. 236, vosist El. 435, *5* vousissez L. 123: *v.* wish, be willing; *inf.subst.* will, wish L. 266.

vols, *p.p.* of voldre, *v.a.* envelop, cover, line G. 182.

vuiltrer, *v.refl.* roll on one's back L. 48.

yver, *sm.* winter M. 381.

INDEX OF PROPER NAMES

References are exhaustive, except where there is an indication to the contrary. An asterisk indicates an explanation or comment in the Notes.